島嶼学への誘い

島嶼学への誘い

沖縄からみる「島」の社会経済学

嘉数 啓

岩波書店

はじめに

　国際連合海洋法条約の定義に従って,「自然に形成された陸地であって,水に囲まれ,満潮時においても水面上にあるオーストラリア大陸より小さい陸地」を「島(island)」と定義すると,世界には3000万〜4000万の島があると推定され,地球面積の約7％,人口で約10％,国連加盟国の22％を占めている.そのうちの5％弱が「有人島」と推定されている.面積で最大の島は,グリーンランドで日本の国土面積の約6倍もある.最小の国連加盟国家は太平洋上に浮かぶナウル共和国で面積21 km^2,人口約1万人である.面積で沖縄の伊平屋島,人口で屋久島にほぼ匹敵する.これだけの数の有人島があり,その成り立ち,自然,歴史文化,経済社会のありようがすべて異なるとなれば,「島を科学する」独立した学問分野があってもおかしくない.これが本著のテーマである「島嶼学」である.英語では,Nissology("nisi"はギリシャ語で島嶼)という言葉が定着しつつあるが,何しろまだ新しい学問分野であるため,世間にはなじみが薄い.
　Nissology(島嶼学)という名称が学会でデビューしたのは,1994年に沖縄で旗揚げされた「国際島嶼学会(ISISA)」であった.沖縄大会で学会の憲章が採択され,島嶼に関する初の国際学会がスタートした.その意味で沖縄は「島嶼学」の「発祥の地」といっても過言ではない.国際島嶼学会の創設に刺激を受けて,1998年に日本島嶼学会(JSIS),1999年に韓国島嶼学会(KAI)が発足した.JSISは世界初の島に関する国内学会となったが,2000年には日本学術団体協議会に登録され,日本でも島嶼学が独立した学術研究分野として「市民権」を得ることになった.
　日本では戦前から島に関する研究が盛んで,1933年には比嘉春潮・柳田国男を編者とする『嶋』(後に「島」に改変)と称する雑誌第1号が一誠社から出版されている.島の研究者には,民俗学者,文化人類学者,地理学者が圧

倒的に多いが，最近は「国境に位置する島」をめぐっての国際紛争が激化していることもあって，地政学者，海洋法学者の関心も高まってきている．私のような経済学者は少数派である．多くの正統派経済学者は，島の経済は単純で経済分析の対象にならないと切り捨ててきた．本書はそのような「大陸系」経済学者に対するささやかなチャレンジでもある．

では，「島嶼学(ニッソロジー)」とはどのような学問か．提唱者のグラント・マコール(Grant McCall)によると，「島そのものを多面的な視点から"ありのまま"に研究する」学問領域である．この定義はいかにも文化人類学的定義である．文化人類学者のマコールは，モアイ像で広く知られているイースター島(ラパヌイ島)を生涯の研究対象としてきた．1つの島でも研究者を惹きつける魅力があるのだから，島ごとに無数の研究者がいてもおかしくない．しかも島をまるごと研究対象にするから，アプローチの仕方は多(異)分野の研究者による相互乗り入れ，つまり学際的，総合的，あるいは超学的にならざるを得ない．島の一部分，例えば経済のみを切り取って，「これが島の本質です」というわけにはいかないのだ．ただ，超学的といっても私のような平凡な研究者には難しく，異分野の研究成果を自らの専門分野に取り込み，自らの島嶼学をユニークに「深化」させる以外にない．異分野の研究者が集結して，「島嶼」という共通の土俵で議論できるところに島嶼研究及び島嶼学会の最大の特色とメリットがあると思っているからだ．

本書は島嶼学のこれまでの成果を経済学的視点から整理し，島嶼学の「発祥の地」である琉球の島々を中心に島嶼の分類・特質，持続可能性，島嶼技術，ネットワーク，自立経済構築に向けた政治経済的アプローチを試みた．

第1章では，島の定義，方法論に加えて，島の「特性」を探りだす分類を試みた．本書で取り上げるのは，筆者が会議や共同研究などで何度も足を運んだ「小島嶼」とよばれている琉球諸島を含む太平洋やカリブ海，インド洋，地中海などの小さな島々である．島嶼研究者(Nissologist)を悩ますのは，島の「多様性」，「両義性」の中から島共通の特性を見つけ出すことである．島の分類を敢えて試みるのは，学問的に捉えにくい「島とは何か」という初歩的な疑問になんらかの答えを見つけるためである．地理学者が得意とする島の形状，地質形態，孤島性，環海性以外に，生態系，歴史文化，言語，経済

社会構造，統治形態などによる分類も試みた．

　第2章では，社会経済的視点に基づいた島の「相対的な特性」を抽出してみた．筆者は「島育ち(シマンチュ)」で，沖縄の有人島をすべて歩き回り，絶海の無人島である沖大東島(ラサ島)への上陸にも挑み，島の特性を内側から抽出してきたが，外側から見ると全く異なる島の姿が浮かび上がってきても決しておかしくない．近代経済学の巨人，ジョン・メイナード・ケインズ(John Maynard Keynes)は，ものの見方の相違は，イデオロギーの相違というより，対象を内から見るか外から見るかの違いだけだと言い切っている．島はそれ自体で1つの小宇宙を形成しており，「シマンチュ」をインタビューしてみると，意外と島の特性だと言われている「環海性・狭小性・遠隔孤立性・閉鎖性」の意識は薄い．絶海の孤島である「ラパヌイ島」は，沖縄の宮古島サイズの島だが，先住民のポリネシア語で「広大な大地」を意味する．

　「小さいことはよいことだ(small is beautiful)」という言葉が流行ったが，経済社会発展の視点から見ると，「島チャビ(孤島＝離島苦)」とも表現されているように，島は自然の脅威はむろんのこと，政治経済的にも外部環境の影響を受けやすく，島の生活を安定的に維持することは容易ではない．しかし，一般の常識に反して，1人当たり所得と島の規模とは関係なく，島の人材及び資源活用のあり方によって，多くの場合逆の相関関係が観察されている．

　第3章は，多くの島々でいまだに維持されている自給自足的「生存部門」と，グローバル化の下で勢いを増す市場経済部門との関係を見直し，これまでの両部門の「相反的発展(トレード・オフ)」から，相互補完的「持続可能な発展(ウイン・ウイン)」にどう進化させるかの筋道を示した．島外所得への過度の依存は，生存部門の切り捨てにつながって島の自立基盤を弱め，経済社会の崩壊を早めている事例を紹介する．その崩壊途上の顕著な例が燐鉱石という再生不可能な輸出資源の開発に特化したナウル共和国のケースである．ナウルと類似したケースは，多く小島嶼地域で観察されている．生存部門の維持・活性化は，特に孤島のミニ島嶼経済を崩壊から救う最後のより処となる．そのことを理論実証的に証明することに挑戦した．

　第4章では，前章で展開した生存部門の活性化による持続可能な「循環・複合型社会システム」を担保する，島のサイズと環境に適合した「島嶼型グ

リーンテクノロジー」について論じた．ここでのキーワードは，「島産島消」，あるいは「島産島創」と島民の「ワークコラボレーション＝ユイマール」である．ほとんどの島嶼地域では，活用しうる伝統的な食料資源が豊富にありながら，輸移入物資に過度に依存し，所得と雇用の流出を招いているだけでなく，食生活のバランスを欠き，肥満・糖尿病患者が増大している．特に島の資源と技術で生産可能な「移輸入品置換型」技術と島の食料・インフラなどの島のライフラインを確保する「最低安全基準」を満たす技術のあり方を探った．モデルケースとして，島嶼生物資源の活用，循環利用から，水，エネルギーに至る種々の島嶼技術を開発・応用してきた沖縄での具体例を取り上げ，ハワイと連携して特に南太平洋島嶼地域などへの移転の可能性についても論じた．

　第5章は島嶼社会のネットワークのあり方について，沖縄を中心に論じた．島嶼におけるヒト，モノ，情報のネットワークの現状とあり方，遠距離孤島の最大の課題である「距離の暴虐」を克服する可能性のある島嶼間ネットワークの構築についての試論を展開した．特に小島嶼地域は人口流動が激しく，プエルトリコやクック諸島のように，移住先の人口が出身島の人口を上回る事例が増えている．沖縄の多くの島々では，沖縄本島への移住と同時に，近年とくに日本本土から先島や本島周辺の島々への移住が増加し，「シマンチュ」のネットワーク構造が大きく変化しつつある．これは島から出たものがまた島に戻ってくるという旧来型の「循環（Uターン）型人口移動」とは全く異なる現象である．

　経済社会のグローバル化が進展する中，人口減少が加速する奄美群島を含めた琉球列島の未来創造につながるネットワークはどうあるべきか，島それぞれの持ち味を活かした「島の道」ネットワーク構想を提案した．また，尖閣諸島，南沙諸島などの紛争が長期化する「国境の島々」を連結して平和と同時に豊かさを共有する「成長のトライアングル（GT）」モデルを，沖縄－台湾－上海－香港を視野に入れて論じた．そのフロンティアになるのが日本の最西端に位置する「国」の名前のついた与那国島である．

　最終章の第6章は，マーケットの変動よりも政治の変化に左右されやすい島嶼経済社会の苦渋に満ちた自立への歩みをたどった．1960年代以降，多

はじめに

くの島嶼地域が「多国間植民地」のくびきから独立し，自らの運命を自ら決定する自決権を得た．1990年には，国際連合に加盟する小島嶼国37か国と地域が参加して，地球温暖化ガスの削減，海洋資源の保全，海洋の平和的利用，漂着ゴミ問題などの解決に向けた共通の政治的意図をもった「小島嶼国連合(AOSIS)」が結成された．しかし多くの島嶼国は，自立経済の確立を目指しながらも，意図に反して旧宗主国などへの経済依存度は高まってきている．島嶼国・地域が得意とす政治・外交依存型の(外向き)開発政策は，政治・経済の自立化の基盤を逆に切り崩してきたと言える．「外交資源」による開発援助の獲得は，国民の自立化への痛みを伴わない生活水準の「水膨れ」を招き，それが日常生活での欲求水準を押し上げ，ますます援助依存型の体質を強化してきた．このような非自立的経済体質からの脱却は，ドナー側の地政学的利害とも絡んで困難を極めている．近年，南太平洋地域への中国の積極的な関与により，これまでこの地域の多様な伝統文化と共通の価値観，連帯に基づく独自の発展を共有する理念となってきた「パシフィック・ウェイ(The Pacific Way)」に大きな亀裂が生じつつある．

沖縄は日本唯一の島嶼県で，160の島々(約40が有人島)が広範囲に点在している．沖縄ほど，経済自立(律)論が華々しく展開されてきた島を筆者は知らない．沖縄はかつて独立王国を維持し，海外貿易で栄えたという歴史的事実以外に，世界の小島嶼独立国家と比較しても面積，人口規模，1人当たり所得などで上位クラスに位置する．政治的自立(律)を担保する経済自立は，本土復帰を成し遂げたあの「オール沖縄」の猛烈なアスピレーション(悲願)があれば十分達成可能である．そのための課題と方向性を示した．

筆者は島嶼研究をライフワークとして取り組んできた．内外の島嶼研究者との共同研究を通して学術雑誌に数多くの論文を発表してきた．英文の単著でも6冊を数える．日本語による最初の著書は『島しょ経済論』(1986年)である．琉球大学の研究担当理事を仰せつかっていた頃，「島嶼学」の分野からいずれノーベル賞受賞者を誕生させたいとホラを吹いたが，最近の島嶼学の広がりと深化を実感するにつれ，これが「見果てぬ夢」でないことを確信するようになった．沖縄は島嶼研究の「発祥の地」であると同時に，「フロントランナー」でもある．島嶼研究で沖縄が世界をリードすると同時に，沖

縄が島嶼世界における自立的発展のモデルになることを切望している．

　本書を執筆するにあたって，国際島嶼学会及び日本島嶼学会の研究者，ハワイ大学，ハワイ東西文化センター，フィリピン大学，グアム大学，チェジュ大学，コロンボ大学，国立台湾大学，国立台湾師範大学，国立澎湖科学技術大学，マルタ大学，南太平洋大学，プリンスエドワード大学，タスマニア大学，中央フロリダ大学，ストラスクライド大学，ルンド大学などとの学術交流に負うところが大きい．特に長年共同研究でご指導いただいたハワイ大学のヒロシ・ヤマウチ名誉教授，元ハワイ東西文化センター南太平洋開発プログラム主任研究員のテオ・フェアバーン(Te'o Fairbairn)博士，マルタ大学のリノ・ブリググリオ(Lino Briguglio)教授，アジア開発銀行の元同僚で南太平洋大学のジャヤラマン(T. K. Jayaraman)教授，グアム大学学長のロバート・アンダーウード(Robert Underwood)博士，国立台湾師範大学の蔡慧敏教授，それに私の離島フィールドの師である第3代沖縄総合事務局長の小玉正任氏に感謝したい．本書執筆のきっかけは，鹿児島大学国際島嶼教育センター博士後期過程での集中講義である．世界の島嶼学をリードする同センターの長嶋俊介名誉教授で前日本島嶼学会会長に感謝の意を表したい．本書の第1章～第4章は『島嶼研究』に発表したものに加筆修正したものである．貴重なコメントをいただいた国際島嶼学会及び日本島嶼学会会員の上原秀樹，大城肇，梅村哲夫，関口浩，須山聡，奥野一生，宮内久光，黒沼善博，玉城朋彦(故)諸氏に謝意を表したい．本書の上梓にあたっては，岩波書店編集部にひとからならずお世話になった．記して感謝の意を表したい．

　　2016年師走

　　　　　　　　　　　　　　　　　　　　　　　　嘉　数　　啓

目　次

はじめに

第1章　島の定義・アプローチ・分類 …………… 1
1. 島嶼学(nissology)とはどのような学問か　1
2. 島嶼の定義　4
3. 島嶼の分類　10

第2章　島嶼経済社会の特性と可能性 …………… 33
1. 島の両義性　33
2. 経済発展の可能性から見た島嶼の特性　35
3. 小さいことはよいことだ(Small is beautiful)　54

第3章　島嶼型持続可能発展モデルを求めて ………… 61
1. 島嶼における生存部門の役割　61
2. 生存経済から貿易主導市場経済への移行プロセス　64
3. 資源輸出型経済の脆弱性　68
4. 持続可能な発展へのアプローチ　70
5. 複合連携型(島嶼資源活用型)発展戦略　76

第4章　沖縄：「島嶼型」グリーンテクノロジーの宝庫 ……………… 85
1. 島嶼技術とは何か　85
2. 「沖縄型」グリーンテクノロジーの概要　88
3. ハワイと連携した「沖縄型島嶼技術・ノウハウ」の海外移転　116

第5章　島嶼社会のネットワーク……123

1. 島嶼間ネットワークとは何か　123
2. ネットワーク集積度　124
3. 沖縄におけるネットワークの実例と構想　134
4. 奄美・沖縄の島々連携軸──「島の道」ネットワークの構築　143
5. 台湾 – 沖縄 – 上海 – 香港自由貿易圏構想(TOSH-GT)　150

第6章　島嶼の政治経済学
　　　──沖縄：経済自立への挑戦……159

1. グローバリゼーションと島嶼経済　159
2. 島嶼地域の脱植民地化と国際関係　162
3. 相互依存と経済自立への苦闘　169
4. 沖縄：自立経済構築への挑戦　174
5. 啓発された楽観主義(Enlightenment Optimism)　185

索　引　197

第1章　島の定義・アプローチ・分類

1. 島嶼学(nissology)とはどのような学問か

1994年に，沖縄で第1回「国際島嶼学会(The International Small Island Studies Association: ISISA)」が開催された際に，ニューサウスウエルズ大学のグラント・マコール(Grant McCall)教授から，「島嶼学＝島をありのままに研究する(the study of islands on their own term)」学問分野として，ニッソロジー(nissology)が提案され，学会用語として定着している(McCall, 1994; 嘉数啓, 1994年参照)．"nisi"は古代ギリシャ語の「島嶼」，"logy"は論理＝学問を意味している．"nisi"の複数形は"nesia"(ネシア)で，ミクロネシア(Micronesia＝小さい島々)，ポリネシア(Polynesia＝多くの島々)，メラネシア(Melanesia＝黒い島々)は南太平洋の島嶼地域を分類する標準的な手法になっている．世界最大の島嶼国，インドネシア(Indonesia)の語源は「インド＋諸島」であり，ヤポネシア(Japoneisa)は，「日本＋諸島」の造語である．

もっともnissologyという用語を最初に使ったのは，フランスの水路地形学者であるクリスチャン・ディパラエテールである(Deparaetere, 1991)．

この国際島嶼学会から4年後に設立された日本島嶼学会年報の表紙にも「Nissology＝島嶼学」が使用されている．

イスロマニア(islomania)とは，孤島にいるだけで無上の喜び，ファンタジーを実感する精神症状を意味するが，その「病歴」は「アトランティス」を夢見た古代ギリシャのプラトンにまで遡ることができる(Clarke, 2001)．島は今日まで，多くの人々にとって現実とはかけ離れた「パラダイス＝桃源郷」，「フロンティア＝冒険と未知との遭遇」であると同時に，近づき難い「辺境＝孤島」，「流刑地＝終末」などでイメージされてきた．島は多くの場合，学

問の対象というより文学作品，ファンタジーの中で語られてきた．島がトータルとして学問の対象になり，島嶼専門誌が出版されるようになったのは最近のことである．日本や韓国で島嶼学会が創設され，両学会とも国の「学術会議協力学術研究団体」としての指定を受け，島嶼が新たな研究分野として，「市民権」を得るに至っている．

　McCallの定義からも推察されるように，島嶼学の特徴は，島嶼の「特性」と密接に関わっている．島の「特性」については次章で詳述するが，地理学的な視点から見た島の特性は，「海洋性＝環海性」，「遠隔性＝孤立・拡散性」，「狭小性＝分断性」に要約できる．これらの3つの特性が相互に重複して「島嶼」の実体的なイメージが浮かび上がってくる．これらの構造的特性に加えて，歴史(植民地的遺産)，文化(混合＝チャンプルー)，民族(複合＝多様性)，政治経済(土着，移民，依存，植民地，規模，範囲の不経済)などの一般的特性を挙げることができる．むろんこれらの特性は，地理・歴史・文化，政治，生活様式においても「相対的」なものであり，それぞれの島嶼は，とてつもなく「多様な顔」をしているという基本認識が必要である(竹内啓一，2008年参照)．そのため，名前を含む島嶼のイメージには常に「両義性＝プラスとマイナス」がまとわりつく．400余の有人島を抱える日本列島をとっても，皆既日食で話題になった「悪石島」があり，その隣に「宝島」がある(長嶋俊介ほか，2009年参照)．

　竹島(韓国名：独島)，尖閣列島，北方四島，南沙諸島などの国境に位置する「国境紛争の島」があり，生物多様性の「宝庫」で，屋久島のような「世界遺産の島」，さらには人間の住めない無数の「無人島」がある．無人島も沖縄の前島のように，ある日突然「有人島」になったりする島もある．また，海底火山によって，ある日突然「新島」が出現し，消滅したりもする．小笠原諸島の「西之島新島」(0.25 km^2)は，1973年に誕生した比較的新しい島で，「新島ブーム」の先駆けとなった．2013年12月，この西之島付近で新たな島の誕生が話題になった．「国土地理院」によると，1年後の2014年12月現在，島は標高110 m，面積で約190倍に拡大し，**写真1-1**の「西之島新島」とつながって，拡大し続けている．

　われわれの研究対象が「島嶼」で，その「特性」が前述の通りであれば，

島嶼の研究・調査手法は「学際的・複合的・価値前提的」あるいは「超学的(trans-disciplinary)」アプローチにならざるを得ない(Deparaetere, 2008).「超学的」研究を最初に提唱したのは，北欧経済学の巨人，グンナー・ミュルダール(Myrdal, 1968)である．彼は，経済的要素のみに専念する主流派の経

写真1-1 西之島新島の誕生の様子，1973年
資料：海上保安庁提供．

済学から逸脱して，政治・歴史・文化的要素も考慮する制度的社会経済学の構築を目指した．ただ，学際的，超学的といっても実際には難しく，各自が異分野の研究成果を自らの専門分野(ディシプリン)に取り込み，「分野の共有＝コミュニケーション」を通して，それぞれの専門分野の裾野を豊かに広げ，ユニークに「深化」させていく基本姿勢が求められるであろう．島嶼研究は，超学的アプローチに加えて，「ネットワーク型」，「参加型」，「フィールド型」のアプローチにならざるを得ない．日本における民俗学の視点からの島嶼研究の先駆者，宮本常一の『民俗学の旅』(1993年)にも，フィールドに根を下ろした「学際的」,「実践的」アプローチの必要性が説得的に提案されている．フィールドに基づく最近の研究成果として，中俣均『渡名喜島』(2014年)を挙げておきたい．

　むろん学問的には必ずしもフィールドにこだわる必要はない．柳田国男はひと月あまり奄美，沖縄に滞在して，南島研究の意義を明らかにし，晩年の『海上の道』へと続く端緒となった『海南小記』(1925年)を残しているし，沖縄学の第一人者，外間守善が絶賛する岡本太郎の『沖縄文化論』(1961年)は，岡本が数か月の沖縄滞在を経て書き上げたものである．アメリカの文化人類学者，マーガレット・ミード(Margaret Mead)の『サモアの思春期(Coming of Age in Samoa)』(1928年)は，「性差」は生得的なものではなく社会的につくられたものだとするフェミニズム運動のバイブルになったが，孤立した原初的島を研究対象にした社会人類学分野の最もすぐれた作品であると評価されている(Freeman, 1999). 彼女はサモアでの数か月のフィールド調査でこの本を

完成させている．ミードの弟子であるルース・ベネデクト(Ruth Benedict)は，日本を一度も訪問することなく，今や比較文化論の古典になっている『菊と刀』(1946年)を著した．ただ，これらの研究者に共通しているのは，膨大な文献を読みこなし，そこから研究対象(島)のイメージ(仮説)をふくらませ，論理整合的な推論(演繹)を通して，検証可能な結論を導きだしていることである．繰り返し実験が可能な自然科学と異なって，社会科学的方法論で導かれた真理は，時間の関数でもある．特にミードの著作はその後，サモア出身の社会学者などから「現場に無知」という理由で厳しい批判の的になった．島嶼学は，「神学」と違い，仮説が間違っていれば，新しい仮説を立て，観察やデータを通して繰り返し実証するというカール・ポパー(1959年)のいう「反証可能」な学問である．

2. 島嶼の定義

「島(island)」を研究テーマにしていると答えると，決まって「島とは何か」という難問に答える羽目になる．「京都学」とか，「沖縄学」があるように，「島」を研究する以上，島の定義は不可欠である．「島」という字を辞書で検索してみると，「周囲が水で囲まれている小陸地」とある．「水」というのは，「海水」と「淡水」を含んでいる．島というとすぐ海洋を思いうかべるが，北アメリカのヒューロン湖の中にあるマニトゥーリン島(Manitoulin Island)は，日本の本州より大きな島である．「神の島」とよばれている琵琶湖の「沖島」(有人島)も淡水湖の島である．チャオプラヤ川(メナム川)の中州には有名な「クレット島(ko kret)」がある．

「島」は常に「水」に囲まれている必要はない．フランス西海岸，サン・マロ湾上に浮かぶモンサンミシェル島は，世界遺産の同名の修道院で成り立っているが，潮の干満差が激しく，満潮時には海に浮かび，干潮時には大陸とつながる．このような「島」は世界に数多く存在する．日本で島が最も多い長崎県の壱岐島近くに無人の「前小島」があるが，そこに干潮の時だけ参道が姿を現すパワースポットの小島神社がある．地元の人たちは「壱岐のモンサンミシェル」とよんで，静かな観光スポットになっている．

表 1-1　面積の大きい 10 位までの世界の「島」, 2012 年

島名（国名）	面積 （万 km²）
グリーンランド（デンマーク）	218
ニューギニア（インドネシア, パプアニューギニア）	81
ボルネオ（インドネシア, マレーシア, ブルネイ）	76
マダガスカル	59
スマトラ（インドネシア）	52
バッフィン島（カナダ）	48
本州（日本）	23
グレートブリテン島（英国）	23
スラウェシ島（インドネシア）	19
サウスアイランド（ニュージーランド）	15

資料：国立天文台編『理科年表 WEB 版』, 2011 年より作成.

　島の定義は国, 地域によっても異なる. 最もわかりやすく, 機能的な定義は「人が住み, 最低 1 頭の羊を養える牧場がある」とするスコットランドの定義である（King, 1993, p. 9）.

　地理学上では,「大陸より小さい陸地」が島と定義される. 世界には 6 大陸があり, 一番小さいオーストラリア大陸（760 万 km²）より小さい陸地が島ということになる. この定義に従って, 面積の大きい順に 10 島を並べると表 1-1 の通りとなる.

　しかし, われわれの常識からすれば, これらの島はとても「小陸地」とは言い難い. ちなみに, 2012 年 10 月時点で, 国連に加盟している 193 か国のうち,「島嶼国」を面積の小さい順に 10 か国並べると表 1-2 の通りである.

　「島」の定義で最も頻繁に使われているのは,「海の憲法」とよばれている「国際連合海洋法条約」第 121 条に規定されている以下の 3 つの条件を満たす陸地である.

- 周囲が水に囲まれ, 自然に形成された陸地であること. したがって「人工島」は島ではない.
- 満潮時に水没しないこと. つまり, 満潮時に水没する「低潮高地」(暗礁) は島ではない.
- 人間の居住又は独自の経済的生活を維持できる陸地である. つまり, 満潮時に水没しない「岩」は, この条件を満たさない限り島ではなく,

表1-2 面積の小さい10位までの国連加盟「小島嶼国」, 2012年

国名	面積 (km^2)	人口 (万人)	面積がほぼ同じ日本の島
ナウル	21	1.0	伊平屋島
ツバル	26	1.0	与那国島
マーシャル諸島	180	6.2	利尻島
セントクリストファー・ネービス	262	5.2	徳之島
モルディブ	298	31.9	西表島
マルタ	316	41.0	福江島
セントビンセント・グレナディーン諸島	389	10.9	福江島＋久米島
アンティグア・バーブーダ	442	8.9	種子島
パラオ	488	2.0	屋久島
セントルシア	616	17.4	淡路島

資料：日本外務省基礎データより作成(http://www.mofa.go.jp/mofaj/area/tuvalu/data.html).

「領海」は設定できるが，独自の「EEZ」や「大陸棚」は設定できない．この島の定義はきわめて重要である．何故なら，島が「国の領土」，つまり国家の主権(統治権)が及ぶ空間領域となるだけでなく，領土から12海里(22.2 km)離れた海域を「領海」とすることが同条約2条で規定されているからだ．さらに領土から200海里(370 km)離れた海域を「排他的経済水域＝EEZ」，つまりその国の「大陸棚」としており，海洋資源を採取する独占権を有するのみならず，領海上空を国外機が無断で飛行することも禁じられている(詳しくは，Tanaka, 2012参照)．海洋国家日本にとって有難いことには，大陸棚では200海里を超えた部分でも陸続きが証明できれば，海底資源の開発に限り，権利が認められている．このことを日本，中国，台湾間で，それぞれが「領有権」を主張して争っている尖閣諸島を例にとって例示すると図1-1の通りとなる．

尖閣諸島は，石垣島と台湾から約170 km，中国から約330 kmに位置し，総面積がわずか5.56 km^{2}の5つの無人島と岩礁で構成されている．その中で一番大きな島が魚釣島(3.82 km^2)で，尖閣諸島の中で，最も中国本土に近い島である．魚釣島の最西端を「基線」にすると，そこからの領海，接続水域，EEZ及び大陸棚は図1-1の通りとなる．尖閣列島がどの国に所属するかによって，領海面積は大きく異なる．特にこの地域が石油や天然ガスなど

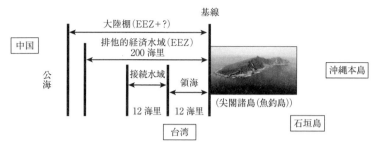

図 1-1 魚釣島を「基線」とした日本の領海と排他的経済水域（EEZ）
資料：嘉数啓作成．

の海底資源の宝庫となると，領有権争いも勢い激しくなる．中国，日本とも国連海洋法条約を批准しているが，中国は中国大陸から尖閣諸島まで伸びる「大陸棚」を根拠に領有権を主張している．

　国連海洋法条約で「島」である条件の1つに，「満潮時に水没しないこと」が挙げられている．「満潮時」とは，観測場所が年間を通しての満潮を観察した結果，もうこれ以上海水が上がってこないであろうと考えられる海面の高さ「略最高高潮面」を指している．海図に記載される島は，この定義に基づいている．海図には，潮汐の干満によって水面上に時々顔を出す岩（干出岩），水面すれすれの岩（洗岩），いつも水面下に没している岩（暗岩）の3種類も記載されている．中国とベトナムが領有権をめぐって紛争が続いている南沙諸島（Spratly Islands）の「スビ礁（Subi Reef）」は満潮時に水没する「干出岩」に相当し，国連海洋法条約で定義する島ではない．中国はこの岩礁を埋め立てて，島の定義に合致しない「人工島」を造成し，3000 m 級の滑走路を建設しており，周辺諸国やアメリカとの緊張が高まっている．

　国連海洋法上の「島」と認知されている日本最南端の環礁，「沖ノ鳥島」（環礁全体で7.8 km^2）は，「世界最小の島」ともよばれているが，中国，韓国が「島」ではなく，「岩礁」だとして異議申し立てをしていることはよく知られている．確かに満潮時に東小島と北小島は海面上にあるが，地球温暖化による海面上昇で満潮時に水面下に姿を消す可能性があり，政府が消波ブロック設置や護岸工事などで水没を防いでいる．日本政府は，小笠原村に属する日本最東端のマーカス島ともよばれている「南鳥島」（面積1.51 km^2）についても

写真 1-2 沖ノ鳥島(世界最小の島？それとも岩？)
資料：海上保安庁提供.

水没を防ぐ方法を検討しているが，他の島と排他的経済水域を接していないこの島の EEZ は，43万 km² に及び，日本の国土面積より大きい．

海洋法の権威，ハワイ大学のジョン・ヴァンダイク教授によると，沖ノ鳥島は国連海洋法条約 121 条第 3 項「人間の居住又は独自の経済的生活を維持できない岩は，排他的経済水域又は大陸棚を有しない」で規定する「岩」であり，EEZ の基点にならない(Van Dyke, 1988)．日本の国土面積は 38 万 km² で世界第 60 位だが，領海と EEZ を含めると，国土の約 12 倍，447 万 km² になり，世界第 6 位になる．ちなみに沖縄県を含む日本の「島嶼地域」の EEZ は，国土全体の 6 割強と推計されている(海洋政策研究財団，2008 年，p. 2)．

「沖ノ鳥島は東京から約 1700 km，小笠原諸島の父島から約 900 km 離れた日本最南端の島で，東西約 4.5 km，南北約 1.7 km，周囲約 11 km のサンゴ礁だ．わが国は沖ノ鳥島の周囲に漁業資源や地下の鉱物資源などを独占できる排他的経済水域(EEZ)を設定しており，面積は国土面積(約 38 万 km²)を上回る約 40 万 km² にも及ぶ．その周辺海域は漁業資源ばかりでなく，レアメタル(希少金属)などの存在が期待されている．かろうじて水面に浮かぶ沖ノ鳥島の存在によって，国土の約 6～8 割に相当する領海・EEZ が広がったことを意味する」(『産経新聞』2014 年 1 月 4 日朝刊)．

国連海洋法条約の定義による島は，世界にいくつあるのだろうか．地球観測衛星(NOAA)による全地球規模高画質海岸線データベース(GSHHS=http://www.ngdc.noaa.gov/mgg/shorelines/gshhs.html)によると，2006 年時点で 17 万 5804 の島(面積が 1 ha = 1000 m² 以上)が観測されている(**表 1-3**)．国連定義に従って，10 m² 以上の「岩礁(rock)」も含めると，3000 万～4000 万の島の数があると推計されている．

さて，日本での島の定義はどうか．「離島の自立的発展を促進するための

表 1-3　世界の規模別島の数，2006 年

面積	島の数	構成比(%)	分類
$10^5\,\mathrm{km}^2 < A < 10^6\,\mathrm{km}^2$	17	0.0	ギガ
$10^4\,\mathrm{km}^2 < A < 10^5\,\mathrm{km}^2$	53	0.0	メガ
$10^3\,\mathrm{km}^2 < A < 10^4\,\mathrm{km}^2$	219	0.0	標準
$10^2\,\mathrm{km}^2 < A < 10^3\,\mathrm{km}^2$	1,135	0.6	マイクロ
$10\,\mathrm{km}^2 < A < 10^2\,\mathrm{km}^2$	4,251	2.4	ナノ
$1\,\mathrm{km}^2 < A < 10\,\mathrm{km}^2$	16,359	9.3	ギガ環礁
$0.5\,\mathrm{km}^2 < A < 1\,\mathrm{km}^2$	63,324	36.0	メガ環礁
$1\,\mathrm{ha} < A < 0.5\,\mathrm{km}^2$	90,446	51.4	標準環礁
合計	175,804	100.0	

資料：Depraetere and Dahl（2007）p. 61, Table 2 より作成．

特別時限立法」として，1953 年（昭和 28 年）に成立し，これまで 5 回も延長されてきた「離島振興法」第 2 条に「離島」を国土交通大臣，総務大臣及び農林水産大臣が指定する「島」となっている．ここでの「島」とは，海上保安庁水路部が 1986 年に調査した『海上保安の現況（1987 年版）』で定義する「島」と重なり，以下の条件を満たす必要がある．(1) 周囲が水に囲まれ，0.1 km 以上のもの，(2) 架橋，海中道路などで本土と一体化した島，埋め立て地を除く，(3) 本土 5 島（北海道，本州，四国，九州，沖縄本島）を除く島となっている．上記の定義による日本の離島＝島の総数は 2012 年現在で 6852 あり，そのうち住民登録のある「有人離島」は 314（島総数の 4.6%）である（詳しくは，(財)日本離島センター『離島統計年報』，加藤庸二『原色 日本島図鑑』2010 年参照）．

しかし，「海上保安庁は，都道府県の島数までは公表しているが，6852 の島リストは公表していないため，どの島とどの島を足しあわせてその数となったかは不明」である（古坂良文，2014 年，p. 13）．さらに，都道府県の「離島統計」では，島の定義を面積が 0.01 km² 以上の島と定義しており，国の定義より面積が大きく，整合的ではない．例えば，2014 年現在における沖縄県の離島総数は国の公表数値で 363 だが，沖縄県の統計では 160 と半分以下になっている．日本政府は，海洋進出を活発化させる中国をにらみ，沖縄県の尖閣諸島を含む名称のない 158 の無人島に名前をつけて 2014 年 8 月に公表

したが，個別の島々の内訳についても公表する時期にきているのではないか．

　日本の離島振興法によって「指定」され，特別振興の対象になっている有人離島は現時点で258島である．小笠原諸島，奄美群島，沖縄の離島は上記の離島振興法の対象外で，それぞれ別途の特別法で振興策が講じられている．離島振興法や特別法は，有人島の生活防衛及び振興を目的として制定されており，無人島の指定は想定されていない．しかし2007年（平成19年）に成立した「海洋基本法」には，従来無視されてきた外洋の無人島についても「海洋管理のための離島の保全・管理・利用」などの国策を重視した離島政策がうたわれている（詳しくは鈴木勇次，2013年；中俣均，2013年参照）．

　ちなみに人文地理学的な視点から離島研究の系譜を論じた宮内久光（2006年）によると，日本で「離島」という用語が用いられるようになったのは1950年代以降のことで，それ以前は「島」，「島嶼」という用語であった．離島という用語はおそらく離島振興法に伴って一般化したと思われる．

3. 島嶼の分類

　島の分類学（taxonomy）というのがある．島の分類には，研究の目的，政策的視点から種々の分類がなされてきた．頻繁に使われる分類手法は，島の「大きさ」，「人口」，すなわち「有人，無人」による分類である．それ以外に島の「形状＝地形」，「海洋別」，「本土との距離」，「生態系」，「統治形態」，「経済自立度」，「文化・民族・歴史・地質形態」などの分類がなされている．以下ではそのデータが利用可能な主な分類を検討する．

島の「大きさ・形状」による分類

　表1-3で見たように，Depraetere and Dahlは，島を面積の大きい順に，ギガ（例，マダガスカル），メガ（アイスランド），標準（モーリシャス），ミクロ（バルバドス），ナノ（ナウル）に分類し，島より小さい環礁（islet），岩礁（rock）を同様に5つに分類している．島の分類学で著名なStephen A. Royle（2007）は，島の「形状」を以下の5つに分類している．

- 諸島，列島，群島（archipelago）

- 島嶼群(isles)
- 環礁(atoll)
- 浅瀬礁(reef or key)
- 岩礁, 暗礁(rock)

「諸島」, 例えば南西諸島, 沖縄諸島は「島嶼群」の集まりで, それが列状に並ぶのを「列島」, 例えば千島列島, 宮古列島と分類し, 塊状をなすものを「群島」, 例えば奄美群島と分類している. しばしば「島しょ」と表記される島嶼の「嶼」は, もともと「小島」の意味だが, 今日では様々なサイズの島の連なりを意味している.「環礁(atoll)」は, サンゴ礁がリング状につながったもので, 満潮時に海面に出ている陸地部分に, 人々が暮らしを立てているところもある. こうした環礁島は, ツバル, キリバス, マーシャル諸島, モルディブ, フランス領ポリネシアなど太平洋を中心に世界に500程度存在する. 海抜1mの環礁島であるツバルやモルディブは, 地球温暖化による海面上昇によって, 島が水没しつつあり国消滅の危機に直面している.

「浅瀬礁(reef)」とは, 沖ノ鳥島や, フィリピンと中国が領有権を主張して争っている南シナ海のスカボロー礁(フィリピン名はパナタグ礁, 中国名は黄岩島)のように, 水面に露出している「岩礁島」である. 環礁島と違って, 無人島である. 岩礁・暗礁は, 満潮時に水面下に隠れる「岩」で, 国連定義上の島ではない.

海洋別・有人島数別分類

ジュネーブに本部を置く国連訓練調査研究所(UNITAR＝ユニタール)は, 1966年に「島」を「海洋に囲まれた人口100万人以下の小島嶼」と定義し, 世界96の島嶼国及び地域を掲げ, そのうち統計的に比較可能な57についてデータを公表している(**表1-4**には, その後の人口増減を見るために, 最近時の人口も追加掲載した). 海洋別には, 太平洋(20か国——非自治領等も含む)が最も多く, 次いでカリブ海(17か国), 大西洋(10か国), インド洋(8か国), 地中海(2か国)となっている. 島の数では太平洋(3152, うち有人島625), カリブ海(859, 有人島88), 大西洋(566, 有人島79), インド洋(2154, 有人島237), 地中海(6, 有人島4)となっており, 太平洋が全島嶼国・地域の43%, 有人島で

表1-4 海洋別島嶼国・

島嶼国・地域	島の数	有人島数	総面積 (km²)	推定人口(千人) 1966年	最近時	注釈
(a) 大西洋諸島						
バミューダ諸島	300	20	53	50	66	英国海外領土
カーボベルデ	14	10	4,033	228	501	1975年ポルトガルから独立
チャネル諸島	16	11	195	115	150	英国王室属領
フォークランド諸島	200	12	11,961	2	3	英国海外領土
ファロー諸島	21	17	1,399	37	48	デンマーク自治領
アイスランド	1	1	103,000	195	323	1918年デンマークから独立
マン島	1	1	588	50	80	英国王室属領
セントヘレナ島	3	3	314	6	4	英国領
サン・ピェル・ミクロン諸島	8	2	243	5	7	フランス海外領土
サン・トーメ・プリンシペ	2	2	965	59	17	1975年ポルトガルから独立
計	566	79	122,751	747	1,199	
(b) カリブ海諸島						
アンティグア・バーブーダ	3	2	442	60	68	1981年英国から独立
バハマ	700	30	11,406	140	342	1973年英国から独立
バルバドス	1	1	430	245	275	1966年英国から独立
ケイマン諸島	3	3	259	9	42	英国海外領土
ドミニカ国	1	1	751	68	69	1978年英国から独立
グレナダ	2	2	344	97	104	1974年英国から独立
グアドループ島	7	7	1,779	319	443	フランス海外領土
マルチニーク島	1	1	1,102	327	407	同上
モントセラト	1	1	98	14	4	英国海外領土
オランダ領アンティグア	6	6	961	210	212	
セントキッツ・ネービス[1]	4	4	357	61	52	1983年英国から独立
セントルシア	1	1	616	103	172	1979年英国から独立
セントビンセント[2]	6	6	388	90	109	1779年英国から独立
トリニダード・トバゴ	3	3	5,128	1,000	1,351	1962年英国から独立
タークス・カイコス諸島	30	6	430	6	37	英国海外領土
英領ヴァージン諸島	40	11	153	9	22	
米領ヴァージン諸島	50	3	344	50	125	
計	859	88	24,988	2,808	3,834	
(c) 地中海諸島						
キプロス	1	1	9,251	603	871	1960年英国から独立
マルタ	5	3	316	317	409	1964年英国から独立
計	6	4	9,567	920	1,280	

地域分類，1966年

島嶼国・地域	島の数	有人島数	総面積 (km^2)	推定人口(千人) 1966年	最近時	注釈
英領インド洋諸島	25	?	74	2	4	
ココス諸島[3)	27	3	14	1	1	オーストラリア領土
コモロ	7	4	2,171	225	754	1975年フランスから独立
クリスマス諸島	1	1	135	3	1	オーストラリア領土
モルディブ諸島	2,000	220	298	101	396	1965年英国から独立
モーリシャス島	4	4	2,098	780	1,286	1968年英国から独立
レユニオン島	1	1	2,510	408	846	フランス海外領土
セーシェル	89	4	404	49	81	1976年英国から独立
計	2,154	237	7,704	1,569	3,369	
(e) 太平洋諸島						
米領サモア	7	6	197	27	70	
クック諸島	15	14	234	21	23	1965年NZとの自由連合
フィージー	300	100	18,160	478	834	1970年英国から独立
フランス領ポリネシア	125	100	4,000	90	260	フランス海外領土(共同体)
ギルバート・エリス諸島[4)	37	31	886	54	11	1978年英国から独立
グアム	1	1	549	79	167	1898年より米国領土(準州)
ナウル	1	1	21	6	10	1968年豪・NZ・英国から独立
ニューカレドニア	40	5	19,000	93	216	フランス海外領土
ニューヘブリデス	80	30	14,763	70	25	1980年にバヌアツとして独立
ニウエ	1	1	259	5	2	NZとの自由連合
ノーフォーク諸島	1	1	36	1	2	オーストラリア領土
ピトケアン	4	1	5	0.09	0.05	英国海外領土
琉球・小笠原諸島	100	90	2,196	944	1,410	
ソロモン諸島	100	90	29,785	140	539	1978年英国から独立
インドネシアティモール	4	4	18,990	560	1,133	東ティモールは1999年に独立
トケラウ	3	3	10	2	1	NZ領土
トンガ	200	40	699	75	103	1970年英国から独立
米信託統治領[5)	2,100	96	1,770	94	262	
ワレス・エ・フツナ	25	3	200	8	13	フランス領土
西サモア	8	8	2,842	130	183	1997年にサモアに国名変更
計	3,152	625	114,602	2,877	5,264	

注：1) セントクリストファー・ネービスに改名，2) セントビンセント・グレナディーン諸島に改名，3) キーリング諸島ともいう．4) ギルバート島が分離して現在は「ツバル」と改名．5) マリアナ(グアムを除く)諸島，カロリン諸島，マーシャル諸島．ミクロネシア連邦(1986年)，マーシャル諸島(1986年)，パラオ(1994年)は米国との「自由連合」として，それぞれ独立．本表には，1966年よりの人口増減を見るため，「最近時の人口」を追加掲載してある．
資料：Rappaport, et al. (1971)及び外務省資料より作成．

60%を占めていて，この定義で見る限り，島が最も集中しているのが太平洋地域である．国別の有人島の数ではモルディブが220を数えて最も多く，アイスランド，キプロスは1つの島で成り立っている．

　陸地面積では，アイスランドの10万 km² からピトケアンの5 km² まで，人口ではカリブ海のトリニダード・トバゴの100万人から，ピトケアンの92人まであり，このデータから見る限り，一口に島嶼国・地域と言っても，面積，人口，有人島の数などで極めて多様性に富んでいることがわかる．ちなみに，本表には，調査時点の人口規模で2番目に大きい島嶼地域として，「琉球・小笠原諸島」が掲げられている．2013年時点で人口，有人島の数で変動はあるものの，人口規模で100万人を超して本表の定義から外れる島嶼地域はトリニダード・トバゴと琉球・小笠原諸島のみである．

ショアライン・インデックス(shoreline index＝SI)による島の分類

　フランスの地質学者F. ドウメン(Doumenge, 1983)は，自然地誌学的視点から，海洋性気候の影響をもろに受ける陸地を「大陸」と区別して「島」と定義し，図1-2のように陸地総面積(200 km²)に対する海岸延長(60 km)の比(shoreline index＝SI)をとって，SIの大きい順に，「真正海洋島」，「小孤島」，「大孤島」，「大陸島」の4つに分類している．

　SIによる分類法は，島の面積に加えて「形」が大きく影響する．同じ面積でも海岸線の長い「細長い島」は，「円形の島」に比べてSI指標は当然大きくなり，その分海洋の影響を受け易く，より多くの島嶼的特性を備えていると言える．例えばモルディブ共和国の国土面積(298 km²)は，ナウル共和国(21.1 km²)の14倍もあるが，国別で測ったSI指標では逆転している(表1-5)．表には掲載されないが，細長い種子島(面積445 km²)のSI指標は0.42で表1-5の「小孤島」に属し，屋久島(面積541 km²)の0.24の倍近い．地図上は種

図1-2　ショアライン・インデックス(SI)の計算式

表1-5　ショアライン・インデックスによる島の分類

1≦SI 真正海洋島	1/10≦SI 小孤島	1/20≦SI<1/10 大孤島	1/60≦SI<1/20 大陸島
キリバス	ニウエ	フィジー	マダガスカル
ツバル	ナウル	ニューカレドニア	カリマンタン
トケラウ	バルバドス	トリニダード	パプアニューギニア
マーシャル	マルタ	ジャマイカ	アイスランド
モルディブ	サモア	キプロス	
バミューダ	コモロ	バヌアツ	
バハマ	モーリシャス	ソロモン	
ターク	ドミニカ	沖縄本島	

資料：Doumenge (1983)のデータを改訂.

子島が屋久島より面積も大きく見える．ドウメンによると，同じグループに属する島は，資源，動植物の固有種等が極めて類似しているのみならず，生活文化の多様性の度合いも類似している．

大陸（主要市場）からの「距離」による分類

国連貿易開発会議(UNCTAD)は，1970年に，「大陸からの距離」による有人島の分類を試みている(表1-6)．この調査に関する限り，大陸から200〜1000 km以内の距離に最も多くの島嶼国が集中している．南太平洋のほとんどの国は，大陸から1000 km以上も離れている．表は，人口規模及び1人当たり所得も掲げている．大陸からの距離が離れていれば離れるほど人口規模は小さくなる傾向にあるが，一般の常識とは逆に，1人当たり所得(所得ではかった生活の豊かさ)はむしろ高くなる傾向にある．これらの傾向は今日でも観察されている．島の大きさと1人当たり所得との関係については，別途詳述する．

国際連合環境計画(UNEP)の分類

国際連合環境計画(UNEP)のダール(Dahl)博士が編集した『島嶼総覧(*Island Directory: Basic environmental and geographic information on the significant islands of the world*)』は，「世界環境保全モニタリングセンター(WCMC)」からのデータの提供を受けて，世界の約2000の海洋有人島について，島の地形，島

表 1-6　人口，1人当たり所得，大陸市場からの距離による島嶼国の分類，1970年

人口規模	1人当たり GNP (米ドル)	最も近い大陸からの距離(km²)		
		近	中	遠
大・中規模 (100万人以上)	250 未満	インドネシア L スリランカ L	マダガスカル L ハイチ M	
	250～399		フィリピン L ドミニカ共和国 L パプアニューギニア L	
	400～1,000	香港 S シンガポール VS トリニダード・トバゴ M	キューバ L ジャマイカ M	
	1,000 超		プエルトリコ M	
小規模 (15万～ 100万人未満)	250 未満	マカオ VS	ティモール M コモロ S カーボヴェルデ M キプロス M	モーリシャス S ソロモン諸島 M フィジー M レユニオン S
	400～1,000		マルタ S バルバドス VS バーレン VS	
	1,000 超		琉球列島 S オランダ領アンチル S バハマ諸島 M	
極小規模 (15万人未満)	250 未満		モルディブ VS セントビンセント VS セントルシア VS グレネダ S ドミニカ VS	西サモア 太平洋信託島嶼地域 S トンガ VS
	250～399		アンギラ VS サン・トーメ S アンティグア VS	ギルバート・エリス VS
	400～1,000		ヴァージン諸島 VS	ニューヘブリデス M 米領サモア VS ブルネイ M 仏領ポリネシア M ニューカレドニア VS
	1,000 超			グアム VS バミューダ VS

注：面積：VS＝極小＝1,000 km² 未満
　　　　S＝小＝1,000～3,999 km²
　　　　M＝中＝4,000～39,000 km²
　　　　L＝大＝40,000 km² 以上
資料：UNCTAD (1974), p.5 より作成．

嶼の海洋別面積，人口，大陸との距離，地理的特性，生態系など島ごとの詳細なデータを提供している．地形による分類例を以下に記す．

- 環礁(Atolls)：ムルロア(フランス海外領)，タワラ(キリバス)，マジュロ(マーシャル諸島)
- 低地島(Low islands)：マルタ島，アロアエ島，ホロ島(フィリピン)
- 隆起サンゴ礁(Raised coral islands)：クリスマス島，グアム，ナウル

「隆起サンゴ礁島」は，刺胞動物門花虫綱などに属する造礁サンゴ(主成分は石灰岩)の骨格などが積み上がった「裾礁(きょしょう)」が隆起して形成された地形である．宮古島や石垣島などがそのよい例である．沖縄の先島諸島は裾礁形成後に隆起したため，サンゴ礁段丘や隆起サンゴ礁と呼ばれる特異な地形がよく発達している．サンゴ礁に基づく島にはさまざまなバリエーションがある．サイパン島やグアム島を含むマリアナ諸島や小笠原諸島はプレート境界に位置する火山島とサンゴ礁が複合した裾礁の段階にある．南太平洋に位置するメラネシアやポリネシアでは，堡礁や環礁の段階に達している．東部ミクロネシアに位置するマーシャル諸島共和国の国土は30個弱の環礁だけから成る．

- 大陸島(Continental islands)：済州島，スカイ島(イギリス)，ニューギニア，台湾，カリマンタン島

「大陸島」とは，大陸棚に存在する島で，海進，沈下などの原因により大陸と切り離されることで孤立した陸地である．地質構造や陸上の地形に大陸との類似が見られる．日本列島のように，大陸島は大陸側に並んで形成される例が多い．その配置が弧状になることが多いため，「弧状列島」，あるいは「島弧(Island arc)」とよばれている．サンゴ礁のみからなる陸島もある．例えばオーストラリア大陸東岸北部に約2000 kmにわたって伸びるグレート・バリア・リーフは大陸棚に位置する700個前後の島で発達した堡礁である．

- 火山島(Volcanic islands)：石垣島，サイパン，オアフ島

火山噴火によって形成された島が「火山島」である．そのうち，大陸棚ではなく，海洋底から直接海面に達している島を「洋島」という．火山島はホットスポット(地球のマントル付近から上部マントルに向かって定常的に熱い物質が

表 1-7 総固有種 100 を上回る島嶼国・地域, 1990 年

	植物	蝶	両生類	爬虫類	鳥	哺乳類	総固有種
マダガスカル	8,000	0	0	364	0	0	8,364
ニューギニア	6,000	367	0	220	195	8	6,790
キューバ	3,224	0	0	124	23	16	3,387
ニューカレドニア	2,474	10	153	23	20	0	2,680
ジャマイカ	912	17	17	44	26	4	1,020
モーリシャス	300	0	0	5	9	0	314
プエルトリコ	234	0	0	33	12	0	279
マディラ(ポルトガル)	131	0	96	1	2	0	230
ラパ(フランス領ポリネシア)	100	0	98	0	2	0	200
レユニオン(フランス)	176	0	0	0	0	0	176
サオトメ	108	0	0	3	14	4	129
ロード・ホウ(オーストラリア)	70	0	50	2	5	0	127
トリニダード	100	0	0	0	0	0	100

資料：Dahl (1991) より作成.

上昇している場所)上に多く位置する．例えばハワイ諸島は，約 7000 万年にわたって，同一のホットスポットが多サンゴ礁により形成された島である．

日本の島々についての同様な分類は，辻村太郎・山口貞夫(1935年)によってなされている．「非火山島に屬する洋島は極めて稀であつて，千島列島で水晶諸島，琉球列島の薩南群島，それと甑列島を數ふるに過ぎない．是に反し陸島は殆んど非火山島であつて，僅かに瀬戸内火山脈に當る島嶼が例外を成すのみである」(原文のまま引用，p. 43).

固有種(生物多様性)による分類

固有種による島嶼の分類は貴重で珍しい．UNEPによると，「島嶼地域は，人間による開発，破壊行為に対して脆弱な固有の動植物(fauna and flora)群に恵まれている．われわれは島嶼社会の自然環境への適応について模索してきたが，限られた島嶼資源で，持続可能な発展(sustainable development)をどう達成するかという難問に直面している．島嶼は地球規模の変化に対して最も脆弱で悪影響を受けやすい地理的特性を有しているという認識が必要である」(Dahl, 1991, p. 1).

ここでは総固有種(植物＋蝶＋両生類＋爬虫類＋鳥＋哺乳類)が100種を上回る

第1章　島の定義・アプローチ・分類

島嶼についてリストした(表1-7).マダガスカルを筆頭に,島嶼地域は生物多様性の「宝庫」と言える.後述する UNESCO 世界自然遺産に指定された島の数がそれを物語っている.

島の自然・動植物・文化遺産による分類

　島嶼地域は,大陸から「隔離」され,生物多様性に恵まれた独自の進化を遂げ,独特の「島嶼文化」を形成したこともあって,貴重な動植物及び文化遺産の宝庫でもある.これらの遺産の多くがユネスコ世界遺産に登録されている(UNESCO World Heritage List 及び「NHK 世界遺産への招待状」参照).

　最もポピュラーな世界遺産として,「ゾウガメの島」を意味するエクアドル領のガラパゴス諸島,「モアイ像」で有名なチリ領イースター島の「ラパ・ヌイ国立公園」,ギリシャ中世都市のロードス島,ミノア文明発祥の島クレタ島,ナポレオン流刑の孤島セントヘレナ島,世界で最も観光客を惹きつけるハワイ島「キラウェア火山」,ミクロネシア・ポンペイ島の「ナン・マドール遺跡」,パラオ・コロール島の「ロックアイランド群」,インドネシア・コモド島の「コモドドラゴン」の生息地,「インド洋のガラパゴス」と呼ばれるクリスマス島(オーストラリア領)の「アカガニの大移動」などがある.

　上記以外に,バルト海の世界遺産の島として,後述する特別自治制度で島嶼地域のモデルとなっているフィンランドのオーランド島,「生きたエストニア文化博物館」とよばれているリガ湾に浮かぶキフヌ島は,スカートや伝統芸能で世界中の女性を惹きつけている.デンマークには,童謡作家,ハンス・クリスチャン・アンデルセンの故郷で,シェークスピアの「ハムレット」の舞台にもなったフュン島などがある.地中海の世界遺産として,ナポレオンの生地として有名なコルシカ島があり,ナポリ湾に浮ぶカリブ島の「青の洞窟」,「地中海のヘソ」と呼ばれているマルタ島(共和国,面積は長崎県の福江島に匹敵)には,紀元前3600年代の巨石神殿・城壁都市など,3つの世界遺産がある.

　カリブ海に浮かぶ世界遺産の島として,セントクリストファー島の「ブリムストーン・ヒル要塞」,小説『宝島』の舞台で知られているコスタリカの「ココ島(別名ココス島)」の動植物の「宝庫」がある.

大西洋では，フェルナンド・デ・ノローニャ諸島の「ロカスの環礁保護区」，ポルトガル領アゾレス諸島に属するピコ島の「ブドウ畑文化の景観」，バミューダ島の古都「セント・ジョージと関連要塞群」が世界遺産に登録されており，南極に近いゴフ島（イギリス領）は，地球で最も汚染されていない「海鳥サンクチュアリ」として，多分最も小さい島（95 km^2）の世界遺産である．

　オセアニア・太平洋の世界遺産の島として，オーストラリア領ロード・ハウ島群の「海水による浸食で作られた島」，世界で最も大きな「砂島」であるフレーザー島の「グレート・サンディ国立公園」，無人島の「マッコーリー島」，「海鳥の楽園」であるニュージーランドの亜南極諸島，世界最大のサンゴの島であるソロモン諸島の「東レンネル島」などがある．美しいサンゴの島とは対照的にマーシャル諸島の「ビキニ環礁」は，放射能に汚染された「核実験の島」として，「負の世界遺産」に登録されている．

　アジアの世界遺産の島としては，済州島の「火山島と溶岩洞窟群」，「竜の口から吐き出した宝石」と言われているベトナム・ハロン湾の島々，バリ島の「水利システム（スバック）」，フィリピン・パラワン島の「トゥバタハ岩礁海中公園」，ブルボン種コーヒーの原産地として知られるインド洋に浮かぶフランス領土レユニオン島などがある．むろん日本の島嶼地域にも，屋久島，小笠原諸島，琉球王国のグスク及び関連遺産群が世界遺産に指定されている．

　言語による島々の分類は，言語学者，言語地理学者によって古くからなされてきた．

　ダーウインとともに「進化論」を唱えたイギリスの博物学者ウォレスの著書 *The Malay Archipelago* (1869)は，その古典的例である．『ウィキペディア』辞書によると，「言語島」とは，「ある言語や方言が広い地域にわたって使われていて，その内部のごく狭い範囲に限って他の言語を用いる地域が，海中の島のような状態で存在するもの」と定義されている．「琉球語」は，疑いもなく「日本語族」の「仲間」だが，口頭では，隣接した宮古と八重山でも互いに通じ合わないほどの違いがある．ましては両者とも沖縄本島の話し言葉とは全く異なっている（平山輝男編『全国方言辞典』1982-83 年参照）．筆者が最も影響を受けた島嶼研究者，小玉正任(1985 年)によると，「ありがと

う」について以下のじつに多彩な表現がある．

　沖縄本島では「にふぇ」，宮古島では「たんでぃがたんでぃ」，多良間島では「しぃでぃがふぅ」，石垣島では「にふぁい」，小浜島では「みはい」，波照間島では「にーぱい」，与那国島では「ふがらさ」，という具合である．ほかにも，「にぺー」，「にへー」，「ぶらーらさ」，「ぶっからさ」，「しぃでぃがぶぅ」，「ゆがっちゅ」などがある．

　島の地名による分類も島嶼学者の興味の的である．「サンタ・マリーア *Santa María*．この地名をもつ土地だけを世界地図の上に点で示した図面があったとしよう．白地図の上に落とされた点の固有の密度と特異な地理的偏差の絵柄に，誰でもきっと目を奪われるにちがいない．規範的な世界地図の見慣れた大陸と島々の構図を突き破って，一つの地名が描き出す未知の群島がそこに出現するからである」(今福龍太，2008 年, p.391)．「サンタ・マリーア」の名前をもつ島，地名はスペイン，ポルトガルが植民地化・支配した海域の至る所に存在する．

　沖縄県には「奥武島」が 6 か所にあり，小玉正任の論考に「奥武島考」(小玉正任，1985 年, pp.27-50 参照) がある．小玉の推論によると，「奥武島」に共通しているのは，主島に隣接した「聖地＝墓地」の島である．「聖地」，あるいは「神島」とよばれている小島も数多くある．沖縄本島南部沖合に浮かぶ「久高島」は，琉球開闢の祖，「アマミキヨ」が天から舞い降りて国づくりをはじめた島として知られている．

　日本最古の歴史書と言われている『古事記』や『日本書紀』に「国生み神話」が記されている．これらの伝承によると，イザナギノミコト(男神)とイザナミノミコト(女神)が天の浮橋を渡って地に降り，最初に作り出した島が「オノゴロ島」である(中西進，2013 年)．兵庫県淡路島の南西に浮かぶ沼島には，実際に自凝島神社があり，この沼島が「オノゴロ島」であるとする伝承がある．沼島には国生みの際に建てた「オノゴロ島」のシンボルと言われている「上立神岩」がある．ついでながら，与那国島にも観光名所になっている「立神岩」があり，その周辺には謎の「古代海底遺跡」が眠っている．著名な海洋地質学者，木村政昭(2006 年)によると，人類が誕生したとされる幻の「ムー大陸」の痕跡の可能性がある．であるとすれば，「立神岩」は神殿

への表門か.

　宮古島の北4km沖に位置する「大神島」は，島全体が「神が宿る」とする聖地になっており，観光客の立ち入りを禁じている場所が多い．大神島のすぐ西隣に宮古島と橋でつながった「池間島」があり，独自の文化をもつ「池間民族」の発祥の地だが，古来より「神島」(カンズマ)として知られている(伊良波盛男，2004年).三重県伊勢湾口に位置する周囲3.9kmの「神島」は，「神の支配する島」と信じられ，島の八代神社には古墳時代からの「神宝」が秘蔵されている．この島は，三島由紀夫のベストセラー小説『潮騒』(1954年)の舞台になったことで一躍有名になった．三島の小説は，詩人サッポーの生誕地であるエーゲ海の「レスボス島(Lesvos)」を舞台に書かれた古代恋愛物語『ダフニスとクロエ』をモデルとしている．ついでながら，女性同性愛者を意味する「レスビアン(Lesbian)」は，「レスボス島」の名前に由来する．レスボス島はバカンス客に人気が高いギリシャの観光地だが，今やシリアなどからの難民の上陸地として注目を集めている．前述したフランスの「モンサンミシェル島」，長崎県の「前小島」，玄界灘に浮かぶ「沖ノ島」も「神の宿る」パワースポットである．日本政府は，沖ノ島・宗像関連遺産群を世界遺産候補に推薦した．

人口・産業構造による分類

　それぞれの島嶼地域は，果たして本土地域と比較して特徴的な人口・産業構造を形成しているのであろうか.「クラスター分析」ツールを使って，日本の259の島を対象にしてこの課題に挑んだすぐれた研究成果がある(須山聡，2003年).クラスター分析とは，よくマーケティング戦略に活用される分析手法であり，構造的に類似した属性値をもつクラスター(グループ)を集めて分類することで，共通の活動パターンを見つけだそうとするものである．ここでは，変数として扱われる島嶼の属性(16サンプルデータ)から6つの「因子」を抽出し，クラスター分析を通して島嶼地域を類型化している．結果は表1-8の通りである．

　世界の島々同様，日本の島嶼地域もそれぞれの島の特性に沿った多様で複合的な経済活動で生活を支えていることがわかる．比較的小さい島嶼群は漁

表 1-8 クラスター分析による日本における島嶼群の産業活動類型，1995～96 年

類型	例示	島嶼数
生業的漁業島嶼群	五島列島，瀬戸内海の島々	63
自立的漁業島嶼群	玄界灘，日本海側の島々	62
小規模中心地・製造業立地島嶼群	佐渡，奄美大島，種子島	60
農業特化島嶼群	南西諸島，五島列島，天草諸島	38
公共事業依存島嶼群	伊豆・小笠原諸島，トカラ列島	16
観光化島嶼群	慶良間諸島，八重山群島	13
鉱業特化島嶼群	瀬戸内海西部，長崎県の島々	5

資料：須山聡（2003 年）より作成．

業を中心に生業的農業が主体で，佐渡や奄美大島などのやや規模の大きい島嶼群は島の特産物に特化した製造業活動が盛んである．公共事業と観光活動に特化した島嶼群は以外と少なく，全体の 6% 前後である．この調査結果は，次章で展開する「島産島消」を主体とした循環・複合型の自立経済構築への可能性を示唆している．

統治形態による分類

表 1-9 の代表例で見るように，小島嶼国・地域は，古代ローマ時代から「強国」による二重，三重の植民地化，複雑な統治制度が導入され，今日でもその遺産が継続している（詳しくは Baldacchino, 2013 参照）．国際法上，「国家」として認められには 3 つの要素が要求される．すなわち一定の領域（領土，領水，領空）を有し，そこに「国民」が恒久的に属し，領域及び国民に対して，排他的な「主権」の行使が行われていることである．これらの 3 条件を満たす島嶼国家を「完全独立国」とすると，パラオ，マーシャル諸島，ミクロネシア連邦は，アメリカを施政権者とする国連信託統治地域（trusteeship）から，1980～90 年代に独立して国連加盟国になったが，国防と一部外交権は自由連合盟約（Compact of Free Association, 通称「コンパクト」）に基づいて米国が有しており，完全独立国家とは言えない．なお，植民地制度の遺産である「信託地域」は，パラオの独立（1994 年）を最後に消滅した．ニュージーランドと自由連合協定を締結しているクック諸島，ニウエは，島民がニュージーランド国籍（市民権）をもつため，独自の「国民」をもたず，独立国家

表 1-9 小島嶼国・地域の統治形態の例

独立国		コモンウェルス	準州	宗主国の海外領土	
完全	自由連合			属領	自治領
サモア	パラオ(米)	プエルトリコ(米)	米領サモア(米)	英領ヴァージン諸島	フォークランド(英)
トンガ	マーシャル諸島(米)	北マリアナ諸島(米)	グアム(米)	オランダ領アンティル	グリーンランド(デンマーク)
フィジー	ミクロネシア連邦(米)			フランス領ポリネシア	フェロー諸島(デンマーク)
ナウル	クック諸島(ニュージーランド)			マン島(英)	オーランド諸島(フィンランド)
マルタ	ニウエ(ニュージーランド)			ケイマン諸島(英)	アゾレス諸島(ポルトガル)
モルディブ				マルチニーク(仏)	トケラウ(ニュージーランド)

資料：外務省及びウィキペディア資料より作成．

としての条件を満たしてないと言える．

　1898年の「米西戦争」の結果，スペインが撤退し，スペイン領のプエルトリコ，グアム島を含むマリアナ諸島，フィリピンなどを含む島々は2000万ドルの有償でスペインからアメリカに割譲され，この地域での米国統治が始まった．プエルトリコと北マリアナ諸島(サイパン，テニアン，ロタ)は，いずれも米国の「コモンウェルス(commonwealth)」である．「コモンウェルス」とは，「共通財(善)」の意味だが，「共和国」，「連邦」，「自治」など多義的な統治形態に使用されてきた．マサチューセッツ州の正式名称は「Commonwealth of Massachusetts」である．プエルトリコ，北マリアナ諸島は独自の憲法をもち，内政自治権を行使できるものの，独立国でもアメリカの州でもなく，アメリカの「特別自治領(自治連邦区)」である(詳しくは嘉数啓，1983年；Stayman, 2009参照)．プエルトリコは，1951年にアメリカの市民権をもつ「プエルトリカン」の住民投票(referendum)によって，現在の統治機構が確定し，今日に至っている．その間，現状の「特別自治」，「州昇格」，「独立」を問う住民投票がこれまで4回も実施された．最近時の2012年に実施された住民投票では，州昇格支持票が特別自治支持票を初めて上回って過半数を占めた．独立支持票は6%であった．州昇格が多数を占めた背景には，最近の経済破綻や人口減少などの要因もあるが，900万人と言われている

「プエルトリカン」の約6割がアメリカに居住してアメリカの市民権を行使しているという意識構造面での大きな変化も反映している．

　アメリカの「準州」である米領サモアやグアムもアメリカの「自治領」である．コモンウェルスも準州も連邦税を払う義務はなく，米国議会に議決権のない代表を送り込むことはできるが，大統領を選ぶ投票権はない．しかし両者とも「内政自治」が認められ，統治形態には大差はないが，準州がよりアメリカとの政治統合がすすんだ形態であると言える．グアムでは今日でも「現状維持」支持者が住民の大半を占め，州昇格支持者は2割程度，独立支持者は5%前後である．むろん，現状を「アメリカの植民地」と糾弾し，脱植民地化(decolonization)を求める声は根強くあるが，主に経済的理由で独立の選択は難しく，またチャモロ系民族のアイデンティティ喪失につながる州昇格の選択も当分困難である(嘉数啓，2013年)．

　英領ヴァージン諸島，オランダ領アンティル，フランス領ポリネシアなどの旧宗主国の「海外領土」もある．この中には，フォークランドのように，領土紛争で戦火を交えた島もある．これらの海外領土は，広い意味での「植民地」または「保護領」と言える．

　島民選択による理想的な非武装中立の「自治の島」としてよく話題になるのが，バルト海に浮かぶフィンランド領のオーランド諸島(Åland)である．オーランドは言語をはじめスウェーデン文化を継承しているが，幾多の国境紛争を経て，オーランドの憲法である「自治法」が国際連盟の裁定によって制定され，フィンランド政府も勝手に口出しできない自治権を獲得している(長谷川秀樹，2002年参照)．この特別自治権をフィンランドやスウェーデン政府などを説得して承認へと導いたのが，当時国際連盟の事務次官であった新渡戸稲造であったことはあまり知られていない．「オーランドモデル」は島の国境紛争を解決する1つの知恵を提供している．

　沖縄同様，新たな米軍基地の建設をめぐって世界の関心を集めてきたのがグリーンランドである．日本の国土の5.7倍もあるデンマーク領のグリーンランド(現地語で「人の島」)は，面積で世界最大の島であると同時に，人口密度で世界一低い島でもある．デンマークによる数世紀にわたる植民地の後，1979年に高度な自治権をもつグリーンランド自治政府(ホーム・ルール)がス

タートした．同時に同じデンマーク領のフェロー諸島(Faroe Islands)でも自治政府が発足した．高度な自治権を獲得したとは言え，グリーンランドはスコットランド同様，島民による完全自治，つまり独立への意欲は根強く，住民投票に基づくいっそうの自治権拡大が論議されてきた．特に1950年代初頭にソ連に対する抑止力として，グリーンランド北西部に建設が開始されたチューレ米空軍基地(Thule Air Base)をめぐってのグリーンランド自治政府とデンマーク政府との攻防は，世界的な注目を集めた．何故なら，通常外交と防衛は中央政府の「核心的」な権限で，自治政府には与えられていないからだ．

しかしグリーンランド自治政府は，住民に多大な影響を与えている米軍基地のありようについてもデンマーク政府と並んでアメリカと交渉する権限を要求し，厳しい交渉の末，2004年には画期的な「イガリク協定(Igaliku Agreement)」を母国政府との間で締結し，最終決定権はデンマーク政府が握っているものの，国防を含む「対外自治」の行使に道を開いた(詳しくは高橋美野梨，2013年参照)．グリーンランドの基地をめぐる問題は，日本の辺境に位置する沖縄県の米軍基地問題を考える上でも見逃せない視点を提供している．グリーンランドの米軍基地建設は沖縄同様，強制的な軍用地の接収，住民の強制移転で始まった．デンマーク最高裁は，50年後の2003年に強制移転は違法行為であったとする判決を下した．「イガリク協定」によって，グリーンランド住民の同意なしに，冷戦終結後新たに浮上した米軍ミサイル防衛基地の建設はほぼ不可能になった．グリーンランドでは1968年に4発の水素爆弾を搭載したアメリカ空軍のB-52爆撃機が墜落し，核爆発はなかったものの，核弾頭の破裂・飛散により放射能汚染を引き起こした事故は今日まで生々しく住民の記憶に焼きついている．

沖縄でも1959年に石川市の宮森小学校にジェット戦闘機が墜落炎上し，小学生11人を含む17人が犠牲になるという大惨事があった．2016年3月現在，全国の米軍基地施設の74%が沖縄に集中しており，新たな基地建設は許さないというのが沖縄県民の総意だが，日本政府は県民の頭越しに新基地の建設を強行しつつある．デンマークでは，国及び国際法の基本的前提を構成する「道徳的権限(moral authority)」を重視し，国の専管領域である国

表 1-10　小島嶼国連合（AOSIS），2015 年

国連加盟メンバー				非国連加盟メンバー
大洋州	カリブ海	アフリカ・インド洋	アジア	
キリバス	アンティグア・バーブーダ	ギニアビサウ	モルディブ	ニウエ
サモア	キューバ	コモロ	シンガポール	クック諸島
ソロモン諸島	ジャマイカ	サントメ・プリンシペ	東ティモール	英領ヴァージン諸島
ツバル	セントクリストファー・ネービス	セーシェル	バーレーン	アンギラ
トンガ	セントビンセント	モーリシャス		北マリアナ諸島
ナウル	セントルシア	カーボヴェルデ		フランス領ポリネシア
バヌアツ	ドミニカ国	ガイアナ		モントセラト
パプアニューギニア	ドミニカ共和国			アルバ
パラオ	トリニダード・トバゴ			オブザーバー
フィジー	ハイチ			米領サモア
マーシャル諸島	バハマ			グアム
ミクロネシア連邦	バルバドス			プエルトリコ
	ベリーズ			オランダ領アンティル
	グレナダ			米領ヴァージン諸島
	スリナム			

資料：UN Office of the Representative for Small Island Developing States (SIDS) HP 資料より作成．

防についても地域住民の意向を最大限尊重するという北欧民主主義の成熟度を世界に示した．世界一危険だと言われている普天間基地の北部辺野古地域への強行移転に伴う沖縄県と日本政府との攻防は世界が注目しており，「衆人監視」のもとで日本の民主主義の成熟度が試されていると言える．

小島嶼国連合（AOSIS＝Alliance of Small Island States）

　島の分類とは若干趣を異にするが，共通の政治的意図をもった島の集まりとして小島嶼国連合（AOSIS）に触れておく必要がある．AOSIS は，国際連合に加盟する「小島嶼開発途上国（SIDS：Small Island Developing States）」38 か国（国連加盟国の 5 分の 1）を含む 43 の国と地域が参加して 1990 年に発足した組織である（表 1-10）．特に，地球温暖化によって甚大な被害が予想される小島嶼や沿海部の低地を共有する太平洋・インド洋・大西洋上の国・地域から構成されている．その中には国土で最も標高が高い場所でも海抜 2 m しかない低地国もある．これらの国々は気候変動のインパクト，とりわけ海面上昇など地球温暖化の影響を最も受けやすく，中には国家としての存亡の危機

に直面している国もある．そのため温暖化対策強化を最も強く訴えており，国際交渉の場では先進工業国が責任を負うべき二酸化炭素排出量の削減と森林伐採の中止を含む早期対策と適応措置への支援を要求している．筆者も参加したAOSISバルバドス会議(1994年)では，脆弱な生態系の保全や人的資源の開発を目的とした行動計画(BPOA)が採択された．

　京都議定書(1997年)に代わり，2020年以降の地球温暖化対策の枠組みを議論した「国連気候変動枠組み条約締約国会議(COP21)」では，この島嶼国連合が交渉をリードして，画期的な「パリ協定」(2015年)が採択された．協定では，島嶼国連合が主張した「地球の気温上昇を2度よりかなり低く抑え，1.5度未満に抑えるための取り組みを推進する」が盛り込まれ，途上国も温室ガス削減目標に合意した．多くの課題は残ったものの，島嶼国連合を代表したキリバスのアノテ・トン大統領は，「歴史が作られた(We have made history)」とパリ協定を高く評価した．

　限られた資料に基づいて「島の分類学」を試みた．上記分類以外に，いずれ取り組みたい課題として，経済史家が得意とする島の発展段階による分類，資源賦存による分類などがあるがある．島の資源賦存と開発については多くの実証分析がなされており，後述する．

注及び参考文献

今福龍太『群島‐世界論』岩波書店，2008年．
伊良波盛男『池間民俗語彙の世界――宮古・池間島の神観念』那覇：ボーダーインク，2004年．
岡本太郎『沖縄文化論――忘れられた日本 新版』中公叢書，2002年(初版は1961年)，本版には外間守善の「沖縄文化論を読む」が収録されている．
海洋政策研究財団『海洋白書2008　日本の動き 世界の動き』成山堂書店，2008年．
嘉数啓「プエルトリコの政治的地位と経済発展」『アジア経済』1983年8月号，pp.48-62.
嘉数啓『島しょ経済論』那覇：ひるぎ社，1986年．
嘉数啓「国際島嶼学会の創立」『アジア経済』1994年12月号，pp.55-64.
嘉数啓「ミクロネシア概要――グアム島の近況レポート」アジア近代化研究所

『IAM アジア・レポート』第 1 号,2013 年 7 月,pp. 73-83.
嘉数啓「南シナ海における領有権紛争をめぐる常設仲裁裁判 判決の波紋」『IAM アジア・レポート』2016 年 7 月 24 日原稿.
加藤庸二『原色 日本島図鑑』新星出版社,2010 年.
木村政昭『新説ムー大陸沈没──沖縄海底遺跡はムー文明の遺産か?』実業之日本社,2006 年.
古坂良文「日本の離島 6852 の特定に関する調査」日本島嶼学会五島大会報告,2014 年 9 月 6 日,長崎県五島市.
小玉正任『島痛み──沖縄の離島に生きる』那覇:文教図書,1985 年.
鈴木勇次「離島振興の成果と限界」『日本島嶼学会年報』第 15 号,2013 年,pp. 78-88.
須山聡「島嶼地域の計量的地域区分」平岡昭利編著『離島研究』大津:海青社,2003 年,pp. 9-24.
高橋美野梨『自己決定権をめぐる政治学──デンマーク領グリーンランドにおける「対外的自治」』明石書店,2013 年.
竹内啓一「島嶼の国際比較研究についての若干の問題」『島嶼研究』第 8 号,2008 年 12 月,pp. 39-48.
辻村太郎・山口貞夫「日本群島附近に於ける島嶼の分類及び分布(2)」『地理學評論』第 11 巻第 9 号,1935 年,pp. 34-48.
中西進『日本神話の世界』ちくま学芸文庫,2013 年.
中俣均「島に住むことに誇りの持てる離島振興を」『日本島嶼学会年報』第 15 号,2013 年,pp. 89-92.
中俣均『渡名喜島』古今書院,2014 年.
長嶋俊介・福澄孝博・木下紀正・升屋正人『日本一長い村 トカラ──輝ける海道の島々』福岡:梓書院,2009 年.
(財)日本離島センター『日本の島ガイド:SHIMADAS』第 2 版,2004 年.
(財)日本離島センター『離島統計年報』各年参照.
長谷川秀樹「オーランド諸島の自治権とその将来」『島嶼研究』第 3 号,2002 年 10 月,pp. 105-114.
平山輝男編『全国方言辞典』(1・2),角川書店,1982-83 年.
ポパー,カール・ライムント『科学的発見の論理』(1959 年英語版),大内義一・森博訳,恒星社厚生閣,1971 年.
三島由紀夫『潮騒』新潮社,1954 年.
宮内久光「日本の人文地理学における離島研究の系譜(1)」『琉球大学法文学部人間科学科紀要 人間科学』第 18 号,2006 年 9 月,pp. 57-92.本研究(2)は 2007 年 3 月,第 19 号で継続され,本研究(3)は 2009 年 3 月,第 23 号で完結している.
宮本常一『民俗学の旅』講談社学術文庫,1993 年.
柳田国男『海南小記』創元社,1952 年(初版は 1925 年).
Baldacchino, G. (ed.) (2013) *The Case for Non-Sovereignty: Lessons from Sub-*

National Island Jurisdictions. London: Routledge.

Benedict, B. (ed.) (1967) *Problems of Smaller Territories.* London: Athlone Press.

Benedict, R. (1946) *The Chrysanthemum and the Sword: Patterns of Japanese Culture.* Boston: Houghton Mifflin. 長谷川松治訳『菊と刀』講談社学術文庫, 2005年.

Briguglio, L. (1995) "Small Island Developing States and Their Economic Vulnerabilities." *World Development.* 23, pp. 1615-1632.

Clarke, T. (2001) *Islomania.* London: Time Warner Books UK.

Dahl, A. L. (1986) *Review of the Protected Areas System in Oceania.* IUCN/UNEP. Cambridge and Gland.

Dahl, A. L. (1991) *Island Directory.* UNEP Regional Seas Directories and Bibliographies No. 35. UNEP. Nairobi.

Deparaetere, C. (1991) "NISSOLOG: Base de Donnees des Iles de plus 100 km^2." *Presented at XVII Pacific Science Congress.* Honolulu: Hawaii.

Deparaetere, C. (2008) "The Challenge of Nissology: A Global Outlook on the World Archipelago Part II: The Global and Scientific Vocation of Nissology." *Island Studies Journal,* Vol. 3, No. 1, 2008, pp. 17-36.

Deparaetere, C. and A. L. Dahl (2007) "Island Locations and Clasfications." IN: Godfrey Baldacchino (ed.) *A World of Islands.* Canada: Institute of Island Studies, University of Prince Edward Island Press, pp. 57-105.

Doumenge, F. (1983) *Viability of Small Island States: A Descriptive Study.* UNCTAD, TD/B/950.

Freeman, D. (1999) *The Fateful Hoaxing of Margaret Mead: A Historical Analysis of her Samoan Research.* Boulder: Westview Press.

Godfrey B. (2007) "Introducing a World of Islands." IN: Godfrey Baldacchino (ed.) *A World of Islands.* Canada: Institute of Island Studies, University of Prince Edward Island Press, pp. 1-29.

Kakazu, H. (1986) *Trade and Diversification in Small Island Economics with Particular Emphasis on the South Pacific.* Nagoya: United Nations Centre for Regional Development.

Kakazu, H. (1994) *Sustainable Development of Small Island Economies.* Boulder: Westview Press.

King, R. (1993) "The Geographical Fascination of Islands." IN: D. G. Lockhart, D. Drakakis-Smith and J. Schembri (eds.) *The Development Process in Small Island States.* New York: St Martin's Press.

McCall, G. (1994) "Nissology: The Study of Islands." *Journal of the Pacific Society.* No. 63-64, pp. 1-14.

Mead, M. (1928) *Coming of Age in Samoa.* New York: William Morrow & Company. 畑中幸子・山本真鳥訳『サモアの思春期』蒼樹書房, 1976年.

Myrdal, G. (1968) *Asian Drama: An Inquiry of the Poverty of Nations.* New York: Pantheon.

Patton, M. (1996) *Islands in Time. Island Sociogeography and Mediterranean Prehistory.* London: Routledge.

Rappaport, J., E. Muteba and J. Therattil (1971) *Small States and Territories: Status and Problems.* New York: Arno Press, for the United Nations Institute of Training and Research (UNITAR).

Royle, S. A. (2007) "Island Definitions and Typologies." IN: Godfrey Baldacchino (ed.) *A World of Islands.* Canada: Institute of Island Studies, University of Prince Edward Island Press, pp. 33-56.

Stayman, A. P. (2009) *U.S. Territorial Policy: Trends and Current Challenges.* Honolulu: East-West Center.

Tanaka, Y. (2012) *The International Law of the Sea.* Cambridge: Cambridge University Press.

Taylor, C. L. (1971) "Statistical Typology of Micro-States and Territories: Towards a Definition of a Micro-State." IN: J. Rappaport, E. Muteba and J. Therattil (1971), pp. 183-202.

UNESCO World Heritage List (http://whc.unesco.org/en/list).

United Nations Conference on Trade and Development (UNCTAD) (1972) *Proceedings of the United Nations Conference on Trade and Development.* 1972 (April 13 to May 21). Third Session, Santiago, Chile, Vol. 1. New York.

United Nations Conference on Trade and Development (UNCTAD) (1974) *Developing Island Countries: Report of the Panel of Experts.* New York.

United Nations Economic and Social Council (UNECOSOC) (1975) *Special Economic Problems and Development Needs of Geographically More Disadvantaged Developing Island Countries: Note by the Secretary-General.* New York.

Van Dyke, J. (1988) *New York Times.* January 21.

Wallace, A. R. (1869) *The Malay Archipelago.* London: Macmillan. 新妻昭夫訳『マレー諸島——オランウータンと極楽鳥の国』(上・下), 筑摩書房, 1993年.

第2章　島嶼経済社会の特性と可能性

1. 島の両義性

　トマス・モアは,『ユートピア(*Utopia*)』(1516年)で,どこにも存在しない(nowhere)理想の「新しい島」を描こうとした.シェークスピアの『テンペスト(*The Tempest*)』(1611年)も,イギリスの果てに位置する孤島,バミューダ島をモデルにして一種のユートピア物語を描写したと言われている.カール・マルクスをはじめ,経済学者がよく引用するダニエル・デフォーの『ロビンソン漂流記』(1719年)は,無人島に漂着し,独力で生活を切り開いていくロビンソン・クルーソーの物語だが,マックス・ウェーバーが『プロテスタンティズムの倫理と資本主義の精神』(1905年)で論じたように,混沌とした人類社会の到達すべき1つのモデル像を提示している.これらの著作で,島は原初文明の始まりであると同時に,未来創造の原型にもなっている.

　19世紀後半にロバート・ルイス・スティーヴンソン(Robert Louis Stevenson)によって子供向けに書かれた『宝島(*Treasure Island*)』(1883年)は,島に関する,おそらく最初の世界的なベストセラー冒険小説である.これに続く,1960年代のイギリスの人気テレビ番組「The Beachcombers」で一躍ビーチ漂流者(島フェチ)が話題になった.日本では,同じく1960年代に,ニューカレドニアのウベア島を舞台にした,森村桂の旅行記『天国にいちばん近い島』(1966年)がベストセラーになり,その後映画化もされて,島の楽園的なイメージをふくらませた.

　架空のイメージではなく,島々を旅し,島の暮らしやすさをアピールする旅行記もある(斎藤潤,2008年).島尾敏雄の"ヤポネシア論"(岡本恵徳,1990年)や"辺境の逆転論"(嘉数啓,1995年)も島々が放つ新たな可能性を示唆して

いるとも言える．民俗学的には，柳田国男の『海上の道』(1961年)などが広く読まれ，自由でロマンに満ち満ちた古代の「海の旅人(seafarers)」を連想するきっかけとなった．これらの「物語」を通して，島々は現在のインターネットのように，「外に開かれた」，どこからでも，いつでも，どこにでも「つながる」広大な海のネットワークで結びついたオープンな未来創造型の経済社会であるとのイメージが形成された．

しかしその反面，島での実際の生活苦と孤立性を反映して，「島ちゃび(痛み)」，「離島苦」，「シマンチュ」，または「島嶼シンドローム」で表現されているように，外界から隔絶した辺境的，伝統的，閉鎖的な社会経済のイメージも同時に連想されてきた．岡谷公二の『島の精神誌』(1981年，p.7)によると，「実際，島を旅していていつも感じるのは，島の孤立ということだ．島は，この孤立という状態から逃れることができない．それは，島の暮らしの一切を支配し，島の人々の行為と心理に濃い影を落としている．孤立は，島にとって不治の病いである」．

孤島苦については，宮本常一『宮本常一著作集4：日本の離島 第1集』(1969年)，小玉正任『島痛み――沖縄の離島に生きる』(1985年)，谷川健一『孤島文化論』(1972年)，三木健『沖縄・西表炭坑史』(1996年)などの多くの文献によって実証的に描写されている．新川明は名著『新南島風土記』(2005年)において，八重山群島における過酷な非収奪，「流刑」の歴史，孤島の生活苦を活写すると同時に，何故豊かな島唄文化がこれらの孤島で花咲いたかを考察している．同じ八重山群島でも，本島から離れるにつれて「孤島苦」は一層厳しくなる．日本の最南端有人島である波照間は，王朝時代は死刑に次ぐ重罪人の流刑地であった．イスロマニアに近い池澤夏樹(2005年，p.264)は，「島は一本の汀線によって海や外界と仕切られているのではない．年輪状のいくつもの輪によって，等高線で描かれた地図の山のように，幾重にも隔てられているのだ」と，島々の多様で重層的なありようについての深い洞察を行っている．

島のイメージは，この相反する「両義性」を反映しており，いずれの見方も正しいと言える．この2つの見方が並存し，葛藤を繰り返してきたのが多くの島の共通の特質である．この両義性ゆえに，島は近代文明の中心部から

離れた「辺境」として意識されると同時に，新しい文明を生み出す「フロンティア」としての役割も期待されてきた．このフロンティアを求めて，南太平洋の人々は，小さなカヌーで何万 km も旅をした．2007 年 1 月に沖縄の糸満に寄港して話題になった「ホクレア(Hokule'a)号(ハワイ語で"幸せの星")」は，羅針盤もなかった時代に，風と海流，海鳥，星を頼りに航海し，ハワイアンの祖先，古代ポリネシア民族の勇気と英知のシンボルになっている．

島嶼経済社会の特質を「一般化」することは困難であり，また目的によっては危険でさえある．「島嶼経済」に，例えば前述のように，「海洋に囲まれた人口 100 万人以下の経済」という測定可能な定義を与えたところで，便宜的にはともかくとして，実質的にはほとんど意味をもたない．さらに，人口 100 万人の島嶼国と 1 万人足らずの「超ミニ国家」とでは経済社会のありようは大きく異なるはずである．また大陸の一部であるブータン王国，サンマリノ共和国，モナコ公国等のミニ国家と小島嶼国との相違もそれ程でもないかもしれない．

2. 経済発展の可能性から見た島嶼の特性

島社会の特質については，すでに多くの文献がある(詳しくは，UNECOSOC, 1975; Kakazu, 1994; Royle, 2001; 嘉数啓，1986 年参照)．一般化の限界を承知の上で，経済社会的視点から，敢えて主要特質を抽出すると図 2-1 の通りとなる．

(1) 資源の狭小性

島嶼経済の一大特質は天然及び人的資源の賦存量及び種類が著しく限られているため，当然ながら経済活動そのものが多様性を欠き，第 1 次産業に依拠した自給自足的経済に甘んずるか，1, 2 の島特有の輸出資源に「特化」するか，あるいは観光やオフショア・ビジネスなどの島の特性を活かしたサービス産業に特化して外貨を稼ぐかである．資源及び市場の狭小性が高い輸送コストを伴うとき，C. P. キンドルバーガー(1968, p. 82)のいう「経済の転換能力」は著しく制約を受けることになる．人口 100 万人以下の島で，自力で

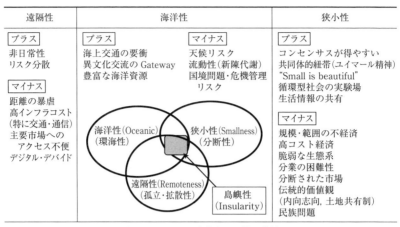

図 2-1　経済発展論的視点から見た島嶼の主要特性
資料：嘉数啓.

工業化に成功した国はほとんど見当たらない．後述するように，ほとんどの島嶼国は産業発展のエンジンとも言うべき製造業を欠き，1次と3次産業に偏重した構造となっている．むろん，ハワイやカリブ海に浮かぶケイマン諸島，バミューダ諸島のように，サービスを「輸出」して，世界トップクラスの生活水準を謳歌している島々もあり，工業の欠如が必ずしも経済停滞・後進性を意味するものではない．

(2) 市場の狭小性

アダム・スミスは『国富論』(1776年)の中で，経済発展の速度は分業の進展によって決定されるが，分業はまた市場の大きさによって規定されるとしている．市場の大きさを何でもって測定するかについては種々の議論があるが，一応「人口×所得水準」と考えてよい．特に生産技術が遅れた経済発展の初期段階では，国土面積(資源)と人口規模が市場の大きさと発展速度を決定する最も重要な要素である．このことは人口大国である中国とインドがい

ち早く発展し，世界文明の発祥の地になったことでも実証されている．むろん両大国はその後，技術革新を伴わない量的発展の限界に直面した．小島嶼国は島内市場が狭小ゆえに，分業による経済活動の「深化」と「多様化」が進展せず，経済発展へのオプションも限られたものになっている．限られた資源に対する人口圧力の増大と，人々の生活を豊かにしたいとする「期待増大革命」は，必然的にこれらの島嶼国をして外界に大きく開放せしめることになる．

近代経済学の「父」A. マーシャルは，『産業貿易論』(Marshall, 1919)において，島嶼国の貿易依存度が高いのは単に生産資源の制約によるだけでなく，面積に比して海外と接触しうるフロンティア部分が大きいからだと説明している．経済の開放度，あるいは貿易依存度(国内総生産(GDP)に対する輸入額)は，経済規模が小さければ小さいほどその比率は高まる傾向にある．後述するように，生産コストがその規模に大きく左右される工業製品の輸入依存度(輸入/GDP)は特に高く，島嶼経済は「輸入依存型」経済と言える．これは経済規模が小さければ小さいほど，輸入によって打撃を受ける業種が少なく，市場開放政策が取りやすいのと同時に，以下で見るように，ODAや海外送金の受取などの海外からの資金流入により，輸入を手当(ファイナンス)する手段があることが背景にある．

(3) 規模の不経済性

「規模の不経済性(diseconomies of scale)」はおそらく島嶼経済発展論の中で最も議論されてきたテーマの1つである(Kuznets, 1960; Kakazu, 1994; Kakazu, 2012a 参照)．「生産規模が小さくなればなるほど生産物単位当たりの生産コストは高くなる」というのが規模の不経済性の含意だが，それは生産活動のみならず投資，消費，交通，輸送，教育，研究開発，行政サービス等あらゆる分野で観察されている．特に市場が狭小であるばかりでなく，国内市場そのものが無数の島々によって分断され，しかも主要市場から隔絶している遠隔小島嶼地域では，規模の不経済性だけでもあらゆる経済的優位性を打ち消して余りがあろう．

しかしながら，規模の不経済性に関する実証的分析はきわめて乏しい．デ

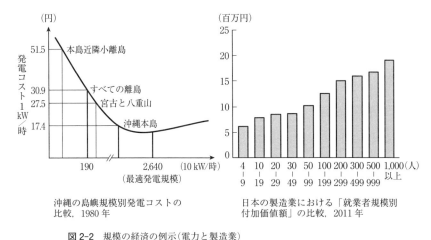

図 2-2　規模の経済の例示（電力と製造業）
資料：左：沖縄電力資料より作成．
　　　右：『日本統計年鑑』（2014 年）より作成．原資料は「工業統計調査」．

ータはやや古いが，規模の不経済性に関する典型的な例として，参考までに沖縄における島嶼地域別発電コストを比較した（図 2-2）．1 kW/時の本島の電力コストを 100 とすると，宮古・八重山 158，離島全体 178，周辺ミニ離島は本島のじつに 3 倍近くの 297 となっている．発電には規模の大小にかかわらず，発電機，送電線などの一定の設備が必要であり，規模による単位当たりの発電コストの差は，常識的にも理解できる．しかし，発電規模を際限もなく拡大すれば，単位コストも際限なく低下することはありえない．それぞれの需要量に応じた「最適発電規模」があるはずである．この最適規模を超過すると単位コストとは逆に上昇すると考えられる．図 2-2 の発電規模と発電コストとの関係はイギリスのシルバーストンによって定説化されたため，「シルバーストン曲線」とよばれ，自動車産業で古から観察されている経験法則である（Silberstone and Maxcy, 1959 参照）．南太平洋島嶼国でも，比較的規模の大きいフィジーの kW/時当たりの産業用電気料金は，ニュージーランドの実に 5 倍強になっている（Chaudhari, 1995）．

　発電コストを反映して島ごとに電気料金に差をつけているハワイと異なって，沖縄では島ごとの格差はなく，「料金プール制」によって全島一律の料金体系になっており，離島の高発電コストを県民が等しく分担している．当

然，離島の発電収支は大幅な赤字である．発電規模に加えて，離島発電が高コストであるもう1つの大きな理由に，広範囲に小規模離島が散在しているため，本土のように共同の送電線を利用して電力の融通がきかないことが挙げられる．これは多分どの島嶼地域でも同様であろう．ただ近年は，風力，太陽光，バイオマスなどの自然エネルギーの普及，スマートグリッドなどの技術革新により，島のサイズに適した多様な「エネルギー源ミックス」の開発も急ピッチで進展している．

発電コストのように，規模が小さければ小さいほど単位発電コストは高くなるが，これは規模が大きくなればなるほど「規模の経済性」，つまり単位当たりの生産性は，最適規模までは高くなることを意味する．図2-2の右側は，日本の製造業における規模別就業者1人当たり名目付加価値生産性を示している．就業者9人以下の零細企業の生産性は，100〜199人規模の約半分で，1000人以上規模のじつに3分の1程度である．これは「量産効果」として古くから自動車産業などで盛んに議論されてきたが，製造業に限らず各種のインフラ整備，農業，サービス業，行政などの分野でも妥当する概念である．むろん量産効果のみを求めると小島嶼の経済は成り立たない．後述するように，量産になじまない島オンリーの高付加価値生産物およびサービスの開発，小規模のメリットを活かした「脱規模」の産業・生活体系の再構築が求められる．

(4) 輸入超過経済(慢性的な貿易赤字)

容易に想像されることであるが，島嶼経済は2，3の商品を移輸出し，おおよそあらゆる商品を移輸入している．その結果は慢性的な商品貿易収支の赤字である．人口100万人以下のアジア開発銀行(ADB)加盟島嶼国のすべてが貿易収支(サービス貿易を除く)の赤字を記録し，しかも経済成長に伴って赤字幅は拡大してきている(図2-3)．

超ミニ経済であるツバル，パラオ共和国の赤字額はGDPのじつに半分以上を占め，比較的規模の大きいモルディブも5割近くを占めている．資源輸出国であるソロモン諸島は赤字幅が小さく，貿易収支はほぼ均衡している．貿易収支から見る限り，沖縄は典型的な島嶼経済と言える．むろん，貿易収

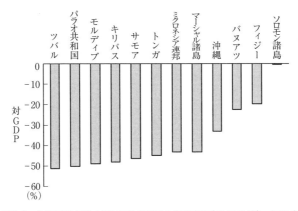

図 2-3　沖縄及び主要 ADB 加盟島嶼国の貿易赤字(対 GDP 比)，2011 年
資料：ADB (2012)，沖縄県『県民経済計算』より作成．

支の赤字は，経済発展段階とも密接な関係があり，経済大国といえども発展の初期段階と成熟段階では貿易収支が赤字になる傾向がある．日本の貿易収支も戦後しばらくは赤字を記録し，過去半世紀近くは世界がうらやむ黒字国だったが，経済の成熟に伴って最近は赤字国に転落している．

(5)「ROT 経済」——貿易赤字をいかにファイナンスしているか

しからば島嶼経済は，拡大する貿易赤字をいかに清算(ファイナンス)しているのか．経済によって若干の違いはあるが，その主役は海外送金の受取，観光収入，政府開発援助(ODA)あるいは中央政府からの財政移転受取である．サモアを例にとると，貿易赤字の大半は海外居住者からの海外送金によって賄われ，観光収入，ODA の順にシェアを占めているが，最近は観光収入が海外送金を追い上げつつある(図 2-4)．むろん ODA も重要な赤字補塡の財源になっている．サモアの場合，この 3 つの海外からの収入源(ROT)によって，貿易赤字を埋めて余りがある．他の島嶼経済も概ねサモアと同様な貿易収支構造である．

(6) 高い人口流動(移民・出稼ぎ)

島嶼経済によって，赤字補塡の主要財源は異なる．移民あるいは出稼ぎに

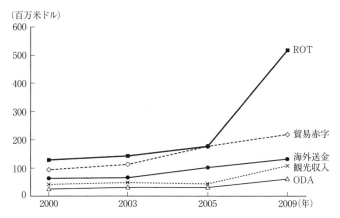

図 2-4 貿易赤字はいかにフィナンスされてきたか(サモアのケース)
注：ROT＝海外送金受取(Remittances)＋ODA＋観光収入(Tourism Income)
資料：ADB (2010) より作成.

よる島への送金は，島嶼経済に限らず，フィリピンなどの特に若年労働力の豊富な発展途上国においても広く見られる現象であるが，低所得島嶼経済ではこれが顕著に現れる．1人当たり所得が3000ドル弱のサモア，トンガでは，GDPのじつに25％強が海外送金の受取である．ツバル，キリバス，ミクロネシア連邦でも海外送金の役割が増大しつつある．サモアはすぐ隣にある所得水準の高い米領サモアへの移民・出稼ぎ，トンガも隣のニュージーランドへの移民・出稼ぎが古くから常態化しているという背景がある．

アメリカと「連合協定(コンパクト)」を締結しているパラオ，ミクロネシア連邦，マーシャル諸島共和国から米国領への移民・出稼ぎも増加傾向にある．同じミクロネシア地域に属する米領のグアム，サイパンなどは，1人当たり所得が周辺の島嶼国より格段に高いため，逆にフィリピンや周辺の島嶼国から多くの移民・出稼ぎ労働者が流入している．戦前の貧しい沖縄から，日本統治領のこれらのミクロネシア地域に多くの出稼ぎ労働者が押し出されるように出帆して，故郷に送金して貿易赤字の大半を賄っていたのと同様な姿が，今日の貧しい太平洋島国でも観察される(嘉数啓，1983年，p. 14)．

比較的所得の低い島嶼地域から高い地域への移民・出稼ぎ労働者の流出は，単に外貨を稼ぎ，貿易赤字の改善に役立っているだけではなく，小島嶼経済

の人口圧力を和らげ，失業率を下げるクッションの役割も果たしている．戦前の沖縄のように，移民流出の多い島嶼地域は，人口の自然増を社会減で相殺して，人口の定常状態を維持している．むろん，多くの調査が指摘しているように，人口流出はどの地域でも経済の担い手である若年層でしかも比較的学歴の高い層に偏っており，島の活性化に必要な人材・頭脳流出の側面も否定できない(Kakazu, 2012b 参照)．若年人口の島外流出による急速な人口構成の「高齢化」は，特に日本の離島の共通の課題でもある．人口流出によって，生活インフラのみならず，医療，教育，環境保全，地場産業なども維持できない離島が増加しつつある．また，よく指摘されていることだが，基幹技術者が一人欠けただけで，島の発電，インフラ維持などに支障をきたすこともある．

(7) 高いサービス産業依存

　経済発展の「経験法則」として，経済成長に伴って，生産の主役は自然資源(土地・海洋)を活用した農林漁業から生産資本を主体とした製造業(工業)に移行し，その後人的資本及び知識・情報を主体としたサービス生産へと進展する(Kuznets, 1965 参照)．これは所得の成長に伴って，人々のニーズがモノよりも教育，情報サービス，娯楽，スポーツ，旅行，医療介護などのサービス産業にシフトする傾向にあるからである．むろんモノそのものも，これを使うノウハウが伴わなければただの「ハコモノ」である．しかしながら，島嶼経済には前述の「規模の経済性」，「範囲の経済性」が欠如しているため，大型製造業の比較優位性はなく，農林漁業生産から製造業をスキップして，いきなり観光，労働サービスの移輸出，オフショア金融などのサービス産業へと移行するケースが顕著に観察される．

　特にハワイや沖縄のような1人当たり所得水準が高い開放経済下の島嶼経済では，経済の「サービス化」が極端に進行する(図2-5)．ハワイはほぼ100%の所得を観光や基地収入などで稼ぐ反面，物資のほとんどを移輸入に依存していると言える．沖縄もほぼハワイ経済の構造に類似している．図2-5で見るように，ほとんどの島嶼経済で，鉱業を含む製造業の比率は2割以下である．85万人の人口を擁し，南太平洋島嶼経済で最も産業の多様化

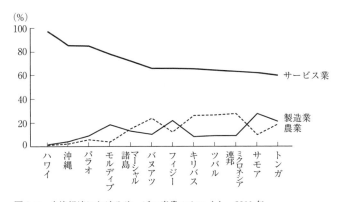

図 2-5　島嶼経済におけるサービス産業のウエイト，2011 年
注：「農業」には，農林水産業，「製造業」には鉱業，「サービス業」にはすべての第 3 次産業が含まれている.
資料：ADB, *Key Indicators*, *State of Hawaii Data Book and Okinawa Statistical Yearbook* より作成.

が進んでいるフィジーは，砂糖，海産物，粉末カヴァなどの第 6 次産業と並んで EU の特恵関税によるアパレル製品の輸出も盛んになり，製造業所得は 2 割を超している．サモアの製造業比率も高いが，これは伝統的なココナッツ製品，農産加工，アパレルに加えて，ビール生産，日本資本による自動車部品工場(政府雇用に次ぐ第 2 の雇用主)の存在によるものである．むろんこれらの主要製造業は，輸出先の「特恵関税」，国内優遇措置で保護されて存続しているという背景がある．

(8) 観光——島嶼型産業

マッケルロイ(McElory, 2006)が島嶼経済の最大の特徴を「ツーリズム経済(SITE: Small Island Tourist Economies)」とよんだように，島嶼のサービス産業の中で，最も成長が期待されているのが観光産業である．グアム，サイパン，パラオ共和国，クック諸島では外貨の大半を観光産業が稼いでいる(梅村哲夫，2006 年参照)．もろん，ハワイ，沖縄でも観光がリーディング産業になって久しい．島嶼経済が成長のエンジンを観光産業に求めるにはそれなりの根拠がある．

　第 1 に，観光産業は不特定多数の外来客を対象にしていることから，その

ニーズの数だけ，様々な嗜好と所得に応じた観光メニュー(商品)があり，島になんらかの魅力(差異)があればあるほど観光消費者を惹きつける産業特性がある．特に島嶼は，ユニークな地理的特性を備えているのみならず，島独特の素朴さと豊かな文化・歴史を有している．

　第2に，観光産業は，市場規模に左右されない「複合型産業」で，まさしく生産・加工・販売を連結する「第6次産業」の典型的なものである．

　第3に，観光産業は，域内産業連関効果が他産業と比較して高いことがわかっている(嘉数啓編著，2014年参照)．観光産業は「対外収支表」でも「サービス業」として分類されているが，実際には「サービス」と同時に「モノ」を「移輸出」して「外貨」を稼ぐ産業でもある．例えば，2009年における沖縄県内での観光消費支出の26%は「お土産」の購入だが，これは製造品の移輸出と同じである．さらに21%は飲食支出だが，その原材料には多くの島内産農水産物やその加工品が使われていることから，農水産物移輸出とほぼ同じ効果をもっている．移輸出との違いは，通関手続きがなく，しかもモノ・サービスが移輸出先ではなく，県内の「観光地」で購入・消費されていることである．したがって，観光消費の域内循環効果は移輸出より高い．産業連関表で見ても，観光消費の生産波及効果は1.7で，公共事業の1.9に匹敵し，労働集約型産業であることから，雇用創出効果も高い(嘉数啓編著，2014年，第11章参照)．

　第4に，観光産業は，地域浸透度(観光客数/定住人口)の比較的高い産業であることもわかっている．沖縄県内の地域間所得格差はここ数年拡大してきているが，その要因の1つが観光所得の「浸透度」格差である(図2-6)．観光の浸透度の高い島嶼地域は，1人当たり所得も高い．このことから，観光後進地域での観光振興は，所得格差の縮小につながることを意味している．例えば，八重山圏域の観光浸透度を「人口に対する観光客数の割合」と「総所得に対する観光収入の割合」で測ると，2012年でそれぞれ14倍，41%となっており，宮古圏域のそれぞれ8倍，18%と比較してかなりの格差がある．その観光浸透度格差を反映して，宮古圏域の1人当たり所得は八重山島嶼圏域の93%である．宮古島嶼圏域内での所得格差はもっと大きい．

　第5に，観光産業は所得弾性値が高く，所得の上昇以上に成長する特性を

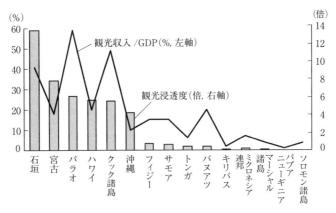

図2-6 島嶼の「観光浸透度」, 2011〜12年
注：観光浸透度＝観光客数/定住人口. 石垣, 宮古, 沖縄, ハワイは2012年, その他は2011年.
資料：図2-5に同じ.

もっており，ハワイやシンガポールのように，小規模地域でも高付加価値のサービスを提供することが可能である．

第6に，さらに重要なことは，観光産業は「平和・交流産業」であることである．観光産業は「物見遊山」のみならず，MICE（会議・奨励・集会・イベント）と称するあらゆる種類の交流，サービスの消費で成り立っている．したがって紛争・危険地，あるいは国を閉ざした地域での観光産業は成立しない．

以上の観点から，観光産業は島嶼経済に最も適合した産業形態であることは間違いない．ただ，野放図な観光産業への依存は，観光産業を支える島嶼の自然環境を破壊し，島民との軋轢，所得格差を生み，島の持続発展につながらないケースもすでに報告されている（Kakazu, 2012b, Chapter 8参照）．

(9) 肥大化した政府（ODA・公的支出依存）

Bertram and Watters（1995）が，移民（Migration），送金（Remittance），援助（Aid），官庁（政府）（Bureaucracy）の頭文字をとって，「MIRAB」経済とよんだように，島嶼経済は移民・出稼ぎ送金とODAなどの海外援助，肥大化した政府支出によって維持されている特性がある．中でもODA・政府支出依

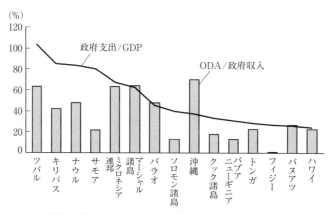

図 2-7　太平洋島嶼経済の財政及び ODA 依存度，2011 年
注：ODA には，中央政府からの財政移転が含まれる．沖縄は県内総生産(GIP)，
　県の財政支出と収入．
資料：図 2-5 に同じ．

存構造は，島嶼経済の歴史の中に深く組み込まれてきた．第 1 章ですでに論じたように，列強による幾重にもわたる被植民地の歴史と旧宗主国との関係はいまだに連綿と続いており，第 6 章で詳述する海外援助による政府活動の肥大化からの脱却，あるいは自立化は島嶼地域の共通の課題である．

　島嶼経済に限らず，経済規模が小さければ小さいほど，財政への依存度は高くなる傾向にある(図 2-7)．超ミニ経済であるツバル，キリバス，ナウルなどでの政府支出の GDP 比率はじつに 8 割強に達している．民間企業では採算の合わない事業が多いため，いきおい政府があらゆる分野で面倒をみなければならないということもあるが，公務に対するあこがれと，島嶼国独特のネポティズム(縁者びいき)，外国援助等が相乗して政府の肥大化を招いていると言える．

(10) 高コスト経済(物流コスト・輸送リスク)

　島嶼経済発展に関するあらゆる調査報告書は，割高な輸送コストと定期・安定的な物資・人の輸送が単一の最も重要な島嶼発展への阻害要因である，としている．島嶼地域における輸送問題は単に生産・生活コストの割高というだけでなく，台風，災害などの緊急時における物資の安定供給という，

より重要な側面をもっている．島嶼研究の先駆者，宮本常一の調査によると，島の最大の不利性は交通であり，交通がネックで，瀬戸内海の「島々はいつもまず食料問題でおびえていた」(宮本常一，1969年，p.147)．

島嶼であるがゆえの輸送コストの不利性を示す貴重なデータがある．40フィートのコンテナをアメリカ西海岸から那覇へ輸送すると，2012年現在でアメリカ－横浜間の1.6倍，アメリカ－台北間では実に1.9倍のコストがかかる．距離的にはアメリカ－那覇がアメリカ－台北間より短いが，輸送コストでは全く逆になっている．何故か．その最大の理由が「ベースポート指定」である．ベースポートの指定は，民間団体である社団法人日本船主協会(JSA)によってなされている．復帰前の那覇港は，軍事物資の船荷が多かったため，ベースポートに指定されていたが，復帰後は航空機輸送への切り替えもあって，海運貨物取扱量が相対的に減少し，小規模貨物取扱量(ロット)からくる損失を補うための「特別手数料」が賦課されるようになった．つまり貨物量に応じて特別料金が加算されており，小規模経済に不利に働いている．タンカー料金で那覇が台北と比較して高くなっている理由は，島嶼特有の輸送リスク，「港湾貨物取扱料」など他にもあるが，ここでは詳述しない．

(11) モノカルチュア的生産・輸出構造

資源及び市場の狭小性の直接の結果として，ほとんどの島嶼国が2,3の輸出商品に特化していることである．南太平洋では後述するように，輸出所得の大半をコプラ，砂糖，魚介類などの第1次産品が占めている．さらに輸出市場そのものが旧宗主国に集中しており，島嶼国間の域内貿易は皆無に等しい．このようなモノカルチュア的輸出構造は，いうまでもなく世界市場の動きに大きく左右されるだけでなく，島嶼国を襲う台風，干ばつ，病害虫などの自然災害に対する抵抗力にも弱い．

(12) 脆弱な生態系

国際連合は1970年代から，「地理的に不利な小島嶼開発途上国」について調査をし，開発課題を公表してきた(UNECOSOC, 1975参照)．1992年に，ブラジルのリオデジャネイロで「環境と開発に関する国際連合会議」，別名

「地球環境サミット」が開催され,「環境と開発に関するリオ宣言」とそれを具体化するための「アジェンダ21」が採択された．それを受けて1994年にはカリブ海の島嶼国,バルバドスで国連経済社会局主催の「小島嶼開発途上国の持続可能な開発に関するグローバル会議(Global Conference on the Sustainable Development of Small Island Developing States「SIDS国際会議」)が開催され,小島嶼国・地域の共通の環境問題，開発課題が議論，確認され，「バルバドス行動計画」が採択された(www.un.org/ohrlls参照)．この会議に筆者も専門家の立場で参加した．

　第3回のSIDS会議は2005年に，インド洋の島嶼国，モーリシャスにて開催され，小島嶼問題の解決に向けた「モーリシャス戦略」を採択した．特に気候温暖化による海面水位の上昇，自然・環境災害，生物多様性，廃棄物処理，エネルギー，持続可能な開発，グローバル化，教育文化などの課題と解決に向けた政策のあり方を取り上げている．第4回会議は「SIDS国際年」と銘打って，2014年にサモアで開催された(SIDSnet: http://www.sidsnet.org/参照)．国際社会が小島嶼の直面するユニークな開発課題に取り組んで20年の節目を迎えるが，第4回SIDSのホスト国であるサモアのトゥイラエパ・サイレレ・マリエガオイ首相は，「小島嶼国の状況は20年前より悪化している」と断言している(SIDSnet: http://www.sidsnet.org/)．

　国際連合は，1990年代から36か国のSIDSの脆弱性指数(Vulnerability Index)を作成している(具体的な算出方法については，Briguglio, 1995; Doumenge, 1983参照)．指数は，経済社会，自然，環境，災害，教育，医療などの50の指標を総合的に指数化して算出されている．すべての国連加盟国と比較した2004年についての指数は図2-8の通りである．「強靭性」を有する小島嶼国はゼロで，「高脆弱性」(36%)と「超脆弱性」(36%)の小島嶼国が小島嶼国全体の72%を占めて，対象国・地域の41%と比較しても極端に高い．

　2007年にノーベル平和賞を受賞した国際連合の「気候変動に関する政府間パネル(Intergovernmental Panel on Climate Change: IPCC)」の報告書(2007年)は，地球温暖化による海面上昇や自然災害，人為的な過度の開発によって島嶼国・地域が最も悪影響を受けてきたとして，早急な対策を提言している．特に自然環境に依存する農水産業と観光産業のダメージは大きい．南太

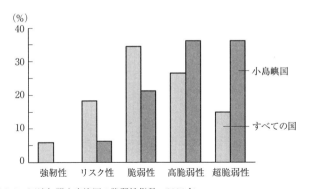

図 2-8　国連加盟小島嶼国の脆弱性指数，2004 年
注：国際連合経済社会局の推計で，235 国・地域が対象，うち島嶼国は 36 か国．
資料：http://www.vulunerabilityindex.net/EVIndicators.htm.

　平洋に位置するサンゴ礁の島嶼国，ツバルとキリバスは海面上昇による「水没する島」として，地球温暖化のシンボル的な存在になって久しい．NHKの「ワールド・トレンド」(2013 年 11 月 10 日放送)は，キリバスの現地情報を生々しく報道した．井戸水，タロイモ畑に海水が入り込み，日常生活そのものが成り立たなくなりつつあり，島を離れるいわゆる「気候難民」も増加しつつある．2050 年までに国土の大半は消滅するとの報告がある．「政府は思い切った対策に出た．首都のある島から 2000 km 以上離れたところにある同じ南太平洋の島国，フィジーで広大な土地を買う計画を進めている．広さは約 2000 ha で購入額は日本円で 8 億円余り．まずは農地として使い，主食のタロイモなどを育てる方針．そして将来はこの土地にキリバスの国民が移り住むことも視野に入れている」(NHK 前掲報道)．戦争で国が消滅した例はいくらでもあるが，国連加盟の国が自然災害で消滅するという事例はない．島に居住する 10 万人の生活者はどうするのであろうか．

　1 つの解決策は，ナウルが隣のオーストラリアへの集団移住を提案しているように，周辺友好国への集団移民である．フィジーのナイラティカウ大統領は，キリバスのすべての国民を 2000 km も離れたフィジーに受け入れる用意があると表明しているが，実際には多くの難問をクリアする必要がある．その前に，大国によってもたらされた温暖化を止める方策が見つかるかどうかである．

2014年8月,ソロモン諸島政府は,海抜2m以下,面積1.5 km^{2}の同国のタロ島が気候変動による海面上昇で近い将来に水没の危険があり,対岸のチョイセル島に800人の島民を移住させる計画を発表した.ソロモン諸島では過去10年間に5つの島が海面上昇や海岸浸食で消滅した(Simon, et al., 2016).バングラデシュに属する人口約10万人のクトブリア島(Kutubdia Island)でも大規模な水没が始まっており,移住地を求める島民が急増している.これらの「気候難民」は,現世代が解決すべきグローバルな課題になりつつある.ガンジス川河口沖の無人島,ニュームーア島(New Moore Island)はバングラデシュとインド双方が領有権を主張して争っていたが,海面上昇で水没し,2010年には完全に消滅した.

すでに触れたように,世界196か国の国・地域のすべてが温室効果ガス削減を約束した「COP21」パリ協定では,今世紀後半に温室効果ガスの排出と吸収を均衡させることがうたわれ,すべての国がその削減義務を負うことになったが,削減目標の達成までは義務化されておらず,温暖化の悪影響を目の当たりにして,その実効性が問われている.

(13) 植民地化の遺産

1000余の島々で構成されているインドネシアのモルッカ諸島や太平洋の島々には,15～17世紀の「大航海時代」に,丁子(ちょうじ)やナツメッグなどの香辛料,金・銀などの貴金属,新たな貿易ルートを求めて,次々とヨーロッパ列強が進出し,植民地の足がかりを築いた.日本が西洋と接するはるか以前に,これらの島々はヨーロッパ文明と接触し,19世紀の終わり頃にはほとんどの島嶼地域が列強の植民地となり,幾重もの分割統治が行われた.フランス領ポリネシアなど,まだ宗主国の支配下にあるところもある.植民地化はキリスト教の普及,貨幣経済の導入にとどまらず,部族(ムラ)社会における統治のあり方を変え,白人の植民,プランテーション農場での働き手として,アフリカから奴隷労働,インド,中国などからの出稼ぎ労働者の導入を促進した.結果として経済社会の二重構造,つまり伝統的な生存(土着)部門とプランテーション農業に象徴される近代生産部門が併存すると同時に,複雑な多民族社会を形成するに至った.島嶼によって差異はあるものの,植民地化

は，西洋文明と部族社会が完全に融合せずに併存する複雑な統治形態をもたらしたが，それが顕著に具現化しているのが南太平洋の島嶼国・地域である（Crocombe, 2001 参照）．

前述の島嶼経済の貿易依存体質，財政の肥大化，経済のモノカルチュア化，砂糖プランテーション，鉱山，観光産業などへの移民労働による多民族化などは，植民地統治の「遺産」である．島嶼独立国の大半がイギリスの旧植民地で，その多くが現在でもイギリス連邦内にとどまって特別な関係を維持している．島嶼国の中には独自の通貨をもたず，通貨政策がいまだに旧宗主国の掌中にあるところもある．例えば，独立国でありながら，パラオ共和国，ミクロネシア連邦，マーシャル諸島，バハマはアメリカドル，キリバス，ナウル，ツバルはオーストラリアドル，クック諸島，ニウエはニュージーランドドル，セントヘレナ，ジャージー島はイギリスポンド，フランスのユーロ通貨圏移行後も，ニューカレドニアは現在もフランを使用している．

カリブ海，太平洋島嶼国・地域と旧宗主国（現在の EU）間の強固なつながりを示す例として，1975 年にトーゴの首都で調印された「ロメ協定」がある．ロメ協定は 2000 年 6 月に西アフリカのベナンで調印された「コトヌー協定」に引き継がれ，加盟島嶼国は「一般特恵関税制度（GSP）」の優遇措置を活用して無関税で EU に自国製品を輸出できると同時に，種々の開発支援を受ける取り決めである．この協定は，ヨーロッパ列強が，これらの島嶼国を植民地として支配していたことに対する償いの意味もある．ロメ協定による優遇措置の結果として，これらの島嶼国の貿易が特定の国・地域に集中するという傾向がある．

（14）国境の島——機会かそれとも脅威？

国境の線引きは基本的には政治的・軍事的要因によって決まるが，国境空間に位置する島々の人々は「境界のゆらぎ（両属性）」によって境界を自由に往来して交易に従事し，豊かな生活を営んでいたことが知られている（村井章介，2014 年）．中国と日本の国境に位置した琉球がその両属的位置をフルに活用して中国 – 琉球 – アジア – 日本を結ぶ多国間交易に従事し，琉球の黄金時代を謳歌したのはそのいい例である（高良倉吉，1998 年）．

ギリシャ最大の島，クレタ島も地中海のトルコ，ギリシャ，エジプトの中間に位置し，紀元前 2000 年頃に国境貿易で栄え，「ミノア文明」と称する古代文明の発祥の地となった．カリブ海に浮かぶ人口 7 万人弱のセントマーチン島は，植民地分割の典型例で，北半分はフランス領，南半分はオランダ領になっている．この島は，「国境線が横切る小島」というウリで，評判のリゾート地になっており，フランス領とオランダ領との間はパスポートなしで自由に往来できる．

　しかし，これらは例外的で，国境の島は古代から現代に至るまで，「紛争の地」としての記憶が支配的である．南米北部のバリマ川河口の広大な中州に 690 km^2 のココロコ島があるが，島の上をベネズエラとガイアナの国境線が走っていて，両国の紛争の島として話題になった．1960 年代の後半に，アムール川の支流，ウスリー川(江)の中州に浮かぶ「珍宝島(ロシア名はダマンスキー島)」の領有権をめぐって，中国とソ連との間に核爆弾の使用までささやかれた軍事衝突が起こったのは記憶に新しい．「珍宝島紛争」は，「河川を国境にする場合は主要航路を国境線とする」との国際法の原則に沿って，ソ連崩壊後に解決をみた．

　島をめぐる軍事衝突で，われわれの記憶に鮮明に残っているのが南大西洋に位置する「フォークランド島」紛争である．同島はイギリスが実効支配しているが，アルゼンチンが領有権を主張し，イギリスの海底油田開発をきっかけに，1982 年に武力衝突に発展し，両国で 900 人を超す犠牲者を出した．島はイギリスが奪還したが，今日でも紛争は収まっていない．2010 年には，韓国と北朝鮮の軍事境界線に位置する延坪島(ヨンピョンド)で，北朝鮮軍が突然砲弾 170 発を発射，韓国軍が応戦し，軍民を含む 4 名が死亡した．

　国境の島をめぐる紛争で，2015 年 9 月現在，最も世界の注目を集めているのは「スプラトリー(Spratly Islands)」又は「南沙諸島」(中国)，「チュオンサ諸島」(ベトナム)とよばれている南シナ海に浮かぶ 750 余の極小の島々である．中国は，これらの島々のすべての領有権を主張し，周辺の 5 か国・地域(ベトナム，フィリピン，マレーシア，ブルネイ，台湾)と争っている．特にベトナムと中国との争いは現時点で一触即発の状況にある．これらの島々は，太平洋戦争前「新南洋群島」の名で日本が領有し，日本が統治していた台湾の

高雄市に編入されていた．1970年代に，大油田とガス田が発見され，世界有数のシーレーンということもあって，安全保障の視点からも沿岸国が領有権を主張し，分割実効支配をしている．中国は，沖縄県所属の尖閣諸島(中国名：釣魚島)でも，2012年9月に日本が同諸島を国有化するに及んで，「核心的利益」を確保すべく領有権を主張して，一挙に攻勢に出ている．

　中国は同諸島を含む「防空識別圏(ADIZ)」を設定し，監視船を繰り出して日本の領海侵犯を繰り返している．日本は尖閣諸島以外でも，領有権をめぐって韓国と竹島(韓国名：独島)，ロシアと北方4島を巡って争っていることはいうまでもない．

(15) 島嶼海洋(海底)資源は救世主か

　島嶼経済の未来像を考察する際に，軍事，航路での戦略的位置と同時に，未開発の海洋資源が眠る広大な排他的経済水域(EEZ)の活用に夢を託す人も多い．14の太平洋島嶼国が加盟する「太平洋諸島フォーラム(PIF)」に属するEEZは，地球表面の3分の1を占める太平洋のほぼ全域に広がっている．「その海洋底資源が，島嶼諸国に帰属するということは海底が陸地化するということである．つまり，太平洋のほぼ半分が経済的に「陸地化」し島嶼諸国は「地理的に大国化」する」(塩田光喜・黒崎岳大，2012年，p.50).

　メラネシア(5か国・地域)，ポリネシア(9か国・地域)，ミクロネシア(7か国・地域)の陸地総面積は約55万km^2だが，その海洋面積(EEZ)はじつにその100倍強の約5700万km^2に及び，世界最大の大陸である人口47億人が暮らすユーラシア大陸にほぼ匹敵する．EEZの大きい順に並べると図2-9の通りとなる．フランス領ポリネシアのEEZは陸地面積の1400倍にもなり，日本の国土面積の13倍にもなる．EEZ面積/陸地面積比で最も大きいのはマーシャル諸島で，1万2000倍の面積である．

　海底の「陸地化」とは，むろん海底資源発掘技術の進展により，海底資源が陸地と同様に発掘・活用できる時代の到来を意味する．確かに，太平洋のEEZ内で石油，ガス，メタンハイドレートやレアメタル・レアアース(希少金属)を含む海底熱水鉱床，コバルト，マンガン鉱床などが次々と発見され，話題になっている．沖縄伊平屋島沖でも金・銅などを含む日本最大級の熱水

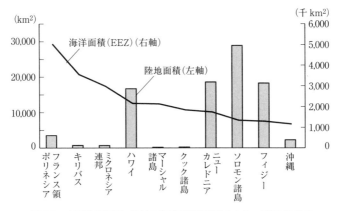

図 2-9 太平洋島嶼国・地域の海洋面積(EEZ)の大きい順 10 位まで
注：パプアニューギニアを除く．
資料：Kakazu, 2012a, p. 127，外務省資料等より作成．

鉱床が発見され話題になっている．『朝日新聞』(2013 年 11 月 4 日)は,「太平洋の海底，新ゴールドラッシュ──資源求め争奪戦」と題して，最近の海底資源開発のフィーバーぶりを報じている．同紙は,「四国とほぼ同じ大きさのフィジーは金や銀の産出国．大規模な銅の採掘に向けた調査も進んでいる．広大な海が，この南太平洋随一の人気リゾート地を「資源大国」の座に押し上げようとしている．どの国も，海岸線から約 370 キロ沖までを「排他的経済水域(EEZ)」として，鉱物資源の存在を調べたり開発したりする権利を持っている」と報じているが，実際に資源探査，開発に関わっているのは周辺の工業国か多国籍企業である．島嶼地域における海底資源の商業化はまだ先のことだが，漁業権同様,「海底資源開発権利」を売るチャンスに恵まれていることだけは確かである．

3. 小さいことはよいことだ(Small is beautiful)

島嶼経済の主要特性を見てきたが，その多くは経済発展へのマイナス要因とみなされている．しかし F. シューマッハのいう「小さいことはよいこと(small is beautiful)」がないわけでもない．シューマッハによると，経済発展

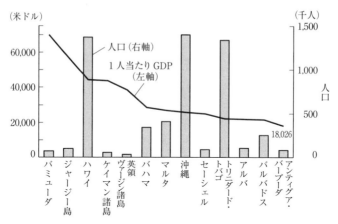

図 2-10　高所得島嶼国・地域の人口規模と1人当たり GDP(PPP)，2011 年
資料：外務省サイト (http://www.mofa.go.jp/)「カリブ共同体(CARICOM)」，
　　　世界銀行「データベース」沖縄県，ハワイ州「統計年鑑」．

を阻むものは，人口や土地の規模ではなく，そこで暮らす人々の「自立への意思(viability of people)」である(Schumacher, 1973, 日本語版, p.53)．

　先述した「規模あるいは範囲の経済」，つまり経済規模が大きく，市場が多様化している経済ほど1人当たり所得は高い，とする従来の常識は正しいのであろうか．図2-10は，人口規模と購買力平価(PPP)で測った1人当たり所得を示したものである．この限られたデータを見る限り，人口及び面積と1人当たり所得はほとんど関係がなく，逆に小島嶼国・地域ほど，所得は高い傾向にある．

　カリブ海に浮かぶ人口7万人弱，面積 $53\ km^2$ のイギリス領バミューダ島の1人当たり所得は世界トップクラスである．人口10万人弱のジャージー島もハワイを上回っている．ハワイそのものの1人当たり所得も，アメリカの50州の平均を上回っている．人口5万人のケイマン諸島，3万人の英領ヴァージン諸島も，先進工業国クラブとよばれている経済協力開発機構(OECD)平均より高い生活水準をエンジョイしている．人口40万前後のバハマ及びマルタの1人当たり所得は，巨大人口国である中国の3倍，インドの実に7倍である．これらの高所得島嶼国・地域は，地の利を活かした高付加価値サービス産業に特化している．製造業においても多品種少量生産を可能

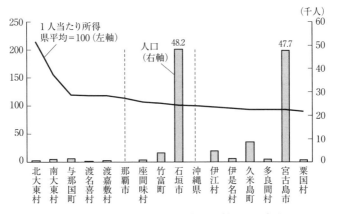

図 2-11　沖縄離島の人口と 1 人当たり所得，2012 年度
資料：沖縄県統計資料より作成．

にする 3D プリンターやナノ技術，距離の不利性を克服するインターネットの進歩により，島々の特性を活かした製品開発が盛んになりつつある．

　カリブ海の多くの島々は，観光とオフショア・ビジネス，キャプティブ保険，免税，カジノビジネスなどで世界の富裕層・多国籍企業の活動舞台となっている．むろん，トリニダード・トバゴ，アンティグア・バーブーダのように，石油，ガス，石油精製などの資源輸出で潤っている小島嶼国もある．島の燐鉱石を輸出して世界最高の 1 人当たり所得を誇っていたナウルもあるが，資源の枯渇とともに，現在は低所得国に落ちこんでいる．資源と所得の関係については，後述する．

　経済規模と所得水準との同様な関係は沖縄の島々についても観察されている．沖縄の多くの離島の 1 人当たり所得は，沖縄平均より高いのだ(図 2-11)．特に，砂糖キビ生産に特化した南北大東島は，県都の那覇市を抜いて，県内自治体でトップの 1 人当たり所得を維持し続けている．観光産業と地場産業の振興により，渡名喜村，与那国町なども那覇市より高い所得水準にある．しかもこれらの島の人口は渡名喜村の約 500 人から与那国町の約 1700 人の間にあり，那覇市の 0.6% にも満たない人口規模である．島嶼経済に限らず，世界規模のデータで見ても，人口や経済規模の大きさと，1 人当たり所得水準との間には有意な相関関係がないことが分かっている (Armstrong and

Read, 2002 参照).

　島の1人当たり所得で測った豊かさと島の大きさ(人口,面積)の間に有意な関係がないとすると,島の経済発展を宿命的に受け止める必要は全くない.南北大東島のケースを考えると,島の比較優位性を存分に活かす政策を打てば,絶海の隔絶した孤島であっても豊かな生活をエンジョイできることを物語っていると言える.第5章で詳述するように,島々には,「島チャビ(痛み)」を吹き飛ばす多くの潜在的な優位性がある.

　プラサド(Prasad, 2004)は,「小さいこと」の有利性として,「重要でないことの重要性(the importance of being unimportant)」を挙げている.多くの小島嶼国・地域は,世界システムに深く組み込まれておらず,リーマンショックのような世界規模の大変化の悪影響を最小限に止めることができた.経済規模が小さいということは,いくら輸出を増加させても量が知れているから貿易摩擦の心配は起こらない.市場が統合し易く,小回りが効いて外部の変化に対して迅速で柔軟な対応が可能であると同時に,共同体的体質が根強く残っていて,コンセンサスも取りつけやすい.また多くの島嶼国は海洋資源に恵まれているため,その利用の仕方によっては資源制約の克服も可能である.植民地の遺産も,活かし方によっては発展へのプラス要因に転ずることができよう.例えば植民地時代に培われた「外交資源」によって,交渉力の弱いはずの島嶼国が巧みに援助を引き出して経済の崩壊を避けてきている,という事実もある(嘉数啓,1985年参照).

　島特有の共同体的紐帯(=絆)は「諸刃の剣」で,活用の仕方によっては経済成長や社会発展の強力なプラスの資産になりうる.ただこれまでの研究から,価値観や規範を島内で共有するだけでは発展につながらないことも分かっている.島嶼社会が発展する条件は,強い絆をもちつつも排他的にならず,島を外に大きく開いて多様な世界とつながり,新しい情報や知識を吸収し,それによって島嶼コミュニティの組織を活性化することが求められる.

注及び参考文献

『朝日新聞』2013 年 11 月 4 日.
新川明『新南島風土記』岩波現代文庫，2005 年.
池澤夏樹「島への階梯」新川明『新南島風土記』解説，岩波現代文庫，2005 年.
梅村哲夫「国際観光と島嶼国の経済成長に関する情報分析」『島嶼科学』第 1 号，2006 年 12 月，pp. 47-64.
岡本恵徳『「ヤポネシア論」の輪郭──島尾敏雄のまなざし』那覇：沖縄タイムス社，1990 年.
岡谷公二『島の精神誌』思索社，1981 年.
嘉数啓「沖縄経済自立への道」『新沖縄文学』第 56 号，1983 年，pp. 2-53.
嘉数啓「島しょ国際経済会議に出席して」『沖縄タイムス』1985 年 7 月 29～31 日.
嘉数啓『島しょ経済論』那覇：ひるぎ社，1986 年.
嘉数啓『国境を越えるアジア 成長の三角地帯』東洋経済新報社，1995 年及び H. Kakazu, M. Thant and M. Tang (ed.) *Growth Triangles in Asia: A New Approach to Regional Economic Cooperation*. Revised Edition, Hong Kong: Oxford University Press, 1998 参照.
嘉数啓編著『数量観光産業分析──観光学の新たな地平』那覇：琉球書房，2014 年.
小玉正任『島痛み──沖縄の離島に生きる』那覇：文教図書，1985 年.
斎藤潤『吐噶喇列島──絶海の島々の豊かな暮らし』光文社新書，2008 年.
塩田光喜・黒崎岳大「浮上せよ！ 太平洋島嶼国──海洋の「陸地化」と太平洋諸島フォーラムの 21 世紀」『アジ研ワールド・トレンド』第 198 号，2012 年 3 月.
高良倉吉『アジアのなかの琉球王国』吉川弘文館，1998 年.
谷川健一『孤島文化論』潮出版社，1972 年.
デフォー，ダニエル『ロビンソン漂流記』吉田健一訳，新潮文庫，1950 年.
三木健『沖縄・西表炭坑史』日本経済評論社，1996 年.
宮本常一『宮本常一著作集 4：日本の離島 第 1 集』未来社，1969 年.
村井章介『境界史の構想 日本歴史私の最新講義 12』敬文舎，2014 年.
モア，トマス『ユートピア』世界の名著 17，沢田昭夫訳，中央公論社，1969 年.
森村桂『天国にいちばん近い島』角川書店，1966 年.
柳田国男『海上の道』角川文庫，1961 年.
Armstrong, H. and R. Read (2002) "Comparing the Economic Performance of Dependent Territories and Sovereign Micro-states." *Economic Development and Cultural Change*, Vol. 48, pp. 285-306.
Asian Development Bank (ADB) (1999) *Pursuing Economic Reform in the Pacific*. Pacific Studies Series. Manila.
Asian Development Bank (ADB) (2010) *Key Indicators*. Manila.
Asian Development Bank (ADB) (2012) *Key Indicators*. Manila.
Baldacchino, G. (ed.) (2007) *A World of Islands. Malta: Published by the Institute*

of Island Studies of Prince Edward Island. This book gives the latest rich information on island studies.

Benedict, R. (1946) *The Chrysanthemum and the Sword: Patterns of Japanese Culture*. Boston: Houghton Mifflin Co. 長谷川松治訳『菊と刀』講談社学術文庫, 2005年.

Bertram, G. and R. Watters (1995) "The MIRAB Economy in South Pacific Microstates." *Pacific Viewpoint*, 26, pp. 214-222.

Briguglio, L. (1995) "Small Island Development States and Their Economic Vulnerabilities." *World Development*, Vol. 23, No. 9, pp. 1615-1632.

Chaudhari, A. (1995) "The Cost of Monasavu Power, the Review." *The News and Business Magazine of Fiji*, July.

Commonwealth Secretariat (2007) *A Future for Small States: Overcoming Vulnerability*. London: Commonwealth Secretariat.

Crocombe, R. (2001) *The South Pacific*. Suva: The University of South Pacific.

Doumenge, F. (1983) *Viability of Small Island States: A Descriptive Study* (United Nations Conference on Trade and Development. TD/B/950).

Intergovernmental Panel on Climate Change (IPCC) (2007) "Summary for Policymaker." IN: *Climate Change*. Cambridge: Cambridge University Press.

Kakazu, H. (1986) *Trade and Development of Small Island Economies with Particular Emphasis on the South Pacific*. Nagoya: The United Nations Centre for Regional Development.

Kakazu, H. (1994) *Sustainable Development of Small Island Economies*. Boulder: Westview Press.

Kakazu, H. (2000) *The Challenge for Okinawa: Thriving Locally in a Globalized Economy*. Naha: Okinawa Development Finance Corporation.

Kakazu, H. (2012a) *Okinawa in the Asia Pacific*. Naha: The Okinawa Times.

Kakazu, H. (2012b) *Island Sustainability: Challenges and Opportunities for the Pacific Islands in a Globalized World*. U.S.A & Canada: Trafford Publishing.

Kindleberger, C. P. (1968) *International Economics*. Illinois: Richard D. Irwin.

Kuznets, S. (1960) "Economic Growth of Small Nations." IN: E. A. G. Robinson (ed.) *Economic Consequences of the Size of Nations*. London: Macmillan, pp. 14-32.

Kuznets, S. (1965) *Modern Economic Growth and Structure*. New York: Norton and Harry.

Marshall, A. (1919) *Industry and Trade*. London: Macmillan. 佐原貴臣訳『産業貿易論』宝文館, 1923年.

McElory, J. L. (2006) "Small Island Tourist Economies across the Lifecycle." *Asia Pacific Viewpoint*, Vol. 47, No. 1, pp. 61-77.

Mead, M. (1928) *Coming of Age in Samoa*. New York: Morrow. 畑中幸子・山本

真鳥訳『サモアの思春期』蒼樹書房，1976 年.

Oshima, T. (1987) *Economic Growth in Monsoon Asia: A Comparative Survey*. Tokyo: University of Tokyo Press.

Prasad, N. (2004) "Escaping Regulation, Escaping Convention: Development Strategies in Small Economies." *World Economics*. Vol. 5, No. 1, pp. 41-65.

Rappaport, J., E. Muteba and J. J. Therattil (1971) *Small States and Territories: Status and Problems*. New York: Arno Press for the United Nations Institute of Training and Research: UNITAR.

Royle, S. A. (2001) *A Geography of Islands: Small Island Insularity*. London: Routledge.

Schumacher, E. F. (1973) *Small is Beautiful: A Study of Economics as if People Mattered*. London: Blond & Briggs, Ltd. 斎藤志郎訳『新訂 人間復興の経済』佑学社，1977 年.

Silberstone, A. and G. Maxcy (1959) *The Motor Indsutry*. London: G. Allen & Unwin. 今野源八郎・吉永芳文訳『自動車工業論――イギリス自動車工業を中心とする経済学的研究』東洋経済新報社，1965 年.

Simon, A., et al. (2016) "Interactions between Sea-Level Rise and Wave Exposure on Reef Island Dynamics in the Solomon Islands." *Environmental Research Letters*, Vol. 11, No. 5, pp. 1-9.

Smith, A. (1925) *The Wealth of Nations*. 4th ed., London: Methuen & Co. Ltd. 大内兵衛・松川七郎訳『諸国民の富』岩波文庫，1959 年.

Stevenson, Robert Louis (1883) *Treasure Island*. The Ebook Project Produced by Judy Boss, John Hamm and David Widger (2006)にて無料で読むことができる.

United Nations Conference on Trade and Development (UNCTAD) (1974). *Developing Island Countries' Report of the Panel of Experts*. New York: United Nations.

United Nations Economic and Social Council (UNECOSOC) (1975) *Special Economic Problems and Development Needs of Geographically More Disadvantaged Developing Island Countries: Note by the Secretary-General*. New York: United Nations.

Weber, Max (1905) *The Protestant Ethic and "The Spirit of Capitalism."* Translated by Stephen Kalberg (2002), Los Angeles: Roxbury Publishing Company. 中山元訳『プロテスタンティズムの倫理と資本主義の精神』日経 BP 社，2010 年.

第3章　島嶼型持続可能発展モデルを求めて

1. 島嶼における生存部門の役割

　フィスク(Fisk, 1982)が「原初的豊かさ(subsistence affluence)」とよんだ太平洋島嶼国の「楽園的」イメージは，労せずして年中食料が手に入るその自然の恵みにあった．19世紀後半にニューギニアにやってきたイギリスのチャルマーズ宣教師の日記に，次のような原住民との興味あるやりとりがある．わかりやすい文体なので原文も併せて引用する(Furmas, 1937)．

> Have you coconuts in your country?
> あなたの国にはココナッツはありますか．
>
> No.
> ありません．
>
> Have you yams?
> ヤムはありますか．
>
> No.
> ありません．
>
> Have you breadfruits?
> パンの木の実はありますか．
>
> No.
> ありません．
>
> Have you sago?
> サゴはありますか．
>
> No.
> ありません．
>
> Have you plenty of hoop iron and tomahawks?
> 鉄輪やマサカリはありますか．

Yes, in great abundance.
はい，それなら沢山あります．

We understand now why you have come.
あなたたちが何故この島にきたのかやっと分かった．

You have nothing to eat in Beritani (Britannia): but you have plenty of tomahawks and hoop iron with which you can buy food.
お国のベリタニ（ブリタニア）には食べるものがなく，豊富にある鉄輪やマサカリと私たちの食料とを交換するためにはるばるやってきたのですね．

　島嶼経済の多くが植民地化される以前は，自給自足的(アウタルキー)「生存経済(subsistence economy)」にあった．つまり，日常生活に必要な物資のほとんどを「自家生産」し，「自家消費」する原初的な経済システムのことである．われわれの世代は，短期間ではあったが，終戦直後の沖縄でこのような営みを経験している．田畑で主食のコメやイモ，それにタピオカ，野菜，スイカ，落花生，豆類などを収穫し，海辺では魚介類，海藻などが豊富に獲れ，山辺の村では，バナナ，ミカン，パイナップルなどが栽培され，自家消費用の豚，ヤギ，養鶏などの畜産も超零細規模で行っていた．

　生存経済では，伝統的な食料品に限らず，住居，建設，家具，民具，農機具，漁具等の物的生産物から伝統医療，種々のサービス，畜産技術に至るまで1つの生産システムを構成していた．特に，温暖な南太平洋の島々では，今日でも見られるココヤシ，タロイモ，サゴ，パンの木の実などに加えて，豊富な海洋資源に囲まれていたのだ．

　しかし南太平洋のどの島を探しても，今やハルド(Hald, 1975)の言う「純粋生存経済」は存在しない．自給自足的な生存的生産と輸出を目的とした市場生産が多かれ少なかれ混在しているのが現状である．南太平洋7か国について，生存経済部門の所得割合を推計した調査がある(Kakazu and Fairbairn, 1985参照)．この調査によると，最貧国(LDC)に属するソロモン諸島と西サモア(現サモア)では経済の35%強が生存部門であり，開発がすすんでいるフィジー(6.6%)や開発が急ピッチで進行しているパプアニューギニア(17.2%)を大きく上回っている．むろん1990年代の後半からグローバリゼーションが急進展しており，どの島嶼国・地域でも生存部門の比重は低下してきている．

　島嶼における生存生産活動の役割を列挙すると，以下の通りである．

① 島民の生活に必要な基本的な財貨，サービスを提供し，島の生活文化を支えているばかりでなく，近代文明によって代替することがきわめて困難である．
② 近代部門から押し出されてきた者に安息と生活の場を与える．つまり，開発(=貨幣経済化)への1つの生活保険(リスクヘッジ)で，近代化が失敗したときの最後のより処となる．
③ 島民が望む緩やかな近代化への足がかりを提供する．島民が慣れ親しんできた土着の技術を発展させることによって，伝統的な資源の新しい利用の道が開ける．
④ 多くの伝統的食料品は，値段が安い上に栄養が豊富にあり，また島民の体質にもマッチしている．

多くの島嶼国で，この自然の豊かさが文明の波に洗われて急速に消滅していく様子を見て，国際連合の経済計画専門官ハルドは，ややノスタルジアを込めて言う．「南太平洋の人々の暮らしは，原初的な状態に放置していた方がはるかによかったかもしれない」(Hald, 1975, p.192)．しかしこのような考えは，太平洋のどの島嶼経済でももはや通用しない．遅れていればいるほど，近代化への渇望は強いと言われているように，どの島でも食料に不自由しない農村生活に見切りをつけて，働き口のあてもない島内都心部，あるいは海外の都市へと働き盛りの人々が移動しているのが現状である．国内の都市に仕事がなければ農村にUターンしそうなものだが，ベッドフォード(Bedford, 1973)の調査によると，隣国のより大きな都市へと移動していく．

マーク(Mark, 1979, p.7)がいみじくも指摘しているように，島民のほとんどは伝統的な生活スタイルへの回帰を望んでいるわけではなく，また高度なハイテク社会を夢見ているわけでもない．自立心と自らの文化を破壊することなく，いかに現状をよくしていくかに腐心しているのである．このことは，従来，二重構造論で片付けられた生存部門と市場(=近代化)部門を，前者の切り捨てによってではなく，逆にいかに生存部門を活性化しながら開発計画に組み込んでいくかを問うものである．フィスク(Fisk, 1982)によると，生存部門が大きければ大きいほど，逆に島民が望むような形での緩やかな近代化は容易になされる可能性がある．後ほど紹介する「最低安全性基準(SMS=

Safe Minimum Standard)アプローチ」,「輸入置換えアプローチ」は,特に小島嶼地域において,近代化の「遅れ」を逆手にとる持続可能発展方式の実行可能なオプションである.

2. 生存経済から貿易主導市場経済への移行プロセス

　これらの島々は,自給自足的な生存経済から,どのようなプロセスを経て輸出志向の市場経済に移行したのであろうか.ベルウッド(Bellwood, 1980)によると,ヨーロッパ人が太平洋の島々を発見するかなり以前から,島民たちは祭りや贈与を通して複雑な物々交換制度を確立していた.自家生産物の相互交換は,人類の生存基盤である「相互補完性(reciprocity)」の慣習に基づいてなされた.例えば,乾燥気味の島はヤムイモを雨の多い島のタロイモと交換し,魚しか捕れない環海孤島の住人は,それをより大きな島に運んでサゴや野菜と交換するという生産及び消費活動における相互補完性である.産業の均衡発展論者が不確実性の「元凶」と考える交換(貿易)への依存性は,限られた生産物をお互いに争うことなく,お互いがウイン・ウインでハッピーになる「等価交換」を通して生活を豊かにするという島民たちが考え出した実用的な知恵であったばかりでなく,異なった部族,島民たちが平和裡に共存するための社会的装置でもあったことがクーパー(Couper, 1973)によって見事に解明されている.

　完全自給自足の純粋な生存経済では,不時のための備えや祭りや贈与のための保留目的以外に,日々の消費を上回ってモノを過剰に生産することはありえない.何故なら,消費される見込みのない余剰生産物は全くの無駄になり,経済学的にいうと「機会費用」がゼロか,それ以下だからだ.自家消費以上に生産するインセンティブ(意欲)が働くのは,余剰生産物(生産−消費)が他の生産物との交換によって新しい価値を生むためである.すなわち物々交換(貿易)とは,島で生産されない消費財や生産財を手にすることを意味することから,貿易は新たな価値創造のプロセスとも言える.

　限られた土地での人口増で,日々貧困化する自給自足経済から,増え続ける人口を扶養しながら,豊さを実感する交換経済への移行をつぶさに分析し

たロバートソン(Robertson, 1949)は,「貿易は成長のエンジン(trade is an engine of growth)」である,との名言を残した.国際貿易理論の元祖で,「比較優位の原理」を唱えたイギリスのリカルド(Ricardo, 1817)は,豊かな大国よりも貧しい小国の方が貿易による利益は大きいと断じた.何故なら,大国より小国の方が「供給能力に見合った相互需要」が小さく,一単位の輸出量によって得られる輸入量,すなわち「交易条件」は有利になると考えたからだ.新古典派経済学の総帥,サムエルソン(Samuelson and Nordhaus, 2001)は,この比較優位の原理を数学的に厳密に検証し,これこそ経済学における唯一の真理であると結論づけた.さらにハーバラー(Haberler, 1950)は,小島嶼国にとっての貿易は成長のエンジンであるのみならず「生存へのエンジンでもある」と喝破し,小国にとって貿易が命綱にも等しいことを強調した.「貿易は与えられた技術,資源の制約を超えて,1人当たり実質所得を拡大することができる」とするのが貿易エンジン説の核心である.

　沖縄,南太平洋(特にフィジー),カリブ海島嶼地域の砂糖,ナウル,キリバスの燐鉱石,ニューカレドニアのニッケル,南太平洋の主要輸出品であるココヤシ製品のコプラなどは,「輸出専用」の国際商品と言ってよい.貿易の利益が人口増加を上回れば,1人当たり実質所得は上昇し,貿易は成長のエンジンとなりうる.特にこれといった資源もなく,土地に対する人口圧力の高い島嶼地域が生活水準を引き上げていくには,貿易による交換は唯一のオプションであるかもしれない.

　市場経済が進展する過程での貿易依存への深化をフィジーについて実証分析を試みた(詳しくは嘉数啓,1986年参照).イギリスの植民地政策の一環として,前世紀初頭にフィジーに砂糖キビが導入されて以来,砂糖が輸出の大黒柱に成長していくが,それに伴ってコメを中心とした食料品の輸入依存度も大きく上昇した.その結果,フィジーの土地,労働力,資本等の生産資源の配分がコメの生産から砂糖の生産へと大きくシフトした.なかんずく,島嶼国フィジーにとって,土地が最も重要な生産資源であることは間違いなく,限られた土地をいかに効率的に利用するかがこれまでの開発計画の最大の眼目であった.可耕地面積単位で測った砂糖の付加価値土地生産性は,コメ生産に比べて1972年で18倍,1975年で26倍,1980年で31倍となっている.

つまり，土地一単位から得られる農家の付加価値生産額は，砂糖を生産して輸出することによって，コメの生産の数倍も上回っている．このことは，土地の効率的利用を前提にすると，貿易商品である砂糖を生産して輸出し，外国から国内産よりはるかに安いコメを輸入した方が限られた可耕地面積で多くの人口を養えることになる．砂糖への生産特化による「可耕地面積拡大効果」は，1971 年の 6092 ha から 1980 年には 9535 ha へと増大した．これはフィジーの全可耕地面積の 2.7% から 4% への上昇を意味した．

　小島嶼経済が貿易を通して資源を活用し，経済発展を成し遂げていく姿は，成熟しきった市場を前提とする新古典派経済学ではほとんど説明できない．国内で砂糖を生産して輸出し，コメを輸入した方が有利と判断すれば，砂糖への特化は進展せざるを得ない．島民が自国で生産しうる主食のヤムイモやタロイモなどの「生存財」が，パンやコメなどの輸入消費財と比較して美味しくない「劣等財」と見なされる限り，輸入志向は強まらざるを得ない．

　ミント(Myint, 1967)の「余剰はけ口の理論(vent-for-surplus)」で解明されているように，このような輸出財の創出は，土地と労働力に余力があって初めて可能である．生産資源に十分な余裕があるからこそ，外部需要に応じて島民は多少のリスクを冒してまで輸出用の生産物を生産することになる．このことは，「原初的豊かさ」を失うことなく，余剰の土地と労働力を追加的に輸出生産に振り向けるだけで余分の「現金収入」を手にすることを可能にする．

　このような成長経路の問題点は，生産の拡張が技術革新なしで，単に耕地面積を海外需要の増大に応じて，外延的に押し広げることによって可能になったということである．したがって，土地生産性は変化せず，むしろ生産性の低い限界的土地の耕作により，生産性は低下する傾向すらある．移輸出貿易作物であるフィジー及び沖縄の砂糖キビがその良い例である．沖縄の「外貨獲得」基幹作物である砂糖キビの土地単位当たりの収量は，復帰後もほとんど向上しておらず，生産額及び収穫面積は傾向的に低下してきており，砂糖キビ栽培は沖縄本島から離島にシフトしつつある(図 3-1)．

　国際相場の影響をもろに受ける輸出用作物の低迷は，成長プロセスの「転進＝逆流」となって島嶼経済を直撃する．土地資源と労働力を追加投入して

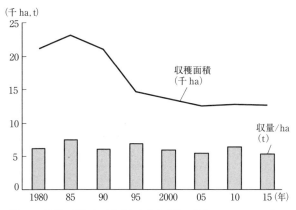

図 3-1 沖縄の砂糖キビ生産と土地生産性の推移,1980〜2015 年
資料:農林水産省「生産農業所得統計」,「作物統計」各版より作成.

成長してきた「量的拡大」は,交易条件の悪化,つまり生産を増やせば増やすほど収益は悪化し,「量的縮小」への転換を迫られる.砂糖キビ以外に有利な「外貨獲得」農産物が出現しない限り,あるいは後述する砂糖キビの高付加価値活用を実現しない限り,「耕作放棄地」が累積し,土地が最も貴重な資源である小島嶼で,皮肉にも余剰の土地資源を抱え込むことになる.

沖縄の場合,耕作放棄地面積は増加し続けているものの,畜産や観光,情報産業などの新規の所得源の出現によって経済の停滞を免れているが,多くの小島嶼経済で輸出は経済成長あるいは多様化のエンジンであるとする「ステイプル理論(staple theory)」(Watkins, 1963)で想定した波及効果を生まず,人口増と技術革新(イノベーション)の欠落によって,「生存的豊かさ」から「生存的貧困」へと陥落しつつあるように思える.

このような発展パターンは小島嶼地域に限らず,かつての東南アジアでも観察された.特にギアツ(Geertz, 1963)によって「農業インヴォリューション(agricultural involution)」と表現されたジャワ水稲耕作農村での「貧困の共有化」はつとに知られている.しかし,ミクロネシア,サモアなどで進展している事態はより深刻である.可耕地面積の制約と人口増によって,「貧困の共有化」すら許されず,都市に押し出されて行き場を失った若年層,特に男性の自殺率は世界一を記録している.長年にわたってこの地域の高自殺率の

背景を調査しているヘーゼル神父によると，インターネットの普及，欧米文化の浸透，貨幣経済の急進展に伴う部族社会，家族を取り巻く価値システムの崩壊がその背景にある．伝統的な価値体系の崩壊と矛盾を肌で感じながらも，特に感受性の強い若年層には狭い地域で新たな社会・家族関係が構築できず，閉塞感に陥り，逃げ場を失って自殺に走るケースが多いという(Hezel, 1987及び1989)．

この地域では年々雇用は拡大し，所得水準は高まってきているものの，逆にそのことがもっと豊かになりたいとする「期待増大革命」を引き起こして現実とのギャップが拡大し，若者の間には将来に対する絶望感が増大している．むろん伝統的な価値システムを「復元」することで問題は解決しない．筆者の共同研究者の一人で，西サモア(現サモア)の酋長の息子であるフェアバーン(Fairbairn, 1975)がいみじくも指摘しているように，生存農業の量的，質的役割を見直し，若者が働く喜びを感じ，生きがいにつながるような生産・消費・家族システムを再構築する試みがあってもよい．そのためのアプローチについては後述する．

3. 資源輸出型経済の脆弱性

輸出志向のミニ経済は，絶えず崩壊の危機にさらされている．経済崩壊の1つのケースは，再生不可能な唯一の輸出資源が枯渇したときである．その典型的な例が，1968年に独立し，人口，面積とも最小の国連加盟国であるナウル共和国のケースである．周知の通り，ナウルの国土は，サンゴ礁の上にアホウドリなどの鳥の糞が堆積化(鳥糞石＝グアノ)してできた肥料の主原料である「燐鉱石」の島である．ナウルは，唯一の資源ともいうべき，世界的にも純度の高い燐鉱石を採掘し，輸出することによって世界トップクラスの1人当たり所得を実現し，無税，住宅，教育・医療費無料などのまさしく天国に一番近い「ユートピア国家」であった．しかし，1990年代には燐鉱石のほとんどを掘り尽くし，唯一の生活源は燐鉱石輸出の蓄えを信託基金に積み，その運用益になった．しかし政府の散財と基金運用の失敗により，国家財政は破綻，今は海外，特にオーストラリアから支援を受ける「借金大

国」となった.ナウルの資源枯渇は以前からわかっていて,そのための備えもなされたが,生存農業のための土地と技術,何よりも自給自足的な生活に戻る国民の意欲と選択はとうの昔に消滅していた.すでに指摘したように,生存部門は孤島経済にとって「最後のより処」である.このより処を失ったナウル国民の選択は,多分,オーストラリアなどへの集団移住しか残されていない.

ナウル共和国のように,輸出資源の枯渇による国そのものの破綻事例はおそらく皆無だと思うが,国の一部である島の経済が資源枯渇で崩壊し,その後無人島化した例はいくらでもある.ナウルよりちょっと大きいツバルも,そのバナバ島(Banaba Island)で燐鉱石の発掘・輸出で国の財政を支えたが,1970年代の後半には燐鉱石資源が枯渇し,国家財政は破綻寸前にある.

日本国内でも今や無人島で米軍の演習地になっているラサ島(沖ノ鳥島)がいい例である.ラサ島の燐鉱石は1910年代から終戦直前まで採掘され,ピーク時には2000人の島民が住んでいた.筆者はラサ島調査を実施し,この絶海の孤島における燐鉱石開発をめぐる壮絶な物語を綴ったことがある(Kakazu, 2014).

硫黄の採掘・移輸出で栄えた島も世界に数多くある.硫黄は中国で火薬が発明されて以来,その原料として特に戦時中に需要が拡大し,日本の多くの島々でも採掘が行われてきた.日本には「硫黄」の名前のついた島が4つもあるが,薩摩硫黄島のみが有人島である.久米島町に属する硫黄鳥島は硫黄の採掘で最盛期(1903年頃)には,700人強の人口を擁していた.硫黄鳥島での硫黄産出の歴史は琉球王朝時代に遡るが,火山の噴火もあり,1967年に完全無人島になった(長嶋俊介,2010年参照).

観光地や世界遺産指定で話題になっている長崎県の無人島,端島(通称「軍艦島」)も島唯一の資源である石炭の採掘で成り立っていた極小島である.端島の炭坑は1974年に閉山になり,無人島になったが,島には日本初の鉄筋造りの高層アパートが立ち並び,ピーク時には5000人余の人々が暮らす世界一の人口過密島であった.

英国ランカスター大学のアウティ(Auty, 2003)は,輸出資源の豊富な国が必ずしも経済発展につながらない理由として,(1)資源に依存し,農業や製

造業が育たない，(2)資源開発が過度に進み，国土が荒廃する，(3)資源の利権をめぐって政治の腐敗や内紛が多発する，(4)資源開発の利益の多くが外国，特に宗主国に持ち去られる，(5)資源開発が政府機能を肥大化させ，民間部門が発展しない，などを指摘している．そのほとんどの指摘がナウル共和国に当てはまる．ナウルでは，極小国であるだけ，燐鉱石の富を一部の特権階層が独占できず，富の分配については比較的平等に行われていたと考えられる．

　アウティの指摘は，「オランダ病(Dutch disease)」，「資源の呪い(resource curse)」あるいは「資源のパラドックス(paradox of plenty)」という表現で古くから経済学者によって理論化されてきた(例えば，Corden and Neary, 1982 参照)．オランダでは，1950年代の後半に豊富な天然ガスが発見され，経済発展の起爆剤になると期待された．しかし資源輸出ブームは一時的で，その後為替レートが上昇し，物価や賃金が急騰しただけでなく，資源部門に労働力や資本が移動して，農業や製造業部門は大きく停滞した．皮肉にも輸出資源の枯渇によって，「資源の呪い」が解けたという歴史的事実がある．

　もう1つの島嶼経済崩壊のケースは，交易条件の劣化が伝統的な技術の喪失を伴って起こるケースである．筆者とフェアバーン(Kakazu and Fairbairn, 1985)によって，このケースが初めて理論化されたが，ここでは詳述しない．経済の極端な輸出偏向と輸入消費志向によって，生存生産物の需要が，多くの場合島民の嗜好の変化で減少し，それに伴って伝統的な技術が劣化，喪失して，資源がありながらも伝統的な生産活動そのものが休止・崩壊するケースである．南太平洋島嶼地域では，ココヤシ，サゴ，タロイモ，ブレッド・フルーツ(パンの木の実)，マンゴー，パラミツ，カーヴァ等の栽培・加工技術が，後継者不足もあって急速に失われつつある(Kakazu, 1994)．

4. 持続可能な発展へのアプローチ

(1) 持続可能な発展とは

　「地球温暖化」に象徴されるように，経済発展と地球(地域)環境保全・創造の両立が叫ばれて久しい．特に島嶼地域は，人為的な自然環境の破壊に対

して極度の「脆弱性＝回復困難性」を有しており，「持続可能な開発」，「生物多様性」の視点からも，環境保全と開発をどう両立させるかがこれまで絶えず問われてきた．先述のナウル共和国は，燐鉱石開発による自然環境の破壊が鮮烈で，人の住めない島に成り果てている．筆者が何度か調査した北マリアナ諸島連邦(CNMI)の観光産業も，性急，無秩序な開発によって，観光資源が荒廃し，島民の日常の飲料水さえ十分に確保できていない．観光サービスを「輸出」して，食料のほとんどを輸入に依存するようになり，自然災害などの緊急時に生存に必要な最低限の食料さえも島内自給できなくなっている（詳しくは Kakazu, Yamauchi and Miwa, 1993 参照）．

持続可能な開発アプローチは，1987年の「環境と開発に関する世界委員会(ブルントラント委員会)」の『人類共通の未来(*Our Common Future*)』と題する報告書で提案されたもので，「資源開発，投資先，技術の開発，制度的改革の変化の方向が現在と未来の人類のニーズと精神的高揚を同時に満たす開発のあり方」と定義している．ここでのキーワードは「資源利用のスピード」，「投資の方向」，「技術開発のあり方」，「制度的変化」，そして「世代間の資源配分」である．つまり，持続可能な開発とは，次世代が少なくとも現世代と同様な生活・環境水準をエンジョイできるような方向で資源，投資，技術，制度のあり方を工夫することを意味する．

上記の「資源」をどのように定義したらいいのだろうか．通常「資源」とは，「土地，森林，鉱物，水，エネルギー資源等で構成される国富」と定義される．経済学でいう「資源」はきわめて相対的な概念で，市場で価値を生む「希少資源」である．環境問題を扱うには市場では測れない広義の資源概念が必要である．

環境経済学の権威，シリアシィ＝ウワントラップ(Ciriacy-Wantrup, 1968)は，天然資源を土地，鉱物などの「再生不可能資源」と，食料，水，森林，自然エネルギーなどの「再生可能資源」に分類し種々のアプローチを試みているが，両資源とも世界規模で急速に枯渇し，質的にも劣化しつつある．特に人口増加の激しい島嶼地域では，再生可能資源といえどもその再生利用には膨大なコストと長期の時間を要し，現実的には再生不可能資源に近い．

島嶼地域の持続可能な開発についてはこれまで種々の国際会議，フォーラ

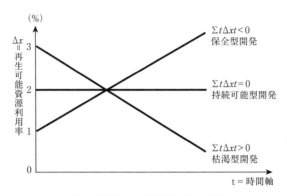

図 3-2 再生可能資源の世代間利用率と時間軸の概念
資料：嘉数啓(1994 年)参照.

ム等で議論されてきた．例えば，1992 年 6 月に開催された国連環境会議(地球サミット)には 40 か国の島嶼国首脳が参加し，アジェンダ 21 を採択した．特に「アジェンダ 21」文書の 17 章に「海洋環境および海洋資源」があり，その中で小島嶼地域での持続的開発の必要性がうたわれ，(1)小島嶼地域の特別な環境及び特徴の調査，(2)非持続的な開発政策の見直し，(3)地域間協力，情報交換の促進，(4)島嶼地域の統合的管理，人材育成などの提言を行っている(国連大学，1995 年参照).

森林，水資源，自然エネルギーなどの再生可能資源の利用率と時間軸との関係で概略的に示すと図 3-2 の通りである．

図で「保全型開発」とは，年率 1% 以下での再生可能資源の利用率を想定しており，現世代の利用率を低めに抑えて，次世代に「環境財」をより多く残す発想で，その逆(年率 3% 以上)が「枯渇型開発」である．「持続可能型開発」は，世代間のバランスのとれた資源利用率で，年率人口増にほぼ見合う 2% 程度で利用すると再生可能資源の消費と供給がバランスすると仮定している．むろん持続可能資源の利用率は，島嶼の資源賦存量，人口増加率，所得増加に対する島民の欲求度(アスピレーション)によって大きく異なることは言うまでもない．

OECD の調査(1975 年)によると，1 人当たり所得と人口増加率が同じレベルでも，制度の違いによって資源が浪費され，環境問題がより深刻になるこ

とがある．資源・環境問題に対する国民の監視が厳しく，環境汚染者へのペナルティが高い国では，「持続可能な開発」へのコンセンサスは得やすいはずである．地球資源の利用を「未来世代志向型」に転換していくには，平和的共存の下に，地球規模での人口増加率を抑え，資源節約的技術革新などによって貧困を軽減することが絶対条件である．

　一般に1人当たり所得が低く，人口増加率の高い国ほど現世代の資源利用における「割引率＝生活を維持するために現在の資源を早めに使わざるを得ない圧力」が高いことから，資源の枯渇率は早い．その限りでは，上記の「保全型開発」が未来志向の「先進国型」であるのに対して，「枯渇型開発」は「発展途上国型」とも言える．

　ナウルのような，いずれは埋蔵資源が枯渇する再生不可能資源に依存して成長している島嶼経済は，より深刻な資源保全と開発の課題を抱えていると言える．推定埋蔵量1億tの燐鉱石を年率10％のスピードで採掘すると50年で枯渇し，その半分の5％だと100年で枯渇する．ナウルの燐鉱石はほぼ100年間採掘され，ピーク時には年200万tのハイスピードで採掘されてきた．平均すると，おそらく年率5％前後で採掘し，ほぼ枯渇したと推定される．いずれ枯渇することは1960年代からわかっていて，国が破綻しないよう収益を信託基金に蓄え，種々の海外投資も実施してきたが，実を結ばなかった．政府丸抱えの島嶼運営と，独立国家を維持するための莫大な国家経費が破綻を早めたと言える．

　ナウルのケースは他のミニ島嶼経済でも起こりうる可能性がある．試論の域を出ないが，ここで島嶼経済の崩壊を未然に防ぐアプローチを検討したい．

(2) 最低安全性基準アプローチ

　近代化部門と生存部門をリンクするアプローチとして，「最低安全性基準(SMS＝Safe Minimum Standard)」がある．これは，社会的に望ましい島嶼内消費財と輸出財のバランスを考える際の1つのわかり易い基準を提供している．この概念は，後述する「再生可能財」でも，ある「臨界点」を超えて利用すると復元が困難であるとするシリアシィ＝ウワントラップ(前掲書)の「不可逆性」の概念に基づいている．

周知のように，現代の経済学は，市場の微分可能な連続性と，需給の変化を通した資源配分のスムーズな可逆性を前提にしているが，多くの島嶼地域では極度の資源制約と単一輸出商品への市場原理を超えた過度な特化のために，むしろ「不可逆性」の前提がより有効であると思われる（この点に関する理論実証分析については，Kakazu and Fairbairn, 1985 参照）．

　SMS アプローチの核心は，島嶼国（地域）の1人当たり最低必要カロリーを島の生産によって確保することである．サモアを例にとると，同国の大人1日1人当たりの平均生存必要カロリーは，1800 カロリーだが，実際の摂取カロリーは 2290 カロリーである．同国のオリジナルカロリーベースでの食料自給率は 30% であるから，最低必要カロリーのうち，1113 カロリーは海外輸入に依存していることになる．この最低カロリー不足分の食料を島内で生産することである．式で示すと以下の通りである．

$$\underset{\text{必要カロリー}}{\underset{\parallel}{\text{国内自給カロリー}}} \{1800-(2290\times0.3)\}/1800 = \underset{\text{カロリー不足率}}{\underset{\parallel}{0.618}}.$$

　島嶼国（地域）の食料安全を確保するには，1日 1800 カロリーが必要だが，実際にはその約 62%（1113 カロリー）が不足している．最低この不足分を島内生産で賄う必要がある．このアプローチは素人でも理解できる．むろん，島嶼経済は多様性を特徴としているから，食料安全に関する考え方が島によって異なって当然であり，最低食料自給率も島のおかれている状況によって異なってもおかしくない．

　島嶼地域の多くが台風，津波，地震，干ばつなどの自然災害を受けやすい位置にあり，市場経済を過度に刺激する「デモ効果」もあって，島外への食料依存率は年々高まってきている．したがって，天災，人災による飢饉の可能性は大きく，必要最低限の食料自給は，経済というより生活防衛（セーフティネット）の問題である（詳しくは嘉数啓，1986 年参照）．

(3) 移輸入置換型アプローチ

　移輸出偏向型（export-biased），島によっては移輸入代替型（import-substitution)の開発戦略が反省され，島内の資源と伝統的技術を活かした「島産島費」による「移輸入品置換型(import-replacement)アプローチ」の有効性が提案されてきた(Kakazu, 1994)．例えば，輸入コーラ，コメ，魚缶詰等によって急速に置き換えられつつある伝統的なココヤシジュース，タロイモ，ブレッド・フルーツ，鮮魚などの見直し，再活性化である．

ここで「再活性化」と言っているのは，単に伝統的な資源生産物を伝統的な手法を使って「復活」することではなく，新しい技術による土着生産物の創造である．このアプローチは，もともと外国で生産され，島嶼地域に輸入されている商品，例えば自動車，電化製品，缶詰，ビール，コーラなどを島嶼内で生産する「輸入代替型アプローチ」とは当然異なる．輸入代替型工業化は，市場が十分に大きく，輸入先とコスト，先進技術面で競争できない限り，持続可能ではないことは多くの事例が証明している(Myint, 1971)．

シューマッハがガジルの論文を引用して説明する「中間技術(intermediate technology)」の応用が，移輸入品置換型アプローチに必要である．すなわち，「一つのアプローチは，伝統的産業の既存技術から出発することである．改良というのは，既存の設備と技倆と工程の中に，若干の新しい要素を持ち込むことを意味する．〔中略〕もう一つのアプローチは，もっとも進歩した技術の側から出発し，中間的な必要を満たすように適応し，調整することである．……ある場合には，その場で入手できる燃料あるいは電力のような特定の分野に適応させる過程も含まれよう．第三のアプローチは，中間技術を確立するために直接の実験や研究を行なうことである」(Schumacher, 1973, 日本語版, pp. 141-142)．

移輸入品置換戦略は，単に慢性的な貿易赤字を是正し，経済の自立化を図るという目標以外に，今南太平洋で大きな社会問題になっている子供たちの栄養失調を解消するという意義もある．現代文明のシンボルともいうべきコーラが南太平洋に初めて導入されたとき，これを飲んだ子供たちが腹痛を訴え，嘔吐したという記録もある(Thaman, 1982)．だが今は，栄養価が高く，ほとんどただで手に入る島内産のココヤシジュース，ブレッド・フルーツ，ヤムイモは子供に見向きもされず，コーラやハンバーガー等の輸入原材料を使ったファストフードが全盛を極めている．ターマン(前掲論文)によると，

このような輸入物資の過剰消費は栄養失調と同時に，問題になっている世界トップクラスの肥満の最大の原因である．ポリネシアンの巨軀はコーラ，ハンバーガー文化ではとても維持できないようにできている，とのことである．

移輸入品置換戦略として注目されているのが，「生命の木」とよばれるココヤシである．ココヤシは日本でもナタデココ，ココナッツ・ウォーター，ココナッツ油，観葉植物として広く知られるようになっているが，太平洋の島々では食材から日用品，建材，燃料，薬剤，ワインに至るまで数多くの有用生産物の原料になっている．熱帯島嶼の農村では，子供が生まれると同時に 3〜5 本のヤシの木を植え，老後までの生活の糧になっていたことはつとに知られている．

しかし移輸入品置換戦略はどの島嶼経済でも容易にとれるわけではない．生存部門のウエイトが比較的高いソロモン諸島，パプアニューギニア，サモア，フィジーなどでその真価が最も発揮されよう．この戦略が成功するには，多くの難問を解決しなければならない．島嶼経済の生存部門の活性化に不足しているのは一般に信じられている土地資源ではなく，質のいい労働力である，という指摘がデサイ (Desai, 1975) やポインター (Pointer, 1975) などの調査によって明らかにされている．特に都市志向の強い若年労働力をいかに農村の活性化のために引き留めるかがこの戦略の鍵をにぎっていると言える．また，前述したように，現在急速に失われつつある伝統技術の維持，復活，改良化は焦眉の急である．さらに島嶼経済にすでに広く深く浸透している移輸入物資消費偏向型の消費構造を強権によるのではく，市場メカニズムを利用しながらいかに是正していくかも大きな課題である．

5. 複合連携型（島嶼資源活用型）発展戦略

特に小島嶼経済の持続性を担保するには，「複合的」，「循環的」，「ユイマール的」に考える必要がある (図 3-3)．「複合的」とは，必要な生活物資の大半を島で生産すべく，島民が複数の技術を持ち，複数の異なった職場を共有することである．これは現代の「分業論」の逆をいく発想だが，これが島の資源と労働力をフルに活用し，小規模経済を効率化する「妙案」だと思って

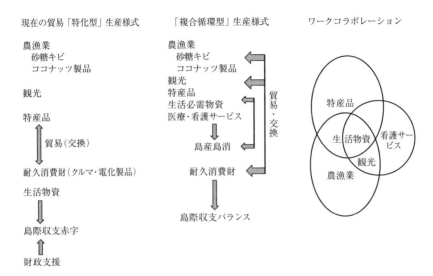

図 3-3 島嶼社会における「複合循環型生産様式」によるワークコラボレーションの概念図
資料：嘉数啓（2016年）．

いる．

　おそらく，1つのモノ，サービスを生産する「特化型」の職場より，複数職場制度の方が働く喜びも倍加するのではないか．考えてみれば，貨幣経済が浸透する以前は，衣食住のほとんどを島内で賄っており，島の人たちは農家であり，ウミンチュであり，建築業者であり，家内製造業者であった．

　「循環的」とは，原材料から，中間財，最終消費物資まで島内で生産し，消費の結果としての廃棄物まで活用する「ゼロエミッション」型経済システムの構築である．「ユイマール的」とは，図に示した協業（ワークコラボレーション）のことである．協業といっても，「贈与」や「ボランティア」と異なり，参加者が一定の所得を得て，労働意欲をかきたてるシステムでないと持続しない．生活物資を島内で生産すると言っても，多くの物資は移輸入した方が安いうえに質も高く，消費者の満足度も高いはずである．

　図3-3で示したように，島内で生産できないクルマ，家電などのハイテク製品は移輸入に依存せざるを得ない．そのためには，島の比較優位性を活かした移輸出部門も同時に振興する必要がある．砂糖，コプラ，観光，特産品

などはその典型的な産業である．先述の分析で見たように，特に観光は島嶼内生産・消費を拡大する契機をもたらす．むろん観光への過度の特化は，島の観光容量（キャリングキャパシティ）を超え，意図に反して生活環境の劣化につながることはつとに指摘されている（Kakazu, 2011 参照）．

　むろんこの循環型経済を可能にするインフラ，人材育成，島嶼技能・技術・ノウハウの開発が不可欠である．島で暮らす人々が生活に必要な幾つかの技術・ノウハウを取得し，これを複合的に使う制度設計が必要である．市場経済を前提にしてこれらの技術・ノウハウを活用するから，効率も良くないといけない．特に季節や天候に左右される農漁業や観光産業を主とする遠隔離島では，本島と比較してフルタイムで就業する機会が失われ，「潜在的失業」に陥りやすい．「複合循環型」生産方式とは，余った時間を別の仕事に役立てる技術・ノウハウである．実は沖縄の竹富島で，「マルチタスク」と称するこの複合型雇用システムを実践して，季節性の高いリゾートホテルを効率的に経営している星野リゾートがある（『櫓舵』2016年）．最近はやりの「パラレルキャリア」にも相通ずる発想である．

　島嶼資源循環活用型技術については第4章で詳述する．この発展モデルの厳密な「証明」はこれからだが，その方が特化型技術より島全体としての仕事の効率はよく，所得も上がり，しかもワークライフバランスを考慮しながら，楽しく，安心して仕事に従事できるはずである．もしこの発展モデルが経済科学で理論実証的に証明できれば，間違いなくノーベル賞ものである．島で労働のコラボレーションを通して生産した生産物には「安心・安全」と同時に当然愛着があり，「島産島消」を促進し，結果として島から外貨が逃げにくくなり，貿易収支の赤字も解消する「循環型経済」への突破口を開くことになる．

　この発展モデルは筆者が沖縄で古くから実践されている「ユイマール＝共助システム」をヒントに30年ほど前に『新沖縄文学』(1983年, pp.44-50) で提案したが，最近欧米各地で「地域に支えられた農業(CSA: Community Supported Agriculture)」，あるいは「農家と消費者の直接取引モデル」として広がりを見せている．同様な地域再生手法は，日本や台湾でも「里山・里海モデル」として各地で実践され，成果を上げていることが報告されている（藻

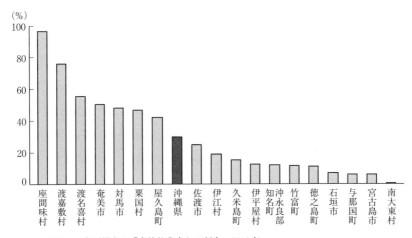

図 3-4　主要離島の「自給的農家」の割合，2010 年
注：「自給的農家」とは，経営耕地面積が 30 a 未満で，かつ，調査期日前 1 年間における農産物販売金額が 50 万円未満の農家である．
資料：農林水産省『平成 22 年農林業センサス』より作成．

谷浩介・NHK 広島取材班，2013 年参照）．離島や地方と都市部を分断するような政策を打ちながら「地方創生」を目指すアベノミクスはすでに破綻しており，道州制を含む地域の創意工夫を引き出すような「異次元」の制度設計が求められている．

　すでにお気づきのように，複合循環型生産・消費システムの最大の課題は，島嶼経済社会に深く，広く浸透した逆戻りできない市場経済とどう折り合いをつけるかである．島によってはナウルのように，自給自足的生存経済が消滅し，循環型経済への移行はほぼ不可能な島もある．ちなみに，ナウルのような資源輸出一辺倒の島嶼経済とは異なるが，日本の島々でも自給自足的農業部門がほぼ消滅した島もある．『農林業センサス』による「自給的農家」とは，「経営耕地面積が 30 a 未満で，かつ，調査期日前 1 年間における農産物販売金額が 50 万円未満の農家」のことだが，その存在率が座間味村のほぼ 100％ を筆頭に南大東村のほぼゼロまで島嶼の大小に関係なく大きな落差がある（図 3-4）．

　自給的農家が多い島は，市場経済が浸透してないということではなく，市場経済のリスク分散をうまく行っているとも言える．座間味，渡嘉敷，渡名

喜は島観光の名所になっており，観光収入で自給的農業をサポートしているとも言える．自給的農家が皆無に近い大東島は，究極の市場商品である砂糖キビを大規模経営し，沖縄 41 市町村の中でダントツの 1 人当たり所得を稼いでいる．市場(貿易)商品一辺倒という意味ではナウルに類似しているが，ナウルとは決定的に異なる商品を生産している．ナウルが再生できない有限の燐鉱石資源に依存していたのに対して，大東島は再生可能な砂糖キビである．砂糖キビ価格の大幅下落などの激変が起きない限り，生産そのものが途絶えることはない．また，仮に砂糖キビ生産が途絶えても，良質な土地資源が残っている限り，ナウルと異なって生存的農業に戻ることも不可能ではない．最後に，戦前からユリの球根を輸出している沖永良部島における「自足型社会」の構築に関する興味ある研究として，西沢栄一郎ほか(2000 年)を挙げておく．次章で持続可能発展モデルを可能にする「島嶼型技術」について論ずる．

注及び参考文献

嘉数啓「沖縄経済自立への道」『新沖縄文学』第 56 号，1983 年，pp. 2-53.

嘉数啓「南太平洋島しょ地域の経済の自立化と国際協力」『アジア経済』第 35 巻第 2 号，1986 年，pp. 1-2.

嘉数啓「対外不均衡と国内不均衡——環境保全と開発は trade-off か」『開発学研究』第 5 巻第 1 号，1994 年，pp. 1-10.

嘉数啓「「島嶼地域の持続可能性：太平洋島嶼地域の挑戦と可能性——沖縄・ハワイから太平洋島嶼地域への島嶼発展ノウハウの移転・活用を中心にして」に関する調査報告書」『名桜大学紀要』第 16 号，2010 年，pp. 347-376.

嘉数啓「島嶼学ことはじめ(三)——島嶼型持続可能発展モデルを求めて」『島嶼研究』第 17 巻第 1 号，2016 年，pp. 89-105.

国連大学『島嶼における持続可能な開発』国連大学，1995 年.

長嶋俊介「硫黄鳥島の地政学と無人島化研究の意義——避難・移住・移民顛末と移住後生活誌の総括」『島嶼研究』第 10 号，2010 年 6 月，pp. 29-54.

西沢栄一郎ほか「鹿児島県沖永良部島の水，土地利用，食生活——「自足型社会」構築へ向けての予備的考察」『島嶼研究』創刊号，2000 年 3 月，pp. 99-108.

速水佑次郎『開発経済学』創文社，1995 年.

藻谷浩介・NHK 広島取材班『里山資本主義——日本経済は「安心の原理」で動く』

角川書店, 2013年.
『櫓舵』創刊号, 2016年4月, pp. 2-3.
Auty, R. M. (2003) *Natural Resources, Development Models and Sustainable Development.* Department of Geography. Lancaster: Lancaster University, Environmental Economics Programme Working Paper, No. 03-01.
Bedford, R. (1973) "A Transition in Circular Mobility: Population Movement in the New Hebrides, 1800-1970." IN: H. C. Brookfield (ed.) *The Pacific in Transition: Geographical Perspectives on Adaptations and Change.* London: Edward Arnold, pp. 187-227.
Bellwood, P. S. (1980) "The Peopling of the Pacific." *Scientific American.* No. 243, pp. 174-185.
Ciriacy-Wantrup, S. V. (1968) *Resource Conservation Economics and Policy.* 3rd ed. University of California Press.
Corden, W. M. and J. P. Neary (1982) "Booming Sector and De-industrialisation in a Small Open Economy." *The Economic Journal.* 92 (December), pp. 825-848.
Couper, A. (1973) "Islanders at Sea, Change and the Maritime Economies of the Pacific." IN: H. C. Brookfield (ed.) *Op. cit.,* pp. 229-248.
Crocombe, R. (2001) *The South Pacific.* Suva: University of the South Pacific.
Desai, A. B. (1975) "Commercialization of Subsistence Agriculture." IN: J. B. Hardaker (ed.) *The Subsistence Sector in the Pacific.* Suva: University of the South Pacific.
Duncan, R., et al. (1999) *Pursuing Economic Reform in the Pacific.* Manila: ADB.
Fairbairn, T. I. J. (1975) "The Subsistence Sector and National Income in Western Samoa." IN: J. B. Hardaker. *Op. cit.*
Fisk, E. K. (1982) "Subsistence Affluence and Development Policy." IN: Benjamin Higgin (ed.) *Regional Development in Small Island Nations, Regional Development Dialogue.* Special Issue, pp. 1-12.
Furmas, J. C. (1937) *Anatomy of Paradise: Hawaii and the Islands of the South Seas.* New York: William Sloane Associates, Inc.
Geertz, C. (1963) *Agricultural Involution.* Chicago: University of Chicago Press.
Graham, F. D. (1948) *The Theory of International Values.* Princeton: Princeton University Press.
Haberler, G. (1950) *International Trade and Economic Development.* Cairo: National Bank of Egypt.
Hald, E. C. (1975) "Development Policy and the Subsistence Sector." IN: J. B. Hardaker (ed.) *Op. cit.*
Henderson, E. and R. Van En (1997) *Sharing the Harvest: A Citizen's Guide to Community Supported Agriculture.* Revised and Expanded, Vermont: Chelsea

Green Publishing Co. 山本きよ子訳『CSA 地域支援型農業の可能性――アメリカ版地産地消の成果』家の光協会, 2008 年.

Hezel, Francis (1989) "Suicide and the Micronesian Family." *The Contemporary Pacific*. Vol. 1, No. 1, pp. 43-74. フランシス X. ヘーゼル神父は長年ミコロネシアを拠点に Micronesian Seminar (MiSem) を主宰し, 経済から文化, 政治に至る幅広い分野での執筆, 広報活動を展開している (http://www.micsem.org/home.htm 参照) 及び, Hezel, Francis (1987) The Dillemas of Development: The Effect of Modernization on Three Areas of Island Life (「開発のジレンマ: 近代化が島民生活の 3 つの側面に与える影響」), ヤシの実大学第 3 回講義 (日英) (http://www.micsem.org/home.htm 参照).

Kakazu, H. (1994) *Sustainable Development of Small Island Economies*. Boulder: Westview Press.

Kakazu, H. (2011) "Challenges for Sustainable Tourism: The Case of Okinawa." IN: J. Carlsen and R. Butler (eds.) *Island Tourism Development: Journeys to Sustainability*. London: CABI Publication, pp. 171-185.

Kakazu, H. (2014) *A Little History of Rasa (Okidaito) Island*. Unpublished Draft. pp. 1-37.

Kakazu, H. (2015) *Okinawa and Taiwan: Island-To-Island Networking*. A paper presented at the Center for Chinese Studies. Taipei, September 30, pp. 1-23.

Kakazu, H. and T. I. J. Fairbairn (1985) "Trade and Diversification in Small Island Economies with Particular Emphasis on the South Pacific." *The Singapore Economic Review*. Vol. 30, No. 2, pp. 18-35.

Kakazu, H., H. Yamauchi and N. Miwa (1993) "Long Term Strategy for Water Resource Management of Small Island Economies: The Case of Saipan." *Insula: International Journal of Island Affairs*, No. 2 (August), pp. 39-47.

Luna, A. M. (1983) *Philippine Coconut Industry*. 琉球大学法文学部嘉数ゼミナール報告書.

Mark, S. M. (1979) *Agricultural Development of Small, Isolated Tropical Economies: The American-Affiliated Pacific Islands*. Honolulu: Hawaii Institute of Tropical Agriculture and Human Resources, University of Hawaii.

Myint, H. (1967), *The Economics of the Developing Countries*. London: Hutchinson University Library.

Myint, H. (1971), *Economic Theory and the Underdeveloped Countries*. London: Oxford University Press.

Organisation for Economic Cooperation and Development (OECD) (1975) *The Polluter Pays Principles*. Paris.

Pointer, B. A. (1975) "Rural Migration in the South Pacific." IN: J. B. Hardaker (ed.) *Op. cit*.

Ricardo, D. (1817) *Principles of Political Economy and Taxation*. London: J.

Murray.

Robertson, D. H. (1949) "The Future of International Trade." Reprinted in American Economic Association, *Readings in the Theory of International Trade*. New York: Blasiton, pp. 501-502.

Samuelson, P. A. and W. D. Nordhaus (2001) *Economics*. 7th ed., Boston: McGraw-Hill, pp. 299-306.

Schumacher, E. F. (1973) *Small is Beautiful: A Study of Economics as if People Mattered*. London: Blond & Brigges Ltd. 斎藤志郎訳『新訂 人間復興の経済』佑学社, 1977年.

Thaman, R. R. (1982) "Deterioration of Traditional Food Systems: Increasing Malnutrition and Food Dependency in the Pacific Islands." *Journal of Food and Nutrition*. Vol. 39, No. 3, pp. 109-120.

Watkins, M. H. (1963) "A Staple Theory of Economic Growth." *The Canadian Journal of Economics and Political Science*. Vol. 29, No. 2 (May), pp. 143-158.

World Commission on Environment and Development (WCED) (1987). *Our Common Future*. New York: Oxford University Press.

第4章 沖縄:「島嶼型」
グリーンテクノロジーの宝庫

1. 島嶼技術とは何か

　技術とは,科学的知見・ノウハウを実際の生活目的達成のために応用する知恵を意味する.島嶼学研究仲間には,技術系の研究者は少ない.筆者が知る限り,日本島嶼学会でも環境工学,土木工学を専門とする研究者は散見されるが,生産技術を扱う専門家はほとんど見当たらない.何故だろうか.大学の生産技術系の研究者に訊ねてみると「技術には島嶼系,大陸系という分類はない」とのことである.つまり技術は「汎用性」がその特性であり,使う場所によってその本質が変わることがないとのことである.

　具体的にいうと,耕運機は,大陸,小島嶼,先進国,発展途上国,温帯,熱帯を問わず,有用な生産技術である.そうであれば「島嶼技術」という概念はもともと存在しないことになる.ここで敢えて「島嶼型」技術にしたのはそのためである.つまり同じ耕運機でも,使う場所によってその技術の使い方が違うはずである.例えば広大な土地で使う耕運機と傾斜の多い狭い土地で使う耕運機とでは自らその「仕様」が異なるはずである.

　1998年にアジア人初のノーベル経済学賞を受賞した筆者のロンドン政治経済学院(LSE)での恩師の一人であるアマルティア・セン(Amartya Sen)教授は,母国のインドにおける生産技術に関する古典的な著書を著している(Sen, 1968).これによると,織物技法に関して,原初的な手作業から高度の機械技術に至るまで,生産現場における原料,労働力,資本の賦存量及び市場の規模に応じて,10種類以上の技法が併存していると論じている.これは原初的技法であっても市場が限定され,労働力が豊富で賃金が低い環境では比較優位性があり,有用な生産技術であることを物語っている.

本稿では，前章で議論した持続可能な島嶼発展の視点から，小島嶼に適したグリーンテクノロジー(green technology)を中心に，特に沖縄の事例を中心に論述する．グリーンテクノロジーとは，応用生産技術の中でも地球環境に優しい一連の技術体系のことで，再生可能エネルギーから無農薬農業，ゼロエミッション，資源・製品再利用，地場資源の活用，技術管理，消費の仕方に至るまで広範囲に及ぶパラダイムシフトの技術体系のことである．地球温暖化や環境汚染の影響を受けやすく，大型技術の応用が困難な島嶼社会において，小規模グリーンテクノロジー・イノベーション思想が島嶼経済の持続可能性との関連で議論され，多くの島々で実践されてきた．

　特にスウェーデンのゴットランド島とデンマークのロラン島は示唆的なモデルケースを提供している(ニールセン北村朋子，2012年参照)．小規模島嶼に適した技術は，1970年代にF.シューマッハによって提案された「中間技術(intermediate technology)」に相当すると考えて良い．彼によると，中間技術とは「人間の顔をした技術(technology with human face)」で，「過去の古い技術でも人間が機械に使われるようなスーパー技術でもなく，分権化，環境，それに人間に優しく，大衆の自立を助けるための技術(self-help technology)」のことである(Schumacher, 1973, p.128)．石油，石炭，鉱石などの枯渇資源を前提に開発された大型装置技術に依存する大国経済でも，深刻な地球温暖化と環境破壊を目の当たりにして，今やグリーンテクノロジー・イノベーション，あるいは代替技術(alternative technology)へのシフトが焦眉の急となりつつある．ここで「イノベーション(革新)」とは，新商品の開発，製品化する技術を超えて，既存技術・ノウハウの導入・改良・普及を含む幅広い概念で使っている．

　前章で分析したように，小島嶼地域における生産拡張のボトルネックは，土地と市場の狭小性である．例えば，沖縄本島のような比較的規模の大きい島と粟国島のような極小島とでは技術の活用の仕方が異なるはずである．つまり，規模が小さければ小さいほど，同じ生産量を実現するのに土地単位当たりの生産性は高くならざるを得ない．そのことは，シンガポール(淡路島の面積に相当)の例に見るように，島嶼経済に適合した技術・ノウハウを開発することによって土地の制約を克服することができることを意味する．むろん

表 4-1 沖縄で開発・応用されている「島嶼型」グリーンテクノロジー・ノウハウの例,2014 年

熱帯・亜熱帯ベース	島嶼ベース
ウリミバエ・イモゾウムシ駆除技術	海洋深層水利用技術 　(養殖,工業用品,健康,淡水化, 　海洋温度差発電)
熱帯果樹・花き・野菜・畜産物 　(パイナップル,マンゴー,ドラゴンフルーツ,ミカン,菊,ラン,ゴーヤ,紅茶,コーヒー,和牛,あぐー豚など)	水供給システム 　地下ダム・多目的ダム 　淡水化プラント 　渇水用水タンク
海面養殖技術 　(稚魚,車エビ,モズク,ウミブドウ,パヤオ・人口魚巣)	グリーン(再生可能)エネルギー 　風力 　太陽光 　バイオマス(エタノール) 　食用廃油再生バイオ燃料
地場資源活用型技術 　砂糖キビの複合利用技術 　ガラス瓶リサイクル技術	
環境創造・保全技術 　サンゴ養殖・再生 　マングローブ植林 　台風対策	ITC 技術 　コールセンター・バックオフィス
	沖縄型ネットワーク形成 　モアイ・ユイマール・WUB
観光 　(エコ・メデカル・着地型ツーリズム・サンゴ再生)	沖縄型遠隔教育・医療・異文化交流
健康長寿 　健康食品・リフレクソロジー	沖縄型島嶼政策 　一島一品特産品開発 　「美ら島」観光税
土壌・沿海保全 　赤土防除・モニタリング・GIS	

資料:嘉数啓(2014 年).

　製品マーケットは必ずしも土地の制約を受ける必要はない.競争力があれば,島外市場へマーケットを広げることが可能だからだ.島嶼型技術は必ずしも高度な研究施設を備えたような知能集積型の技術である必要はない.後述するように,島「特有」の資源を有効利用することによって「島ビケーン(島だけ)」の特産品を開発し,他地域の産出財より優位に展開・流通できればよい.

　小島嶼における持続可能な発展のための島嶼型技術は,以下の条件を満たす必要がある.

　①島の資源を活用でき,島の規模に適合した「島産島消型」技術であること.

　②前章で詳述した「移輸入品置換型」技術であること.

③島の食料・インフラなどの「最低安全基準」を満たす技術であること．
④島の環境保全と両立する「グリーン技術」であること．
⑤島民が主役になって，技術の管理・拡散・改善を担えること．

　本章では，小島嶼型技術の「先進地域」として沖縄を中心に論述するが，筆者が20年余にわたってハワイ大学，ハワイ東西文化センターの研究者と共同研究を行ってきたハワイのケースも取り上げる．沖縄とハワイとは長い交流の歴史がある．1997年に両者の知事主導による「ハワイ・沖縄会議」が産官学の参加を得て開催された．両者が特に関心を寄せ，太平洋島嶼国も参加して議論してきたテーマは，「島嶼型グリーンテクノロジー・イノベーション」の共同開発と，南太平洋島嶼国・地域への移転であった．特に「ミバエ類防除技術」，「海洋深層水利用技術」，「サンゴ礁の保全技術」，「赤土防除技術」，「バイオエネルギー技術」，「遠隔教育・医療」，「持続可能観光」，「ネットワーク型ビジネス」，「人材育成」が検討された（詳しくは嘉数啓，2013年参照）．

　筆者が調査やコンサルタントで関わってきた主な島嶼型グリーンテクノロジー・イノベーションを掲げると表4-1の通りである．その代表的なもので，他の島嶼地域でもインパクトが大きいと思われる技術・イノベーションを以下で解説する．むろん「熱帯・亜熱帯ベース」，「島嶼ベース」の島嶼型技術は，筆者の恣意的な分類であり，異論があると思っている．

2.「沖縄型」グリーンテクノロジーの概要

(1) 環境にやさしいウリミバエ防除技術

　ウリミバエは，東南アジア原産で，ミバエ科に属するハエの一種である．ウリミバエは，ニガウリ(ゴーヤ)，カボチャ，スイカ，メロンなどのウリ類の果実を食い荒らす害虫として，「日本の侵略的外来種ワースト100」に指定されている．日本では戦前に八重山群島で存在が確認され，またたく間に奄美を含む琉球列島に分布が拡大した．

　日本本土への分布拡大を阻止するために，琉球の島々からウリ類の本土への移出が禁止されてきた．ウリミバエ根絶作戦は1975年に久米島で開始さ

れ，20年の歳月と170億円の費用を掛けて，1993年の八重山群島を最後についに琉球列島全域にわたって根絶に成功した．島嶼地域で根絶に成功した初の快挙で，世界的にも注目された（伊藤嘉昭，1980年参照）．

　ウリミバエ根絶には，アメリカのニップリングが発案した「不妊虫放飼技術(SIT: Sterile Insect Technique)」が使われた．この方法は，ガンマ線を照射して精子異常で交尾しても卵はかえらなくした雄を大量に野外に放飼して虫の繁殖を阻止するもので，1963年にマリアナ諸島で確立された技術である．この根絶方法は環境にも優しく，「核の平和利用」技術とも評価されている．

　筆者は，NHKの「プロジェクトX：8ミリの悪魔VS特命班〜最強の害虫・野菜が危ない〜」(2011年11月13日放送)でも紹介されたこの世界的な「偉業」の費用便益分析を詳細なデータに基づいて行った（詳細はKakazu, 2012参照）．

　ウリミバエの完全駆除によって，健康長寿のシンボルとなった「沖縄ゴーヤ＝ニガウリ」を含む主要12農産物が検疫なしで沖縄から本土・海外に出荷できるようになり，「ゴーヤブーム」の引き金となって，沖縄農業の復活に大きく貢献した．ウリミバエ駆除事業は全額公的資金の投入によってなされたが，30年間平均の割引率(3.26%)で計算すると，8年間で完全に投資総額を回収することになる．ここで推計した純利益は，ウリミバエ駆除によってもたらされた農産物の商業出荷のみの「商業利益」だが，仮にここに無農薬農法，天敵駆除などの環境的及び防除的恩恵，そしてさらに害虫の日本本土への侵入を防いだという「社会的便益」を含めると，私的・社会的純利益は商業利益をはるかに上回る．データの不足から，ここでは敢えて間接的な社会的便益を推計していないが，この事業が商業的にも有用であるということは十分に実証しうる．

　ウリミバエと並んで，甘藷(サツマイモ)の害虫であるアリモドキゾウムシ，イモゾウムシも沖縄農業に甚大な被害を与え，その根絶が焦眉の急になっているが，ウリミバエ駆除で成功した「不妊虫放飼技術」がここでも応用され，前者の害虫は久米島で根絶され，後者も根絶寸前にある．この技術をいち早く応用したハワイ諸島で失敗し，なぜ沖縄では成功したのか．前述のNHKの「プロジェクトX」は，その成功の背景を余すところなく報道している．

どんなサクセスストーリーにも，研究と開発における勤勉さと長期にわたる多大な努力に加えて，人材と資本資源の大規模な組織的動員がつきものである．最も重要なポイントとして，地元の人々や国や県などの公共団体による熱心な支援もまた，この成功事例における不可欠な要因であった．

　ウリミバエは，琉球列島では根絶されたものの，他のアジア太平洋地域ではウリミバエの被害は拡大傾向にある．特にハワイ，ミクロネシア地域でこの技術に関する関心が高く，沖縄との共同研究も継続して行われている．ただ，ウリミバエ防除技術の応用が琉球列島で成功したとはいえ，他の島嶼地域での応用には莫大なコストを伴う以外に，不妊虫の大量生産・輸送，地形，作物の種類，組織管理の問題など，解決すべき課題が山積している．オリンピックの開催を控えていたブラジルで，ワクチンや特効薬がない「ジカ熱」感染症が急増し，ブラジル政府は沖縄でのミバエ駆除の成功例を引き合いに出して，同様な駆除技術の採用を決定した．

(2) 島嶼資源活用型技術

　広い海洋に囲まれ，独自の生活体系を築いてきた島嶼地域には，最近話題になっているメタンガス，レアメタルなどの豊富な海底資源から，日常的に生活の糧にしている独特の地場資源があり，それらの資源を活用する「島嶼技術」も進化を遂げてきている．沖縄では最近，「第6次産業(1次産業(生産)×2次産業(加工)×3次産業(販売))」と称されている農漁業関連産業が将来のリーディング産業として注目されている．そのコンセプトは，前章で詳述した小島嶼での「複合生産様式」にマッチし，その可能性は高い．

　第6次産業の代表例として，健康食品産業がある．沖縄における健康食品の出荷額は，1995年の20億円程度から，2004年には200億円産業に躍進したが，現在は100億円程度で低迷している．急成長の背景には，業界の努力もさることながら，全国的な健康志向ブームの波に乗って，沖縄の「長寿ブランド」が商品化されたことによる．特に2001年に放映され，高い視聴率を得たNHK朝の連続ドラマの「ちゅらさん」は沖縄ブームの火付け役になったが，そのドラマから生まれたヒットキャラクターが健康食品のシンボルになった「ゴーヤーマン」であった．沖縄における健康食品の最近の売上の

停滞は，ブームが去って落ち着いてきたとも言えるが，健康業界における熾烈な競争と乱立，科学的なエビデンス(健康に効果があるかどうかの検証)の欠如，ネット販売力の弱さ，「肥満率全国一」，平均寿命の相対的低下など，沖縄の長寿ブランドの陰りも背景にあることは間違いない．

　健康食品のさらなる発展には上記の課題をクリアする戦略の再構築が求められている．日本に限らず東アジアでも人口の高齢化が急ピッチで進展しており，健康志向は高まってきている．中国，東南アジアからの観光客が沖縄産健康食品を買い求める動きが高まってきており，特に海外を視野に入れた健康食品を含む「沖縄発」の健康長寿関連商品・サービスの開発，マーケティング戦略の強化が求められている．

　表 4-2 は，沖縄で開発された健康食品を主とする地場資源活用型製品のほんの一例である．その多くが離島地域で生産されていることに注目したい．

　人類の生活になくてはならない良質の「塩」の生産には汚染されてないきれいな海水と技術が必要不可欠である．沖縄産の塩は，全国需要の約 3 割を占め，最近は「沖縄の塩——島マース」として，高値であるにもかかわらず，香港をはじめとする海外からの注文も急増している．特に人口 1000 人弱の粟国島と 500 人弱の勝連半島沖に浮かぶ津堅島の「塩」は，今や世界的なブランドとなり，通常の塩の数倍の値段がつく．後者の塩の製造技術は，従来の「釜焚き製塩法」，「天日乾燥製塩法」と異なる世界的にもユニークな技術で，「常温瞬間結晶製塩法」とよばれている．この製法を開発した有限会社「ベンチャー高安」の高安正勝社長によると，「ビニールハウス内で原材料の海水を極微細な霧状にし，そこに送風機で強い風を送る．風に飛ばされた霧状の海水は，張ってあるネットに吹き付けられる．そのとき水分は気化し，海水中の塩分が瞬間的に結晶化して，ネットにはたちまち白い塩の花が咲く．この塩には，塩化ナトリウムはもちろん，海水が本来持っている豊富なミネラル分も損なわれることなく結晶化して含まれている．海水は勝連半島沖に浮かぶ津堅島の太平洋側を北上する黒潮を使っている」．まさしく無限とも言える海の資源をフルに活用して成功した一例である．

　「モズク」は，沖縄を代表する健康食材で，養殖技術の確立により，全国需要の 9 割強を占めている．本土の「イトモズク」に対して，沖縄のモズク

表4-2 沖縄の主な再生可能

塩

沖縄の島々は無限に近い海洋資源に恵まれている．この資源を活用しない手はない．その1つが製塩である．従来の釜焚きや天日乾燥による製塩法に加えて「常温瞬間結晶製塩法」が注目を集めている．島ごとに多種類の塩（マース）が生産され，関連食品も多数にのぼる．

モズク

熱帯から温帯にかけて浅い海に広く分布する「ぬめり」成分の海藻で沖縄では古くから食酢で和えたり，天ぷらにして日常的に食されてきた．ぬめり成分には，抗酸化・抗がん作用のある「フコイダン」が含まれているとされており，健康サプリメントとしても市販されている．

ニガウリ

熱帯から温帯まで広く分布するつる性の一年生草本で，琉球語の「ゴーヤ」が一般的な呼び名となった．琉球食材の本家・本元で，特にNHKドラマ「ちゅらさん」で，沖縄料理の「ゴーヤチャンプルー」は一躍全国に広がった．ゴーヤは料理だけでなく，健康食品，茶，日除け等にも活用されている．

ウコン

沖縄方言で「ウッチン」とよばれているショウガ科の多年草．カレーの食材としておなじみだが，古くから香辛料，着色料，生薬の原料して多用され，「沖縄発」健康食品の売上トップを占めていたこともある．特に「肝機能強化」に効くとされているが，そのエビデンスが問われている．

シークワーサー

沖縄特産のミカン科（ヒラミレモン）の常緑低木で，主に沖縄本島北部（ヤンバル）で生産されている．果実に含まれるノビレチンにはガンの抑制作用があるとして，一時健康食品ブームの主役になった．沖縄では，刺身や酢物，ポン酢の代わりに使うが，清涼飲料水や種々の食材として活用されている．

アセロラ

アセロラは，キントラノオ科の熱帯低木の植物で，実はさくらんぼに似ている．レモン果汁の約34倍のビタミンCを含み，果実ではなく，加工してジャムゼリー，顆粒，清涼飲料水，化粧品として販売されている．特に沖縄本島本部町での栽培が盛んである．

島嶼資源とその活用製品

長命草

和名をボタンボウフウとよび，海岸沿いに自生するセリ科の多年草で，抗酸化作用があり，沖縄では健康野菜として重宝されてきた．特に与那国では「グンナ」とよび，血行をよくし，ダイエット効果があるとして，青汁をはじめ，種々の健康食品，化粧品の原料になっている．

紅芋

ヤム芋の仲間で，沖縄で広く栽培されている．芋の中身は鮮やかな「紅色」で，沖縄の地場資源活用による企業成功物語の1つとされる「お菓子のポルシェ」は，御菓子御殿の店名で「紅いもタルト」などの販売で，短期間に県内観光土産売上のトップクラスに躍りでた．

マンゴー

ウルシ科の熱帯原産の常緑高木で，日本では沖縄をはじめ，九州地方でも広く栽培されている．果実をなまのまま食するのが一般的だが，マンゴープリン，ジュース，ドライフルーツなどの加工品も販売されている．沖縄では特に宮古島産の「アップルマンゴー」が高価で人気がある．

サンニン

月桃（サンニン）とは亜熱帯に群生するショウガ科の植物で，独特の芳香があり，昔から防虫剤，食品保存に使われてきた．月桃製品は，沖縄本島，宮古，八重山，大東島などで消臭・防虫剤，化粧品，紙類，衣類，茶精油などの多岐にわたる商品が発売されている．

アロエベラ

アロエベラは，ユリ科の植物で北アフリカ，カナリア諸島などが原産地で，葉肉には健康・美容に有用な成分を多く含んでいる．乾燥地帯でも育ち，炎症治療剤などの生薬として用いられてきた．宮古島で食材，化粧品，お茶などの製品化がなされている．

資料：独立行政法人 中小企業基盤整備機構『沖縄プロデュース2014』等より作成．

は「フトモズク」とよばれ，昔から酢のり＝「スヌイ」とも呼ばれ，日常的に食されている．モズクは食材としてだけでなく，抗がんや抗菌免疫作用があるとされている「フコイダン」の原料としても注目されている．

　農産物の筆頭はなんと言っても「ゴーヤ＝ニガウリ」である．ゴーヤは栄養価が高い上に，他の野菜や果物などに比べて健康成分が数多く含まれている．なかんずくビタミンCは，他の野菜の数倍も含まれている．健康食ブームと，NHKドラマの「ちゅらさん」効果で一躍沖縄発の全国ブランドになった．沖縄料理の「ゴーヤチャンプルー」だけでなく，ゴーヤ茶，青汁，種カプセルなどの数多くの製品が出回っている．ゴーヤは代表的なウリ類で，ウリミバエの根絶によって生野菜のまま本土への移出も可能になった．

　ゴーヤ以外に健康食品として，「ウコン」，「シークワーサー」，「アセロラ」，「長命草」，「クワンソウ＝アキノワスレグサ」などの種々の関連製品が人気を集めている．セリ科の植物である「長命草(和名：ボタンボウフウ)」は，与那国島の過酷な環境に育つ「奇跡の植物」とよばれ，美容健康食品などに製品化されて資生堂から発売されているが，ここ5年で生産量は8倍，島内全就業者の2割に達し，ウコン，アロエに次ぐ人気商品に成長している．長命草は離島などの海岸沿いでよく育つ多年草で，年2〜3回収穫できることから，与那国島では砂糖キビに代わる新たな高付加価値農産物として注目されている．読谷村に本社のある「御菓子御殿(お菓子のポルシェ)」の「紅いもタルト」関連商品は，今や年間約50億円を売り上げる観光土産の主力製品に成長した．政府の沖縄施策の目玉として，鳴り物入りで喧伝された「沖縄自由貿易地域」からの出荷額にほぼ匹敵するのだ．

　沖縄の島々には，表4-2に掲げた特産品以外にも，「島チャビ(痛み)」を吹き飛ばす多くの特産品や観光資源がある．西表島はパイナップル，黒糖，山猫などの魅力で多くの観光客を惹きつけている．多良間島では山羊乳ヨーグルト，伊江島では，菊，ピーナツ菓子，ラム酒などの種々の農産加工品で島興しを行っている．世界的に有名な「海底遺跡」が眠る日本最西端の与那国島には，特産品の長命草に加えて，60度の「どなん花酒」，激辛島トウガラシ，カジキマグロなどがある．伊平屋島の「アサヒ蟹」，伊是名島の「いなむどぅち(伝統的な宮廷料理)」も広く知られるようになった．沖縄本島から約

360 km に位置する南北大東島は 1900 年に八丈島出身の玉置半右衛門によって開拓が開始された．砂糖キビ関連生産で県内トップの 1 人当たり所得を誇り，糖蜜を利用して製造した「ラム酒」は遠くヨーロパまで販路を広げている．大東島に自生する「大東月桃」を使った化粧水や菓子類などのユニークな島産品も生み出している．

超ミニの島々でも驚くような特産品が数多く生産されている．琉球の

写真 4-1　沖縄離島フェア 2012 年
（嘉数啓撮影）

始祖アマミキヨが降臨したとされる「神の島」，久高島（周囲 8 km，人口 200 人）では琉球王国の最高級食材であった「イラブー燻製品」がいまだに受け継がれ，人口 36 人の本部町水納島にはおそらく日本初の「黒豆パインジャム」がある．他では真似できないこれらの「小さな一番」が雇用や所得を生み，島の循環型経済を支える基盤になる．

久米島には，島外市場への「距離の暴虐＝小離島ゆえの不利性」を克服したベストセラーの泡盛「久米仙」があるが，後述する豊富な海洋深層水を活用した高級食材の養殖や種々の商品開発もなされている．もっと大きい石垣島や宮古島では，「石垣牛」，川平湾の「黒蝶真珠」，「ミドリムシ＝ユーグレナ製品」，「宮古マンゴー」，「宮古雪塩」などが大ヒットしているが，それ以外の島でも特性を活かした農畜産物とその加工商品が豊富に生産されている．毎年開催されている「離島フェア」は，島々で生産された特産品の見本市である．特産物以外に，伊是名村では体験型学習の一環として，「島インターンシップ」を実施しており，久米島では島外から生徒を受け入れる「島（離島）留学」制度を実施している．沖縄本島うるま市に属する人口約 300 人の伊計島では，廃校になった小中学校を拠点にして，全国初の通信制高校がスタートした．出版大手の KADOKAWA と地元自治体が連携した島活性化ノウハウで，全国から 5000 人の生徒を募集する計画だ．

島は一種の完結した社会を形成しており，生徒が島独特の歴史文化と多様性に富んだ自然の中で，自主的に学習できるモデル環境を提供していると言える．新潟県の佐渡島で始まった「島留学」が，いまや島根県の隠岐諸島，九州の島々などにも広がっている．島はまた，「エコツーリズム」資源の宝庫でもある．前章で詳述したように，島で生まれ育った「シマンチュ」が，自らの島に愛着をもち，島で職場を作り出す情熱と知恵が備われば，島は地球上で最も住みやすい陸地になるはずである．島の再生に向けて，小さな「賢い」循環型技術を提案してベストセラーになったシューマッハの『人間復興の経済』(1973 年)を再吟味する時代が到来している．

(3) 砂糖キビの「複合・循環型」活用技術

　沖縄の生物資源で，歴史的にも，その広がりにおいても最も重要な作物は砂糖キビである．17 世紀の初頭に，砂糖キビから黒砂糖をつくる技術が中国から導入されて以来，黒砂糖は琉球の重要な移輸出商品となった．沖縄の基幹作物である砂糖キビは，耕作面積，生産量，産出額で大きく減少してきたものの，いまだに耕地面積の約 5 割，農業産出額の 2 割を占めており，近い将来においても沖縄の基幹作目であることは間違いない．

　砂糖キビの産地は沖縄本島から，離島に移りつつある．特に宮古島圏域では，砂糖キビ産出額が生産農業所得の 79% を占め，20 年前の 70% より存在感は増している．しかしこの宮古島圏域といえども，砂糖キビ生産は減少傾向にあるという事実がある．

　その背景には，砂糖キビ取引価格の低迷と生産費の増大，労働力の高齢化，作目転換などで農家の生産意欲が減退していることがある．2014 年度の砂糖キビ買い取り価格は t 当たり 2 万 1923 円(糖度 14.1)だが，そのうちの 75% は，政策支援価格(交付金)である．砂糖の取引価格は t 当たり 5503 円で，砂糖の国際市場で決定されることから，単純な計算だと取引価格が現在の 4 倍程度に大幅に改善されない限り，国際市場で太刀打ちできないことを物語っている．

　ちなみに日本の輸入糖に対する関税率は 328%(2014 年)である．政府の価格支持策が現在より一段と強化されない限り，農家の生産意欲は回復しない

ことになるが，これから先の国内における地域間政治力学を考えると，かなり疑問が残る．むろん現状を改善するオプションは残されている．よく指摘されていることだが，砂糖キビ生産の収穫面積単位当たりの土地生産性は長年にわたって低迷しており，若年層の農業参入，法人化，品種改良，島嶼環境に適合した生産基盤技術の導入など，生産性向上へ向けた取り組みを怠ってはならない．

　沖縄に限らず，日本農業の未来については，最近の環太平洋戦略的経済連携協定(TPP = Trans-Pacific Strategic Economic Partnership Agreement)への加盟が国政の最大の争点の１つになっているように，「自由化」か「保護」かの二者択一で揺れ動き，思考停止に陥っている感がある．砂糖については当面TPP交渉対象品目から除外されたが，今後も自由化への圧力は強まることは間違いない．前章で分析したように，高率関税あるなしにかかわらず，砂糖キビは現状のままでの活用技術，後継者不足では「自然死」する可能性が大である．特に沖縄離島での砂糖キビの持続的増産を目指したモデルを以下で提案する．

　図4-1で示した砂糖キビの高付加価値，複合的活用については，これまでも多くの研究者が提案し，有用技術も開発・応用されてきた．砂糖キビの第6次産業化として，菓子類(かりんとう，さとうきび棒など)，家畜飼料，バガスの利用，エタノール製造，ラム酒(大東島，伊江島)，ウレタン樹脂などが注目されてきた．沖縄のトロピカル・テクノ・センター(TTC)が開発した糖蜜を原料とするウレタン樹脂は，環境に有害なプラスチック製品の代替品として注目されたが，沖縄での製品化には至っていない．これらの製品は微生物分解性をもち，土に戻すことができるから，利用者や消費者に受け入れやすい品質及び価格さえ実現できれば，環境に有害なプラスチック製品の代替品として注目されるであろう．この種の「環境に優しい」ゼロエミッション型新商品の開発には，改善を諦めない持続性が要求される．

　宮古島市ではここ数年，ガソリンに代わるエタノール燃料の実証実験が行われており，一定の成果を上げている．実証実験が成功したにしても，実用化に向けた最大の課題の１つが砂糖キビ原料の確保である．エタノール生産規模の拡大によって，ガソリン並みの価格が設定できるとする試算も出てい

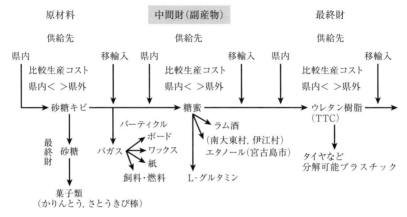

図4-1　砂糖キビの「複合的」活用技術の例示
注：＜　＞は県内生産と県外産との比較コストを示す．
　　県内産が移輸入より安ければ(＜)，県内産を活用する．逆であれば(＞)，県
　　外産(移輸入)を活用することになる．むろん等品質を前提としている．
資料：嘉数啓(2016年) p.46．

る．エタノール生産の副産物として，「発酵残渣及び蒸留残渣」の商業化にも注目が集まっている．

最近の動きとしては，図4-1にも例示してある砂糖キビ原料を利用した高付加価値のL-グルタミンの生産である．L-グルタミンは，アフリカ系の人々に多い難病(鎌形赤血球貧血症)の治療薬としてカリフォルニア大学ロサンゼルス校(UCLA)医学部教授の新原豊博士が特許を取得しており，夫人が沖縄出身ということもあって，宮古島の砂糖キビの原料を使った生産を検討している．新原教授はロサンゼルスにエマウス社(Emmaus Medical Inc.)を設立し，すでにL-グルタミンを使ったサプリメントを製造販売している．医療用高純度のL-グルタミンは，砂糖キビ，甜菜またはトウモロコシ等の作物から分蜜糖を製造する際に得られるバイプロダクトの糖蜜原料を発酵させることで精製される．砂糖キビ原料のグルタミンは，甜菜などの他の作物を原料としたものよりも低コストで生産できることから，薬品メーカーから注目されている．世界における医療用高純度のL-グルタミンの生産量は，年間およそ2000 tで，様々な医療現場で使用されているだけでなく，サプリメントとしても様々な分野で活用されている．

表 4-3 宮古島の砂糖キビ高度・複合・循環型利用の例示,2012 年

```
砂糖キビ栽培
5万t/年
  │
買上げまたは   11 億円
は栽培委託   22,200 円/t
  │
搾汁・濃縮・晶析
  ┆
砂糖キビ  50,000 t(機械刈り)
  ↓
鞘頭部            4,000 t
トラッシュ(畑残留分) 14,000 t
     (工場発生分)  4,000 t
バガス           10,000 t
粗糖             6,500 t
糖蜜             1,500 t
```

製品	販売量	売上(円)	
1. 電力	3,250,000 kWh	97,500,000 (30 円/kWh)	バガス・トラッシュ燃焼熱量の20%を電力転換,うち売電50%
2. 薬用アミノ酸原料 (L-グルタミン)	3,250 t	975,000,000 (300 円/g)	アミノ酸収量:粗糖量の50%(重量ベース)仮定
3. アミノ酸飼料	3,250 t	325,000,000 (100 円/g)	残糖・副生アミノ酸(固形ベース)が利用可能と仮定
4. エタノール	330 kL	33,000,000 (100 円/L)	糖蜜1 t 当たり生産量 220 L
5. 乾燥酵母	18,000 kg	54,000,000 (3,000 円/kg)	1回/7バッチ抜出したとして
6. フィトケミカルズ	6,000 kg	12,000,000 (2,000 円/kg)	販売量は固形分換算
合計		1,496,500,000	

残渣液発生量　アミノ酸発酵工程　60,000 t
　　　　　　　エタノール製造工程　3,800 t

資料:エマウス社資料より作成.

　エマウス社は,グルタミン,エタノール事業を中核とした宮古島での砂糖キビの高付加価値・複合・循環型の活用モデルを**表 4-3**の通り例示している.仮に年5万tの砂糖キビをこのモデルにあてはめた場合,トータルの売上は年間約15億円となる.砂糖キビを補助金と同等価格(2万1923円/t)で買上げた場合のコスト約11億円を差し引いても,約4億円の利益を生み出すことが可能である.宮古島の砂糖キビ生産量は年間約30万t(2012年)である.宮古島が高付加価値循環モデルの構築によって利益を出せるようになれば,既存の補助金政策から脱却し,自律的に利益を生み出すことができるようになる.

　L-グルタミンの安定供給に必要な年間1000 tのL-グルタミンを生産するには,宮古島の砂糖キビ生産量の約50%程度が必要であると試算している.さらに,表で示した副産物事業の展開により,砂糖キビ産業を中核とした,高付加価値循環型モデルを宮古島で構築する展望が開ける.砂糖キビは,奄美,ハワイのマウイ島,フィジー,カリブ海の島々などで基幹作物になっており,これが成功すると,宮古島が砂糖キビ複合利用に関する世界のモデルケースになりうる.

(4) 島嶼資源を活用した新規産業——沖縄のコーヒー関連産業の可能性

ヤンバル(沖縄本島北部)の「赤土」で育った沖縄産「紅茶」が世界的に注目されている．意外と思われるかもしれないが，紅茶同様，沖縄産コーヒーもブランド化が可能である．「コーヒーベルト」とは，世界のコーヒーの発祥地，アフリカのエチオピアから，ハワイのコナ，ブルーマウンテンの産地ジャマイカまで，赤道を中心とした熱帯地域を指すが，このコーヒーベルトの北限に近い亜熱帯沖縄でもコーヒーが盛んに栽培・焙煎され，愛飲されている事実を知っている人は少ない．

筆者は「コーヒー産業の可能性」について，2011年に沖縄初のコーヒーシンポジウムを主宰したが，湿潤で，斜面の多い沖縄は，コーヒーの栽培に向いているという多くの専門家の発言に勇気づけられた．特に沖縄北部に位置する広大な「ヤンバルの森」は，防風林に囲まれ，土壌(国頭マージ)もコーヒーの栽培に適していると言われており，2012年時点で，新規参入も含めてすでに6つの「コーヒー農場」がある．農業生産法人を組織し，「名護珈琲」のブランドで沖縄産コーヒーを栽培，収穫，焙煎，商品化している生産者もあり，沖縄でのコーヒーブランド化の可能性が実証されつつある．

ハイブランドの「スペシャリティコーヒー」に見られるように，コーヒーは奥が深く，関連産業のすそ野も広がっている．ハワイのコナコーヒーのように，「ブランド化」によって，世界的なコーヒー販売チェーンを生み出す可能性を秘めている．特にヤンバルでは，基幹作物である砂糖キビが衰退し，耕作放棄地面積が拡大する中で，地域特性が活かせるコーヒー産業は沖縄農業復権の救世主になりうる可能性を秘めている．コーヒー関連業種(脱穀機，焙煎機，入れ物，スイーツ，お茶，ジャム，蜂蜜，イースト菌，パン，コーヒー店など)の開発と販売を通して，新たな第6次産業の振興を目指す壮大なロマンがあってもよい．

地場資源を活用したこれらの島嶼発の商品を成功裏にマーケットに乗せていくには，いくつもの課題をクリアしなければいけない．その1つは，生産コストを決定する市場の規模である．糖蜜を原料とするウレタン樹脂のような新製品がプラスチック製品と競うためには，市場において一定のシェアを占有する必要がある．その間，公的機関を主とする「戦略的」サポートが不

可欠である.

2つ目の重要な点は「コスト・エスカレーション」である．図4-1の注で示したように，より付加価値の高い製品に向けて商品多様化を図るためには，地場で生産される原材料・半製品はボーダー価格で調達できるものでなくてはならないとする「ボーダー価格原則」を踏襲することが求められる．つまり，県内原材料の比較生産コストが県外（移輸入）より安ければ（<）県内産を活用し，逆に高ければ（>）県外産を活用することになる．生産初期段階におけるコストの不利性を補償しうる助成金及び関税を含む税制面の優遇策等がない限り，沖縄における第6次産業の原料は，地場原料より割安な海外産を使用せざるを得ないこともありうる．

3つは，国際水準の品質と価格に加えて，地場原材料・農産物の安定供給である．これが実は言うは易く，実行は難しい難問である．身近な生鮮農産物一つとっても，耕作放棄地が拡大しているにもかかわらず，台風の影響もあって安定供給が定着せず，移輸入品が増大している現状をどう打破するかだ．多くの離島では，生鮮野菜の2～3割しか自給できていない．

4つは，「島産島消＝島で生産し，島で消費する」循環型生産・消費システムの構築である．これが実現すると，所得は島外に漏れず，値段は若干高く，品質は劣っても，島内の所得，雇用も拡大するはずである．その仕組みの1つとして，ヨーロッパの島嶼地域で一般化しつつある「フードマイレージ」（詳しくは『朝日新聞』2010年6月26日夕刊参照）の導入である．さらに長崎県五島の「島とく通貨」のような，島内でしか通用しない「地域（島）通貨」の導入も有効である．

(5) 海洋深層水関連技術

以下は，久米島在の沖縄県海洋深層水研究所資料及び藤本裕所長（2010年当時）からの聞き取り調査結果をまとめたものである．太平洋島嶼地域の最大の「資源」は海洋であると言っても過言ではない．特に沖縄では，14～15世紀の「琉球の黄金時代」は言うに及ばず，現代の「観光立県」も「美ら海」に拠って成立していると言える．沖縄が占有する海洋の面積はおおよそ日本本州の3分の2にも匹敵する．この無限とも言える海洋資源を沖縄振興

に利用すべく，2000年に久米島に53億円をかけて，「沖縄県海洋深層水研究施設」が完成し，19企業・団体に，試験研究用の「分水」を開始した．約2300m沖の水深612mから，2本の硬質ポリエチレン管で，日量1万3000t，水温約9℃の海水を汲み上げる．むろん取水能力は高知(4000t)，富山(1000t)を大きく上回る国内最大規模である．

海水の95%を占める「海洋深層水」とは，「光の透過率がゼロの深海」で，一般に「太陽の光が届かない200mより深い海を巡回する海水層」のことである．海洋深層水の1つの特性は，その「低温性」である．久米島の夏場における海面水温は平均30℃だが，水深612mから汲み出す深層水の温度は約9℃で，その差が約21℃もあり，しかも水温がきわめて安定している．この「温度差」を利用して，後述する「海洋温度差発電(OTEC)」が各地で実用化されつつある．インドでは火力発電並のコストパフォーマンスをすでに実現しているという．

2つ目の特性は，「富栄養性」である．水深が深まれば深まるほど，「窒素，リン酸，カリ」等の栄養分に富んだ海水中の「肥料」が，プランクトン等の表層水で生活する動物の餌にならず沈殿する．この滋養分たっぷりの海水を循環的に汲み上げて，トラフグ，クルマエビ，アワビ，海草等の養殖，淡水化による野菜等の生産をはじめ，ミネラルウォーター，塩，化粧品，健康食品などの工業用品の生産にも幅広く活用している．

3つ目の特性は「清浄性」である．一言でいうと「細菌に汚染されてない"きれいな"水」ということである．深層水では，光が届かないから有機物が「分解」されず，細菌が繁殖する環境にない．深海600mにもなると，食品がほとんど腐食しない．この特性はウイルスに弱いエビ等の養殖に適している．沖縄県は全国トップレベルのクルマエビ生産の実績を誇っているが，数年前，ウイルスの広域発生で養殖エビが壊滅状態になったことがある．

上記の三大特性に加えて，深層水には，健康，美容に抜群の効果を発揮するミネラル，カルシウム，マグネシウム，ナトリウム等が豊富に含まれており，すでに清涼飲料水，化粧水，アトピー用ケア製品，塩，食品添加物等への広範囲な応用が試みられている．

「久米島海洋深層水開発株式会社」では，深層水を使って，ミネラルウォ

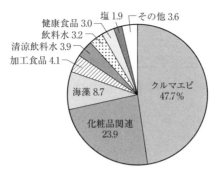

図4-2　久米島海洋深層水利用製品の売上割合(%), 2010年
資料：久米島町(2011年).

ーターを生産, 販売しており, 副産物として「塩」と「ニガリ」が取れる. 特に「天然深層水ニガリ」は食品添加物としての商品価値が高く, 現在は塩よりも良質のニガリの生産に力点を置いている. また, 沖縄泡盛酒造の最大手である「久米島久米仙」では, 海洋深層水を用いた泡盛ブランドも販売している.

　琉球大学医学部の真栄平房子教授などのこれまでの実験結果によると, 海洋深層水は高齢者に多い骨粗鬆症の予防のほか, 子供の骨格形成にも効果があると同時に, 古くから, 海洋療法(タラソテラピー)にも活用されてきた(真栄平房子ほか, 2002年). 特に最近増加傾向にあるアトピー性皮膚炎の治療には効用があるとされ, 久米島では, 海洋深層水を活用した第三セクター方式による美容・健康施設「バーディハウス久米島」がオープンし, 久米島観光の1つの目玉になっている.

　海洋深層水を活用した製品化は図4-2の通りである. 2010年における立地企業数は24社で, スタート時の2000年から10倍に増加した. 売上額は20億円を記録し, 特にクルマエビ, 化粧品, ウミブドウなどの海藻類の生産が盛んである. 後述する海洋温度差発電が本格スタートすると, 経済波及効果は格段に拡大することが予想される. 人口約8000人(2015年)の久米島には, 3つの「全国一」がある. 琉球泡盛「久米仙」の出荷額, 国の天然記念物に指定されている「五枝の松」, それに海洋深層水を活用したクルマエビの出荷額である.

むろん深層水事業がビジネスとして成立するには，種々のハードルを乗り越えなくてはならない．なによりもしっかりした分析データに基づいて，「差別化」した商品価値を創造し，どうマーケットに乗せていくのかが問われる．また，深層水を陸地の施設内に汲み上げることによる環境問題もクリアする必要がある．野放図な分水，商品開発は「深層水商品」のイメージを損ねかねない．事実，高知県，富山県などでも海洋深層水事業が展開されて久しいが，かつてのような盛況さはなく，事業の見直しが行われている．

(6) 海洋温度差発電技術(OTEC)

　海洋深層水の活用の中でも今後大きく期待されているのが，海洋温度差発電(OTEC: Ocean Thermal Energy Conversion)である．OTECの歴史は古く，1881年にフランス人科学者のダルゾンバール(J. D. Arsonval)によってその原理が考案された(詳しくは，独立行政法人新エネルギー・産業技術総合研究機構(NEDO)『NEDO再生可能エネルギー技術白書』2010年参照)．OTECの原理は高校の参考書でも紹介されている．600〜1000 m程度の深海の冷たい深層水と表層の暖かい海水の温度差(20℃度程度)を利用して発電する仕組みである．沸点の低い熱媒体を表層水で気化させ，タービンで発電，冷たい深層水で液体に戻す．フランス，アメリカ，日本などで最先端の応用技術が開発されつつある．日本では，佐賀大学が「ウエハラサイクル式発電システム」を世界に先駆けて開発，現在伊万里市に出力30 kWの発電機を設置して，海洋深層水ではなく，人工的に温度差を作り出して実証実験を行っている．2013年に，久米島で世界唯一の出力50 kWのOTEC実用実証プラントが完成し，実証実験を開始した．

　久米島町『海洋深層水複合利用調査基本調査報告書』(2011年3月)によると，OTECのメリットとして，①風力発電や太陽光発電と異なって，年間を通して安定した電力の供給が可能になる．②CO_2の排出量が極めて少なく，環境に優しい発電方式である．③OTECで用いた深層海水は，サンゴや海藻類を増殖するので，CO_2を固定化することができる．④発電に伴って，海水淡水化や水素製造，リチウムイオン電池の原料であるリチウム回収などの複合利用が可能である．

OTECのデメリットとして，①海水表面と深海の温度落差である．この発電方式を可能にするには温度差が少なくとも20℃以上必要となり，島嶼地域といえども立地場所は限られている．②規模によって発電コストが大きく異なり，発電規模が1000 kWで太陽光並のコストとなる．10万 kW程度で最適コストパフォーマンスが実現できる．③陸上プラントでは取水管が長くなり，建設コストが高くなる．④規模が大きくなり過ぎると，海水循環，熱の移動による海洋環境への様々な悪影響を与える可能性があり，実証実験で基礎データを収集し，検証する必要がある．

上記『調査報告書』によると，1.25 MWプラントの発電コストは25.1円/kWhで，太陽光発電(37～46円/kWh)と陸上設置の風力発電(9～15円/kWh)の中間に位置している．実験プラント規模では，50円/kWh前後のコストパフォーマンスになり，国や県の助成がない限りそれ自体での採算性はおぼつかない．しかしOTECの活用は，前述した種々の活用技術と「複合循環的」に行うものであり，海洋深層水プロジェクト全体のコスト・ベネフィットに基づいて結論を出すべきである．前述の『NEDO再生可能エネルギー技術白書』(2010年)は，OTEC技術の小規模島嶼地域への導入について以下の提言を行っている．

「海洋温度差発電は，大規模化によって発電コストを低減できるとされているが，電力需要の少ない離島などでは10 MWを超えるような大規模プラントは設置できない．そこでそれらの地域では，海洋深層水の持つ低温性，富栄養性，清浄性または有用金属を含むなどの多様な付加価値を利用することにより，地域産業の活性化につながる地域受容性の高いシステムを提供することが有効である．将来的には，大規模エネルギー発電プラントとして，沖縄本島などの大きな電力需要のある地域へのエネルギー供給，洋上のエネルギー補給基地としての展開が考えられる．また，工場等排熱など，地域に賦存する未利用熱エネルギーを活用したシステムも有望である」(p. 397)．

久米島町の『調査報告書』は，OTEC応用技術が久米島で成功すると，糸満，国頭，宮古島，石垣島，伊良部島，渡嘉敷島，粟国島などでも立地が可能であるとしている．さらに，小笠原諸島やOTEC発電ですでに実績のあるハワイと連携して，太平洋の島嶼地域への技術移転も視野に入れてよい．

(7) ガラス瓶のリサイクル・製品化技術

　3Rとは，廃棄物のReduce(削減)，Recycle(循環)，Reuse(再利用)の略だが，最近はこれにRefuse(廃棄物受入拒否)が加わっている．沖縄で開発され，広く利用されている技術にガラス瓶リサイクル事業がある．その代表的な事業会社として，トリム社(新城博会長)を調査対象にした．トリム社は健康食品を中心とした食品流通販売会社として，1993年に設立されが，1997年の「容器包装リサイクル法」の成立を契機に，リサイクル事業に進出した．その背景には，会社が経営する飲食店から大量のガラス瓶が廃棄され，沖縄全体では年間3万tに達していたという背景がある．1998年にガラス瓶破砕技術に関する特許を取得し，「廃ガラス瓶から軽量資財の新製品を試作する技術および装置」を開発し，軽量で耐火性，浸透性にすぐれ，有害物質を全く含まない盛土材「多孔質軽量発泡資材(スーパーソル)」の製造を開始した．

　従来のガラスリサイクル装置といえば，ガラスを破砕しカレット状にするものがほとんどで，できあがったカレットは，透明・茶のガラスは再びガラスの原料になり，その他のガラスはコンクリート2次製品に混ぜたり，アスファルト舗装またはブロックに混ぜたりするなどの用途に使用されているが，製品としての付加価値は低く，事業性には限界があった．

　トリム社の主力製品であるスーパーソルは，土木分野での軽量盛土材，園芸・農業分野での人工培地・無機質土壌改良材，水処理分野での水質浄化材，建築分野での断熱材などの幅広い分野で利用されている．この廃ガラス資源化を利益の出るビジネスモデルに進化させるにはいくつのハードルを乗り越える必要がある．1つは，地域から排出される原料(廃ガラス瓶)をいかに調達するかである．トリム社の場合は，99%の原料を地域から調達しているが，その調達手段として，「産業廃棄物運搬・処理業」の許可を取得している．すなわち，廃ガラス瓶は「産業廃棄物」になっており，その処理を「有料」で任されているのだ．したがって，原料をただどころか，「処理費」を貰って調達することが可能である．つまり原料調達も「収益源」とする，環境ビジネスならではの珍しいビジネスモデルになっている．その処理コスト(原料調達収益)が年間5000万円程度である．さらに本リサイクル事業が成立する条件として，県や国のバックアップ(助成)制度の活用が不可欠である．

トリム社の場合，通産省の「技術改善等補助事業」，沖縄県の「創造法」などの支援を受けた．新城博会長によると「リサイクル事業に進出して6～7年は利益が出ず，飲食業の利益を投じる形だったので，補助事業の活用は重要であった．補助事業はシーズがしっかりしており，かつ市場が見えるものであれば活用できる」．

製品の販売には種々のチャンネルを活用しているのも本リサイクル事業を成功させた大きな理由の1つである．ISO9001認証取得をはじめ，種々の製品認証制度を活用し，スーパーソルのよさを全国に宣伝した．新城社長によると「リサイクル製品は価格競争にはなかなか勝てないが，ネタは無数にある．ガラスのリサイクルで技術を確立すれば他のアイテムのリサイクルにも展開できるし，今のところガラスに特化した取り組みをしている企業は少ないのでビジネスになっている」．

トリム社は廃ガラスリサイクル技術の海外移転にも力を入れ，2014年には台湾の豊益元有限公司に1基2億8000万円のプラントを3基輸出することで合意に達した．台湾には魚やエビの養殖業者が約7000社あり，養殖池も8000～9000か所ある．その水質保全のため定期的に水を入れ替える必要があるが，コストや環境負荷の課題があった．スーパーソルの特性はその有効な解決策となると評価された．

(8) バイオマス：廃食油燃料化技術

2003年うるま市に設立された株式会社エコ・エナジー研究所(仲村訓一社長)が南太平洋島嶼地域から注目されている技術がある．家庭などから排出される廃食油を軽油に変える「環境エコ燃料(EDF)精製技術」である．同社が開発して特許をとり，販売を開始した装置はコンパクトモデルで1300万円程度である．

原料となる使用済み天ぷら油は，会社が出向いて回収した場合は1L当たり5円，会社に持ってきた場合は15円で買い取っている．原料回収体制は確立されており，現在処理能力を超えて廃油が回収されている．本技術に対して，ココナッツ油の再利用に興味をしているのがマーシャル諸島である．2009年4月に，マーシャル諸島のケジオ・ビエン公共事業担当大臣がエ

コ・エナジー社を視察し,「マーシャルの少ない資源を有効活用でき,環境保全にも生かせる高い技術」だと評価し,導入を明言した(『琉球新報』2009年4月1日).

　宮古島のバイオ・エコシステム研究センターでは,琉球大学農学部などが中心となって,バガスの炭化プラントと牛糞発酵によるメタンガス発電機の実証研究を行っている.メタンガス発電により,石油や石炭などの化石燃料の代替エネルギーの新たな構築を目指す.

(9) 地下ダム技術

　島嶼の共通の課題は,水の確保である.島が小さければ小さいほど,島の保水力は乏しく,干ばつの被害をもろに受ける.水の確保と同時に,全島一律の電気料金と違い,遠隔離島の高い水道料金も問題になっている.最近時の例では,10 m^3 当たりの水道料金は沖縄本島平均が1265円であるのに対して,北大東島は3535円,粟国島3250円,渡名喜島2620円,伊是名島2300円となっており,本島の2〜3倍近くになっている.離島苦解消には,これらのライフライン維持コストの平準化が不可欠である.

　地下ダム技術が先行した宮古島は,平坦で河川がなく,島全体が透水性の高い琉球石灰岩でできており,降水量のほとんどは地下に浸透して海に流出する地形になっているため,しばしば干ばつの被害に見舞われてきた.この水の乏しい宮古島に,地上と同じ機能をもつ実験用の「皆福地下ダム」が1979年に完成し,「オーガードリル法」による地下ダム建設技術が確立された.この工法は,「世界で初めて,地下水の流れている帯水層を締め切り,水を溜め,その水を汲み上げて利用しようとするダム施設」である(Miwa, Yamauchi and Morita, 1988).この技術の成功を受けて,2つの地下ダムが完成し,現在総事業費523億円,貯水量920万tの世界最大規模の「仲原地下ダム」が2029年の完成を目指して建設中である.

　地下ダムとかんがい施設の整備によって,農業用水の安定的な確保が可能になり,宮古島は基幹作目の砂糖キビをはじめ,マンゴー,ドラゴンフルーツ,葉タバコ,ゴーヤ,カボチャなどの主産地になっている(詳しくは,内閣府沖縄総合事務局,2013年参照).宮古島における地下ダム事業は,架橋によ

って結ばれた伊良部島や周辺離島への送水管敷設による地下水の安定供給も目指している.

　地下ダム方式はどの島でも有効であるとは限らない．伊良部島では「海水が琉球石灰岩部へ侵入してくる地盤構造ゆえに，伊良部島は地下ダム建設には適してない．地下ダム建設には，流動性浅層地下水の存在と，上流側に広い滞水層を有する施行箇所の確保が必要であることから，淡水レンズの構造をなす伊良部島では地下ダム建設効果はみとめられない」(黒沼善博，2013年(a), p.11).

　しかし，伊良部島と同じ淡水レンズ構造をなす多良間島で，止水壁を島端部に設置して地下水の厚みを増す「フローティング型地下ダム」の応用技術の研究も行われている(黒沼善博，2013年(b)参照)．宮古島地下ダム事業は500億円を超す大型プロジェクトで，本技術の南太平洋島嶼地域などへの移転に際しては，ODAなどの資金支援が不可欠である．地下ダム技術には，完成後の高度の管理技術が要求される．農地に散布した農薬が地下に浸透し，それによりダムや地下水の水質汚染が問題となっているからだ．

　地下ダム以外に，「沖縄型水循環システム」も糸満市で動き出した．これは沖縄県と京都大学が共同で実施している新たな水資源確保技術で，海に放流されている下水道処理水をろ過膜や紫外線殺菌で再処理し「再生水」と農業に活用するプロジェクトである(『琉球新報』1914年10月4日朝刊)．水資源確保の技術は，太平洋小島嶼国，特に干ばつに見舞われているミクロネシア地域では最優先の課題である.

(10) 再生可能(グリーン)エネルギー技術

　石炭，石油，天然ガス，原子力などのいずれ枯渇する「化石燃料」から脱却し，太陽光，風力，地熱，波力，バイオマスなどの「持続可能な再生可能エネルギー(renewable or green energy)」への転換が叫ばれて久しい．1970年代の石油ショック，1980年代の温室ガス急増による地球規模での環境破壊危機を契機に，環境に優しい再生エネルギーへの取り組みは加速してきた．先進工業国で石油ショックの影響を最も受け，「公害先進国」の汚名を晴らすために，日本は代替エネルギーへの転換をリードし，1997年には「地球

温暖化防止京都会議：COP3」を主催して温室効果ガス削減の主導権を握った．再生可能エネルギーへの転換を加速させたのが，東日本大震災による福島原発事故の教訓である．2012年の衆議員選挙では「脱原発」が最大の争点の1つとなり，今後も原発をめぐるエネルギー問題は国民の最大関心事の1つになることは間違いない．

　日本政府は，再生可能エネルギーへの転換を加速するため，2011年8月に成立した「電気事業者による再生可能エネルギー電気の調達に関する特別措置法」に基づき，2012年7月より，電力大手会社による「固定価格による全量買い取り制度（FIT＝feed-in tariff）」をスタートさせた．太陽光発電に関しては，10 kW未満（住宅用等）の場合，現状と同じ余剰電力の買い取り制度が適用される．電気事業者が買い取りに要した費用は，電気料金の一部として，国民が再生可能エネルギー発電推進付加金によって賄う仕組みになっている．

　買い取り価格は毎年見直され，今後引き下げられる予定だが，沖縄と関連する当初の太陽光及び風力発電の買い取り価格が1 kW当たりそれぞれ42円，57円（10 kW未満）となっており，事業者の想定を上回る価格設定になっている．その結果，特に大型太陽光発電への投資が加速している．沖縄県内の太陽光発電施設は，2013年度時点で一般家庭約72万世帯分に相当する能力がある（『琉球新報』2016年4月5日）．ただ，電力の安定供給，事業者の急増による家庭への負担，電力会社の送電網の不足などの課題を解決する必要がある．

　原発のない沖縄の電源は，ほとんど石炭，石油，液化天然ガス（2012年に本格稼働）で賄っている．沖縄電力が，人口5万人弱の宮古島で実証実験している「マイクロ・グリッド」と称する「ハイブリッド」型の電力供給システムも注目されている．再生可能エネルギーの主役であるメガソーラー（4 MW）と風力（500 kW）の発電を蓄電し，再生可能エネルギー源のアキレス腱とされている発電量の不安定化課題を解決する試みである．

　この実証実験を離島で行う意義は大きい．何故なら，すでに前章で見た通り，本土と比較しての沖縄における電気料金の割高は，離島での小規模発電によるコスト高要因が大きいからだ．沖縄の電気料金は，島ごとに料金が異

表 4-4 沖縄主要島嶼の世帯数,人口,電力需要,2014 年

	世帯数	人口	電力需要量 (MWh/年)	2005〜14 年増減 人口	電力需要	再生可能エネルギー 賦存量(MWh/年)
鳩間島	39	43	209	6.1	-32.8	6,551
水納島	27	44	159	-13.6	-10.2	119,684
黒島	120	194	895	-15.6	-6.7	64,756
阿嘉島	164	253	1,788	-14.2	-23.8	125,885
竹富島	178	351	3,886	55.5	6.4	35,677
渡名喜島	223	402	2,077	-8.6	-24.3	662,784
波照間島	277	538	3,303	12.2	-7.4	787,796
北大東島	269	553	4,832	20.0	-6.0	209,675
座間味島	321	567	3,451	-14.5	-14.5	1,481,276
小浜島	359	604	8,148	-2.6	-6.8	51,395
渡嘉敷島	414	691	5,080	-6.4	-12.0	796,158
粟国島	445	739	4,071	-7.6	-21.0	347,508
伊平屋島	532	1,206	7,042	-10.0	-15.7	3,247,894
多良間島	532	1,253	5,337	-2.0	-8.1	2,360,521
南大東島	645	1,277	8,945	1.1	-11.8	276,409
伊是名島	788	1,541	8,147	-3.9	-12.5	144,561
与那国島	791	1,543	8,695	-4.7	-14.1	708,089
西表島	1,197	2,270	12,630	-7.6	-2.1	1,819,198
伊江島	2,180	4,730	22,792	4.9	-7.4	1,153,039
伊良部島	2,705	5,148	17,020	-17.4	-18.1	397,515
久米島	3,916	8,340	48,632	-4.9	-8.7	2,415,163
宮古島	21,787	48,316	232,026	4.8	4.5	12,204,501
石垣島	22,259	48,559	263,581	1.7	7.5	10,898,359

注:「再生可能エネルギー賦存量」とは,太陽光,風力,バイオマス等の島で開発可能なエネルギー量のことである.その定義などについては,ランドブレイン株式会社(2014 年)参照.
資料:沖縄県『離島関係資料』(2015 年)等より作成.

なるハワイと違って,全沖縄「プール制」で一律に設定されており,本島の電力需要者が離島料金をクロス補助する仕組みになっている.ちなみに 2008 年時点で,人口 18 万人のマウイ島の一般家庭の電気料金は人口 93 万人のオアフ島の 5 割も高いのだ.

表 4-4 は,沖縄主要離島の人口と電力需要量を小さい順に示している.ここ 10 年,大半の離島で人口減少を見ているが,それにそって概ね電力需要量も減少している.むろん人口減少と電力需要量が必ずしも連動しているわけではない.例えば鳩間島,波照間島,南大東島,伊江島などは,人口が減少したものの,電力需要は逆に増加している.これは家庭用電力需要以外に

官民の業務用電力があり，観光施設や工場，公共施設の多い島はそれだけ電力を多用することになる．例えば400世帯以下の小浜島は世帯数が約倍の伊是名島とほぼ同じ電力を消費している．それは主に小浜島のリゾートホテルでの電力需要による．

　沖縄離島における電力供給はすべて沖縄電力によってなされている．小離島は沖縄本島系統，宮古島系統，石垣島系統からの「海底ケーブル」や「橋梁添架ケーブル」等で接続されている．エネルギー供給源の99.5%を石炭，石油，天然ガスの化石燃料に依存し，太陽光，風力，バイオマスなどの再生可能エネルギーの活用は緒についたばかりであり，自然エネルギーによる発電では2%程度(全国は水力を含めて12%)である．表4-4に示す通り，離島の再生可能エネルギー賦存量は現在の電力需要量の数十倍に達しており，活用の仕方によっては島内エネルギー需要の自給も夢ではない(詳しくは，ランドブレイン株式会社，2014年参照)．特に人口と電力需要が増大する宮古島は，再生可能エネルギー賦存量が県内離島で最も大きいこともあって，自然及び循環型エネルギー開発によるエネルギーの島内自給を目指して，「マイクロ・グリッドシステム」の構築や次節で詳述する「バイオエタノール」プロジェクトなどのモデル的な取り組みが展開されている．

　宮古マイクロ・グリッドシステムがフル稼働すると，宮古島での再生可能発電の比率は現在の8%から16%になると推定されており，沖縄全体の2%からすると飛躍的な進展となる．このシステムは宮古島が目指す「エコアイランド」の構築に貢献すると同時に，他の離島，ひいては太平洋島嶼地域への技術移転にもつながるはずである．宮古島では2003年の猛烈な台風により，風力発電機の支柱が根元から折られ，台風常習離島での風力発電設置のリスクが高まった．しかしその後，「沖縄発」の技術として沖縄電力の子会社が台風時に折りたためる「可倒式風力発電施設」を開発して，波照間島，南大東島，粟国島で導入した．2014年にはJICAの支援を得て，170の島々から成る人口15万人のトンガ王国への技術移転に結びつけた．地球温暖化の影響をもろに受けている人口19万人のサモアも沖縄の島嶼エネルギー技術に注目しており，2015年の「気候変動枠組み条約締約国会議(COP21)」を踏まえて，2017年までに電力の100%を再生エネルギーで賄うと明言した．

第 4 章　沖縄：「島嶼型」グリーンテクノロジーの宝庫

　太陽光発電分野での参入障壁の大幅緩和，大容量化，ソーラーパネルの変換効率の向上，蓄電技術の向上，好条件の全量買い取り価格，家庭用電力販売の自由化などの導入により，普及が急激に増加している．この結果，経済・経営学でいう「経験曲線効果」，つまり，普及が拡大すれば規模効果で価格が継続的に低下する現象がすでに起こっている．自然エネルギー財団の試算によると，2014 年時点で，kW 当たり 25 円台の発電単価を実現しているところもあり，大手電力の電気料金引き上げもあって，すでに「グリッドパリティ(grid parity)」，つまり太陽光発電と化石燃料発電との単位発電コストは同等(パリティ)になるとの専門家の予測がすでに実現しているのだ(『朝日新聞』2016 年 3 月 30 日)．

　現在の電力買い取り価格は，10 年以内で設置コストを回収できるように設計されている．太陽光発電は，設備と設置費用の「初期費用」に多くのコストがかかり，燃料費は不要である．また，昼間に発電した電力を蓄電し，夜間に使う蓄電技術も日進月歩である．特に，送電線網が未整備で，燃料輸送費が高く，規模の不経済が働く離島などでは，太陽光，風力を主とする自然エネルギーの発電効果は一層大きいと思われる．

　燃料費が不要といえば，海に囲まれた島の立地を活かす発電技術として「波力」発電が最近注目されており，沖縄科学技術大学院大学(OIST)では，小離島に応用可能な小型プロペラによる波力発電に成功しており，発電効率やコスト，電力の安定供給に見通しが立てば，「沖縄発」の離島発電システムとして国内外で普及する可能性がある．

(11) 宮古島のバイオエタノールプロジェクト

　人口 5 万人弱の宮古島は「バイオエタノール・アイランド構想」を目指しており，宮古島の全自動車約 2 万台が，宮古島で生産するバイオエタノールを 3% 混ぜたガソリン，「E3」を使う目標を立てている(詳しくは Uehara, 2010 参照)．宮古島での年間のガソリン消費量は約 2 万 4000 kL で，ガソリン運搬のタンクローリー(1 万 L)の約 2400 台分になる．そこから排出される二酸化炭素は，およそ 5 万 6000 t (ガソリン 1 L 当たりの二酸化炭素排出量を 2.36 kg として計算)になる．もし，島内の全車両が E3 を利用すると二酸化炭素の排

出量は約 1700 t の削減，E10 なら 5600 t になる．宮古島エタノール事業は，エタノール製造工程で出る蒸溜残渣を農地の肥料として還元する事業や発酵酵母の高タンパク廃棄物を牛の飼料にする事業も目標に入っている．

宮古エタノール事業は進化している．本事業を推進する宮古島新産業推進機構は，日立製作所と連携して，40％の低濃度バイオエタノールで発電する「高効率発電システム」の試作実験を公表した(『宮古新報』2016 年 2 月 22 日)．このシステムは従来の島嶼発電システムに比べ，約 40％のエネルギー削減が可能で，これまで主に自動車燃料に利用されてきたバイオエタノールの用途を発電分野へと広げるものとして注目されている．

県内砂糖キビの主産地である宮古島のバイオエタノールプロジェクトは，資源エネギー庁の支援を受けて 2006 年にスタートした．砂糖キビの副産物で，廃棄物処分されていた廃糖蜜(砂糖キビの 2〜4％の割合)を原料とするもので，石油業界が推進している「バイオ ETBE(エチル・ターシャリー・ブチル・エーテル)」を配合したガソリン製造・販売とは異なる．ただ本事業は期限付きの「実証実験」であり，その後宮古島が独自で本事業を引き継いでいけるかどうかである．

プロジェクトの継続性に加えて，①ガソリンにバイオエタノールを混ぜた燃料を使う場合には二重に課税される，②石油連盟が ETB を添加したバイオガソリン ETBE 全国展開を大々的に開始しており，国内的にも宮古プロジェクトはこれらの事業と競合的か，それとも補完的かが問われている．

(12) ソフトイノベーション

本章の冒頭で，「イノベーション(革新)」とは，新商品開発に向けた革新的な工業技術を超えて，既存技術・ノウハウの導入・改良・普及・マネジメントを含む幅広い概念であると定義した．小島嶼地域では，先進的なハードな技術よりも，むしろ既存あるいは過去の失われた技術の「復活」を循環型社会の構築に向けて活用する仕組み，すなわち「ソフトイノベーション」の創出が重要な課題となっている．「ユイマール(相互扶助)」や「模合(相互金融)」，「マルチタスク労働システム」などに裏打ちされた「沖縄型ネットワーク社会」の構築もソフトイノベーションの好例である．

第3章で触れた「フードマイレージ」の考え方も島の循環型経済の構築に役立つはずである．フードマイレージは，「食料（＝food）の輸送距離（＝mileage）」という意味で，イギリスでは1994年から導入されている．食品の生産地と消費地が近ければ近い程，フードマイレージ（単位：ポコ）は短くなり，環境負荷が小さくなることから，若干値段が高くても，消費者は地場産の物資を購入する傾向が強くなる．日本でもNPOで取り組みが進んでいる．これが成功するには，「適地適作」を踏まえた島産島消が必要となる．近くてもエネルギーを使う「ビニールハウス栽培」だと，逆に環境にマイナスに働くことがある．フードマイレージは，「カーボンオフセット」の考え方にもつながる．琉球ジャスコは，フードマイレージを念頭においた地元調達を35％から40％に引き上げると宣言し，伊平屋島の玉ネギ，竹富島のジャガイモ，座間味島のゴボウなどを仕入れている．

島嶼の経済的不利性を克服する1つのアイディアとして，海域を含む「地域別CO_2吸収アプローチ」を政策課題として議論する時機にきているのではないか．海洋は，海域によって異なるが，温暖化ガスの約3割を吸収していると言われている．その結果として，海水の酸性化がすすみ，サンゴをはじめとする海洋生物の生存を脅かしている．主に経済大国によってもたらされている地球温暖化に抗する手段として，広大な海域を有する小島嶼の実効支配領域（陸地面積＋EEZ面積）を確定し，「二酸化炭素吸貢献度」を科学的に査定して，島嶼地域が世界規模での「排出権取引」に名乗りを挙げる日も来るかもしれない．

(13) その他の沖縄型島嶼技術

沖縄で応用・開発された主な技術を取り上げたが，廃棄物処理，サンゴ礁の保全やモニタリング，海洋汚染の大きな原因となっている赤土防除などについても種々の技術が開発・実施されてきた．海の汚染，サンゴ礁の白化現象の原因の1つにもなっている赤土流出は，沖縄に限らず，太平洋島嶼地域などでも深刻な問題になっているが，ハードな技術の応用だけでは解決されず，農政，環境政策，農家に対する営農対策などのソフト面でのイノベーションとの組み合わせが課題になっている（坂井教郎ほか，2010年）．

3. ハワイと連携した「沖縄型島嶼技術・ノウハウ」の海外移転

　南太平洋の島嶼国から見る限り，沖縄，ハワイは島嶼型技術の宝庫である．日本の主催で3年に1回開催される「太平洋・島サミット（PALM）」がこれまで沖縄県で3回（2003年，2006年，2012年）開催された．「PALM-3」では，「沖縄イニシアティブ」が採択され，持続可能な開発，人材育成分野での沖縄が日本唯一の島嶼県の特色を活かした国際貢献の役割がうたわれた（詳しくは外務省HP：http://www.mofa.go.jp/mofaj/area/ps_summit/ 参照）．

　PALMの提言を受けて，「沖縄21世紀ビジョン基本計画」においても，「アジア太平洋地域の島嶼地域が直面している開発課題の解決に貢献する」と明記されている．

　すでに触れたように，沖縄で開発・応用された「島嶼技術・イノベーション」の太平洋島嶼地域への移転が沖縄から太平洋小島嶼地域への貢献策としてにわかに注目されている．しかし，沖縄からの技術移転といっても，単純ではない．これまでも，ODAによる島嶼地域への技術移転は，種々の「誤れる具体化の誤謬」を犯してきた．つまり，文化，価値観，社会経済発展段階の異なるところに，先進地域で成功している技術がそのまま応用可能だとする単線的思考の誤りである．

　持続可能技術の相互移転とは，植物に例えると，異なる土壌への外来品種の「移植」にほかならない．環境条件が異なると，固有の在来品種を駆逐し，環境・生態系のバランスを崩し，生物多様性維持への脅威になると同時に，島嶼資源の非効率的な活用につながる．したがって技術移転は，外来技術の特性を正確に見極め，地場に適合的に修正を加える「文化的・制度的・技術的・経営的」営みであることをしっかり認識する必要がある．南太平洋島嶼地域への技術移転を研究しているハワイ東西文化センターのスコット・クローカー（Koreker, 2010, p. 77）は次のように指摘している．

　「特に重要なことは，技術移転が島嶼の持続可能性を強化するためのものであれば，持続可能性の概念を可能な限り広く定義すべきである．広義の意味での持続可能性は，たんなる自然環境の保全を超えて，経済的実行可能性

第4章　沖縄：「島嶼型」グリーンテクノロジーの宝庫

と同時に，地域に住む人々の文化と暮らしを含む幅広い概念であるべきである．新しい知識体系の導入は，軽々になされるべきではなく，ましてやそれが破壊的であってはならない．太平洋島嶼地域の社会，環境，文化，政治経済は，通りすがりの研究者の理解をはるかに超えて複雑であり，多様化している」．

　島嶼技術・ノウハウをいかに相互に移転・活用するかについての国際会議がハワイ，南太平洋地域の専門家を交えて，2010年に沖縄で開催された（詳しくは嘉数啓，2010年参照）．会議で特に強調されたのが，沖縄とハワイの連携協力による太平洋島嶼地域への技術移転だった．

　沖縄とハワイは，移民遺産などを通して歴史的にも緊密な繋がりがある．ハワイは8つの島嶼群から構成され，主要島嶼の人口（2010年）は大きい順にオアフ島（95万人），ハワイ島（19万人），マウイ島（15万人），カウアイ島（7万人）となっており，沖縄とは共通の自然条件をもち，太平洋島嶼地域における最大の米軍基地（太平洋艦隊司令部が置かれ，軍人軍属人口約10万人）を擁すると同時に，観光産業など経済的にも沖縄と多くの共通した特性をもっている（嘉数啓，2010年参照）．

　ハワイでも観光産業の将来像を「量から質への転換」に求めており，ハワイの歴史，風土を重視した計画が策定されている．その具体的な施策として，土着ハワイアン文化の見直しと復権がある．栽培技術さえも喪失しつつあった南太平洋の主食，タロイモへの需要が最近急増しているのもその表れと見てよい．その背景には，環境への配慮と同時に，所得格差の拡大がある．世界最大級の観光地であるワイキキビーチでは，ホームレスが増加し，州政府は対策にやっきとなっている．この点では，沖縄観光から学ぶところがある．

　エネルギー分野では，グリーン（再生）エネルギー源を現在の10％から，2030年には40％に拡大する意欲的な計画を策定しており，住民コンセンサスの形成を含めて，沖縄よりかなり先行している．ハワイはアメリカ本土から隔絶された島嶼で構成されており，大手電力会社間の電力の相互融通ができないこと，離島発電，送電が高くつくこと，原油依存が高いこと，家庭需要が多いこと，米軍需要があることなど，沖縄と類似したエネルギー需給構造になっており，太平洋島嶼地域の「先進地域」として，相互に連携協力し

て，地域の持続可能な発展に貢献することが求められている．

ハワイは，特にミクロネシア島嶼地域の人材育成及び知的センターの役割を果たしており，ハワイ大学，ハワイ東西文化センター，ハワイ大学自然保護研究及び教育センター(CCRT: Center for Conservation Research and Training)，太平洋国際ハイテクセンター(PICHTR: Pacific International Center for High Technology Research)，ハワイ自然エネルギー研究所(HNEI: Hawaii Natural Energy Institute)などを中心に南太平洋島嶼地域との豊富な交流実績がある．

ハワイ大学自然保護研究及び教育センター(CCRT)では，連邦政府，州政府，学内関連研究施設と連携して，「山から海へのエコシステムモデルの構築」のテーマでの研究活動が成果を上げており，他の島嶼地域への応用研究も視野に入れている．

特に小島嶼地域が注目しているのは，カウアイ島で実証研究が行われているバイオチャー(Biochar)プロジェクトである．本プロジェクトは，①再生可能エネルギーの開発による化石燃料依存の削減，②土壌改良による農業生産の向上，③温暖化ガスの削減を目指している．カウアイ島での実証プラントでは，外来種で成長の早い「ねむの木(Albizia)」を「炭化」して燃料にすると同時に，土壌改良及び二酸化炭素を吸収する材料にする技術開発が行われている．これまでのところ，エーカー当たりのAlbizia植栽から5～10 tのバイオエネルギーが生産され，200～300％の土壌改良効果が確認され，さらに20～50％のCO_2削減効果が実証されている．現在プラントの改良を行っているが，ハワイと同様な環境にある太平洋島嶼国への有望な移転技術の1つである．

太平洋国際ハイテクセンター(PICHTR)は，非営利の国際的な研究・教育機関として，ハワイ州の法律に基づいて1982年に設立された．PICHTRの主な研究テーマは再生可能エネルギー，特に海洋温度差発電(OTEC)，バイオマス，太陽光，地熱発電の分野での研究開発と普及である．OTECについては，連邦エネルギー庁，日本政府と連携して推進しており，この分野での島嶼地域におけるパイオニアである．

マウイ島では砂糖キビのガス化(biogasification)，ハワイ島では，太陽光と風力発電の実験，太平洋島嶼国を対象にした電力事業経営の研修などを行っ

ている．再生可能エネルギーについては，沖縄電力の子会社である沖縄エネテック会社と共同研究に向けた協議を開始した．再生可能エネルギーに関するハワイと沖縄の連携協力分野として，①エネルギー効率，②OTEC，バイオマス，波動，太陽光分野での共同研究，③島嶼地域での統合配電網(grid integration)の在り方，④環境にやさしい電池電気自動車(battery electric vehicles)の開発，⑤農業分野でのエネルギー効率の向上，⑥再生可能エネルギー分野での教育・訓練が提案されている．

ハワイと沖縄は，2000年に「ハワイ・沖縄パートナーシッププロジェクト」を立ち上げ，サンゴ礁の保全・モニタリング，持続可能な観光，海洋深層水技術，ミバエ・イモゾウ虫防除技術，生物資源・エコシステムに関するデータベースの作成，遠隔医療技術，教育交流の7分野での共同研究を目指しているが資金，研究者の相互交流面で課題が多く，停滞している．「ミバエ類防除技術」はハワイが先行したにもかかわらず，ハワイでのノウハウを活かして沖縄では成功したが，ハワイではいまだに実験中である．この落差は，新技術の導入には，技術以外の要素が極めて重要であることを示唆しており，島嶼地域への技術移転を考える場合，今後，解明すべき課題である．

ハワイがイニシアティブをとり，沖縄，太平洋島嶼国をネットワーク化して，数年前から実施している「遠隔教育(E-learning or on-line education)」は，「地理の暴虐」に悩まされてきた遠隔小島嶼地域にとって，最も有効でコストの安い人材育成手法の1つとなっている．これからの課題は，より多くの島嶼地域をカバーすることと，コンテンツの充実である．特にハワイ大学はこの分野での豊富なノウハウを蓄積している．コンテンツの充実には，沖縄で蓄積された種々のノウハウが貢献する．持続可能な観光振興の要になるサンゴ礁の保全技術についても，ハワイは沖縄より先行しており，データベースの構築を含めて，太平洋諸島地域への技術移転を共同で実施できる態勢が整いつつある．むろん，島嶼地域のリーディング産業に成長している観光産業振興については，観光データの整備も含めて，50年の歴史をもつハワイの島嶼観光ノウハウが有効である(嘉数啓編著，2014年参照)．

移転可能なその他の「ハワイ型技術」としては，パパイヤ，パイナップル，最近需要が急拡大しているタロイモ等の栽培技術などがある．そして，ハワ

イ型の農産物生産技術と，沖縄で開発された先述の食品加工技術を結びつけることによって，太平洋島嶼地域への新たな技術移転のメニューを創出することが可能である．

　ミクロネシア連邦政府(FSM)のモリ大統領の演説要旨が *The National Union* 誌(2010年10月28日)に掲載されている．その中で特に強調されているのは食料自給率向上の重要性である．「高価な輸入食料への消費依存がFSM国民の健康を害している」と警告を発している．その背景には，ミクロネシア地域での糖尿病患者の増大が指摘されている．島で豊富にとれるタロイモ，パンの実，ヤシの実などの伝統的な食材の活用をどう促進するかが課題である．特に島に豊富に存在する資源を活用した「島産島消型技術」の共同開発・普及・移転は多くの太平洋小島嶼地域で焦眉の急となっている．

注及び参考文献

伊藤嘉昭『虫を放して虫を滅ぼす──沖縄・ウリミバエ根絶作戦私記』中公新書，1980年．

『沖縄タイムス』「廃ガラス瓶リサイクルプラントの台湾への輸出」2014年7月26日．

海洋政策研究財団『ニューズレター』第316号，2013年10月5日．

嘉数啓「「島嶼地域の持続可能性：太平洋島嶼地域の挑戦と可能性──沖縄・ハワイから太平洋島嶼地域への島嶼発展ノウハウの移転・活用を中心にして」に関する調査報告書」『名桜大学紀要』第16号，2010年，pp. 347-376.

嘉数啓「沖縄：新たな挑戦──経済のグローバル化と地域の繁栄」『公庫レポート』第128号，2013年2月，那覇：沖縄振興開発金融公庫，pp. 1-120.

嘉数啓編著『数量観光産業分析──観光学の新たな地平』那覇：琉球書房，2014年．

嘉数啓「島嶼学ことはじめ(四)──「島嶼型」技術を求めて」『島嶼研究』第17巻第2号，2016年，pp. 37-64.

久米島町『海洋深層水複合利用調査基本調査報告書』2011年．

黒沼善博「建設技術の複合による島嶼の総効用について──沖縄県宮古島圏域の地下ダム建設効果を例に」『島嶼研究』第13号，2013年(a)，pp. 7-22.

黒沼善博「島嶼の有限資源と建設技術の応用──沖縄県多良間島の地下ダム建設の検討にあたって」『島嶼研究』第14号，2013年(b)，pp. 1-19.

坂井教郎・仲地宗俊・内藤重之・白玉久美子・久田沙織「南西諸島における農地からの赤土流出防止政策の方向性」『島嶼研究』第10号，2010年6月，pp. 1-11.

（社）日本リサーチ総合研究所『離島における循環型社会形成に関する基礎調査』2002年.

独立行政法人 科学技術振興機構研究開発戦略センター『俯瞰ワークショップ報告書「グリーンテクノロジー分野」』2013年5月.

独立行政法人 新エネルギー・産業技術総合研究機構（NEDO）『NEDO再生可能エネルギー技術白書』エネルギーフォーラム，2010年.

内閣府沖縄総合事務局農林水産部『地下水を活かした豊かな美ら島――地下水で潤う宮古島農業』2013年12月.

永峯さゆり「ヤンバル・コーヒー・フォーラムの話」『食の風』2011年9月10日，pp. 50-52.

ニールセン北村朋子『ロラン島のエコ・チャレンジ：デンマーク発，100％自然エネルギーの島』野草社，2012年.

真栄平房子・宮城郁子ほか「海洋深層水中の血圧上昇抑制物質」第6回海洋深層水利用研究会全国大会発表論文，久米島，2002年11月.

『宮古新報』「低濃度バイオエタノールで発電」2016年2月22日.

ランドブレイン株式会社『沖縄県小規模離島における全エネルギー再生可能化可能事業報告書』2014年3月.

Greentechsolar (2011) "New Study: Solar Grid Parity Is Here Today." December 7.

Kakazu, H. (1990) "Industrial Technology Capabilities and Policies in Selected Asian Developing Countries." *Asian Development Review*, Vol. 8, No. 2, pp. 46-76.

Kakazu, H. (2003) "Economic Evaluation of the Melon Fly Eradication Project in Okinawa," *INSULA: International Journal of Island Affairs*. Paris, Year 12, No. 1, pp. 41-50 は，ウリミバエ駆除の「費用便益分析」の詳細について論じている.

Kakazu, H. (ed.) (2010) *Island Sustainability: Challenges and Opportunities for the Pacific Islands in a Globalized World: A Summary Report of Field Research and an International Symposium on the Potential for Transfer of Okinawa's and Hawaii's Sustainable Island Technologies and Innovations to the Pacific Islands.* Okinawa: Japan Society of Island Studies. 2009年度国際交流基金助成事業『「島嶼地域の持続可能性：太平洋島嶼地域の挑戦と可能性――沖縄・ハワイから太平洋島嶼地域への島嶼発展ノウハウの移転・活用を中心にして」に関する調査報告書』2010年3月．本報告書はPDFにて利用可能（嘉数啓）．

Kakazu, H. (2012) *Island Sustainability: Challenges and Opportunities for the Pacific Islands in a Globalized World*. U.S.A & Canada: Trafford Publishing, Chapter 6, pp. 145-162.

Kakazu, H. (2014) "Okinawa's Green Technologies and Sustainable Development." A paper presented at the ISISA Islands of the World XIII, Penghu

Archipelago, 22 to 27 September 2014, pp. 1-38.

Kakazu, H. (2015) "A Growth Triangle (GT) Approach to Asian Regional Economic Integration. A Case Study of Taiwan-Okinawa-Kyushu Growth Triangle." アジア近代化研究所(IAM)『IAM アジア・レポート』第5号，2015年9月，pp. 2-29.

Koreker, S. (2010) "Getting Technology Transfer Right: Considering Pacific Islands' Contexts." IN: H. Kakazu (ed.) *Island Sustainability: Challenges and Opportunities for the Pacific Islands in a Globalized World: A Summary Report of Field Research and an International Symposium on the Potential for Transfer of Okinawa's and Hawaii's Sustainable Island Technologies and Innovations to the Pacific Islands*. Okinawa: The Japan Society of Island Studies.

Miwa, N., H. Yamauchi and D. Morita (1988) *Water and Survival in an Island Environment: Challenge of Okinawa*. Honolulu: University of Hawaii, pp. 121-126.

Schumacher, E. F. (1973) *Small is Beautiful: A Study of Economics as if People Mattered*. London: Blond & Briggs, Ltd. 斎藤志郎訳『新訂 人間復興の経済』佑学社，1977年.

Sen, Amartya (1968). *Choice of Techniques: An Aspect of the Theory of Planned Economic Development*. Oxford: Blackwell.

Uehara, H. (2010) "Biomass Technology in Okinawa and Hawaii." IN: H. Kakazu (ed.) *Op. cit.*, pp. 107-114.

第5章　島嶼社会のネットワーク

1. 島嶼間ネットワークとは何か

本章では島嶼社会のネットワークについて論述するが，ここではネットワークをある目的をもった「ヒト，モノ，カネ，エネルギー，情報，生活インフラを相互に繋ぐ人為的な仕組み」と定義しておく．ネットワークは社会の活動主体間を繋ぐ手段で構成されている．ここでは主に国内及び国境を跨ぐ隣接島嶼間のネットワークを取り上げる．

図5-1は，「スターネットワーク」と「長距離ネットワーク」で構成される単純なネットワークモデルを示している(Economides, 1994参照)．図5-1で沖縄本島から宮古及び八重山への短距離電話通信は，SA基地局の介在で可能になり，沖縄本島からハワイ，グアム，フィジーなどへの長距離電話通信はSB基地局を介在して可能となる．

電話に限らず，無線，テレビ，ファックス，Eメール，インターネット，印刷物などのあらゆるコミュニケーション媒体は図5-1で示した基本構図で示すことが可能である．

ネットワーク活動の最大の特徴は，経済学でよく使うその「外部経済性」にある．外部経済性とは，図5-1で見るように，第三者(例えば八重山)が新たに電話，あるいはインターネットにつながると，すでにつながっている宮古島や，海外も余計なコストを払わずにつながり，その利便性(恩恵)に浴することを意味する．「何故多くの大学が学生や教職員にEメールを提供するかというと，その利用者が増えれば増えるほど余計なコストを掛けずに利便性が高まるからである」(Samuelson and Nordhaus, 2001)．つまりネットワークに参加する人が増えれば増えるほど，それを利用する単位コストは低下する

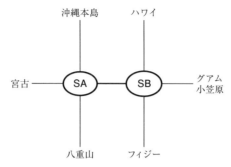

図 5-1 単純な島嶼ネットワークモデル
資料：嘉数啓作成．

ことを意味する．本章では，小規模島嶼地域におけるネットワーク化の実態とグローバルネットワークモデル，その経済社会へのインパクトを特に沖縄を中心に論述する．

2. ネットワーク集積度

島嶼地域間のネットワーク集積度は，図 5-2 で例示するように，種々の要因に依存している．

(1) 地理的・文化的要因

地理的近接性は，低コストでアクセスしやすいことであり，島嶼間をリンクするおそらく最も重要なネットワーク要因である．地理的近接性と言えば，沖縄県では，県内島嶼間ネットワークが最も集積度が高いと言える．ネットワーク集積度はむろん，文化，歴史，政治・行政，経済，言語，血縁関係などによっても左右される．例えば，奄美大島は現在鹿児島県の行政管轄下にあるが，「琉球文化圏」に属し，歴史，文化的には九州よりも沖縄とのつながりが深い．

アメリカのハワイ群島は，沖縄からの移民による「琉球文化」の遺産が根づいており，沖縄にとって最もネットワーク集積度の高い外国の島々である．著名な島嶼研究家であるクロコームによると，南太平洋島嶼地域における社

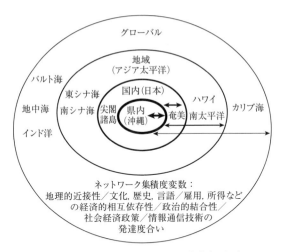

図 5-2　島嶼地域間のネットワーク集積度の概念
注：矢印の太さは交流の密度を概略，示している．
資料：Kakazu（2012）p. 73.

会ネットワークの顕著な特徴は，共通の文化と言語を意味する「ワントック（wantok）」の紐帯である．ワントックは，英語の"one talk"（1つの言葉）に由来しており，多言語圏のメラネシアコミュニティを分類する重要な指標になっている．「ワントックの言語圏は安全で安心感があり，当然ながらネットワークの集積度は高い」(Crocombe, 2001, p. 119).

(2) 経済的要因

島嶼経済社会がグローバル経済に組み込まれるにつれて，経済，特に貿易におけるネットワークが重要になってきた．すでに議論したように，グローバル市場経済にさらされた小島嶼にとっては，商品及びサービス貿易のネットワーク形成は死活問題である．オフショア・バンキングという国際金融ネットワークの中心に位置しているケイマン諸島やバルバドス島などはまさしく「国際金融サービス貿易」にほぼ100％依存している．

島嶼国経済のグローバル規模でのネットワーク指標として「国際貿易への相互依存度」がよく使われている．この指標を使って，データが利用可能な南太平洋11か国の貿易ネットワークを見たのが図5-3である．南太平洋島

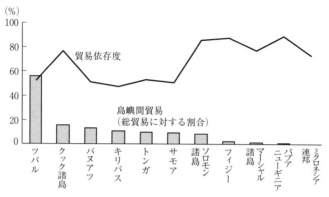

図 5-3 南太平洋島嶼国の貿易依存度と島嶼間貿易，2010 年
注：貿易依存度 ＝（輸出＋輸入額）/GDP．
資料：ADB（2011）．

嶼国は比較的オープンな経済体制だが，国内総生産(GDP)に占める貿易(輸出入)の比率，つまり貿易依存度は国によってかなりの違いが見られる．フィジーやパプアニューギニアの貿易依存度は 8 割を超えて高いが，バヌアツ，トンガ，サモアなどは 5 割前後である．これらの島嶼国からの輸出商品は第 1 次産品に集中しているが，同時に輸出先も旧宗主国を中心に集中する傾向にある．

　南太平洋島嶼国間の相互貿易は，ツバルを除いて全体の 10% 前後ときわめて少ない．極小国で構成するミクロネシア地域はほぼゼロに近い．これは常識的にも理解できると思うが，これらの島々の輸出商品の主力は農産物，魚介類，鉱物資源などで，互いに競争的であり，生産，消費における補完性はほとんどなく，関税，輸入割り当てなどの先進工業国の優遇措置に依存した「垂直分業貿易」が主である．島嶼間貿易を促進する目的で，1993 年にメラネシア・スピアヘッド・グループ協定(MSG Preferential Trade Agreement)がフィジー，パプアニューギニア，ソロモン諸島，バヌアツの間で締結されたが，後者 2 か国の赤字が累積したため，本協定から脱落し，機能しなくなった経緯がある(Jayaraman, 2003 参照)．

　高い貿易依存度は必ずしも高い貿易ネットワーク(相互依存)を意味することではない．特に小島嶼国は 2〜3 の特産品を輸出し，ほぼあらゆる物資を

輸入に依存している．その財源も相互ネットワークの海外投資の流入というより，外国援助(ODA)の受取や移民送金，観光収入などである．

グローバル規模でのネットワークの欠如は，プラスの方向に作用することもある．1990年代後半に起こったアジア金融危機で，グローバル金融のネットワークに組み込まれた多くのアジア諸国は手痛い打撃を被ったが，南太平洋の島嶼国経済は若干輸出価格が低下しただけで，ほとんど無傷であった(Jayaraman, 2003)．これらの島嶼国においては，「依存関係の変化」が「ネットワーク関係の変化」より重要であることがわかる．したがって，ODAや海外送金の受取の変化の方が，国際金融や輸出市場の変化よりはるかに重要であることを示唆している．

(3) 政治同盟と社会経済政策

島嶼地域にとって，グローバルなネットワークは多くの場合，宗主国の植民地政策か，あるいは島嶼国の移民・出稼ぎ政策の結果である．旧宗主国であったオーストラリアとニュージーランド政府は，ニウエ，クック諸島，トケラウからの移民を無制限に受け入れている．ニウエ出身の約9割，クック諸島出身の約8割がオーストラリアとニュージーランドに定住している(Crocombe, 2001, p.661)．同様なネットワーク現象は，アメリカの自治領であるサイパン，グアム，プエルトリコなどでの，アメリカとの関係でも観察されている．特にプエルトリコ出身人口は，カリブ海の本島よりアメリカに多く居住しており，プエルトリコの州昇格派を勢いづけている(詳しくは嘉数啓，1986年参照)．

移民労働のネットワークとして，よく理解しにくいのが日本政府の日系人受入である．日本政府は移民法を改正して，労働力不足を補うために，特に地球の反対側に位置する南米からの日系人の受入を加速した．これは地理的，文化的ネットワークとは全く関係なく，「血縁」によるネットワークのいい例である(Carvalho, 2003)．

移民及び出稼ぎ労働によるネットワーク化が果たして送り先の島嶼地域に利益をもたらすかどうかについては，多くの実証研究が蓄積されている．ほぼ共通しているのは，海外への労働力移動が，島嶼地域の経済を担う若い高

度技術者を中心に「頭脳流出(brain drain)」を引き起こしているという指摘が古くからなされている．しかしこの分野の専門家であるヒューゴー(Hugo, 2004)は，移民送り出し先の以下のメリットも挙げている．

① 技術者が自国で自らの技術を十分に活用できてなく，取得技術を活かせる移民先からの送金額が自国での賃金額を上回っている．
② 移民及び出稼ぎ先での教育訓練が自国に戻ってきた際に活かされる．
③ 移民先でのネットワークを活用し，投資，観光客などを呼びこむ媒介の役割を果たせる．

(4) 情報ネットワーク

情報経済学の巨匠ノリスが指摘するように，「情報技術革命は，従来の土地，資本を前提とする経済成長モデルを完全に無効にした」(Norris, 2001)．特に急進展するデジタル・ネットワーク技術は，「いつでも，どこでも，だれでも」ICTを活用できる社会を意味する「ユビキタス(ubiquitous)」時代を現実のものにしている．最近はICT技術があらゆるモノと結びついた「モノのインターネット(IoT: Internet of Things)」市場が爆発的に拡大している．ICT革命は島嶼経済のアキレス腱とも言われてきた「距離の暴虐(tyranny of distance)」，「規模・範囲の不経済性」，「立地の不利性」を克服し，これによって遠隔島嶼地域や過疎地でも産業創造分野で都市部と同じ土俵に立てる可能性をより現実的にさせた．実際にカリブ海に浮かぶバミューダ，ケイマン諸島，バルバドスなどの小島嶼は，ICT技術をフルに活用して，世界トップクラスの1人当たり所得を実現している．

日本でも人口6000人弱の典型的な山間地・過疎の町，徳島県神山町は，都心部からのICT「サテライト・オフィス」の進出ラッシュで一躍注目を集めている．神山町の空き家を活用して，自然にどっぷり浸り，自らを癒しながら，東京と同様な仕事に打ち込める，というのがこの「サテライト・オフィス」の売りである．後述するように，巨大中央市場から遠く離れた島嶼県沖縄でもICTが集積しつつあり，観光に次ぐリーディング産業として注目されている．本島から離れた久米島でも農業や観光振興を目的に，全島で無料「Wi-Fi」が開始された．これからの展開が注目される．

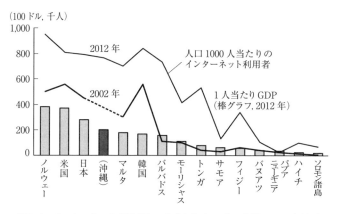

図 5-4 インターネット利用率と 1 人当たり GDP との関係，2002 年及び 2012 年
注：GDP（沖縄は GIP）は購買力平価．沖縄の 2002 年インターネット利用率データは欠如．
資料：ICT, *World Communication/ICT Indicators Database*, 2014; UNDP, *Human Development Report*, 2004 等より作成．

「インターネットか，しからば死か」と揶揄されるように，今やインターネットの活用なくして，グローバルビジネスは成立しなくなった．インターネットでつながった「サイバー空間」は，伝統的な思考の産物で，争いが絶えない物理的な国境空間を軽々と乗り越えている．インターネット普及率（人口 1000 人当たり）は，1 人当たり所得の成長と密接に連関している（図 5-4）．インターネット普及率が最も高いのは，世界トップクラスの 1 人当たり所得を達成しているノルウェーなどの北欧諸国である．よく知られていることだが，韓国は日本より所得は低いが，インターネット普及率では突出している．これは政府による ICT 推進政策によるところが大である．日本では神奈川県の普及率が最も高い．沖縄は 1 人当たり所得で全国最下位クラスだが，インターネット普及率では全国平均レベルにある．

図 5-4 で見るように，ここ 10 年で，パプアニューギニアを除いて，島嶼地域のインターネット普及率は上昇してきたものの，おしなべて低い．特にメラネシア島嶼地域の普及率は低く，所得水準を反映して島嶼国間でも大きな格差（デバイド）がある．島嶼国内でも，情報格差は大きく，しかも拡大している．例えば，多数の遠隔小島で構成されているミクロネシア連邦では，

インターネットどころか日常の電力すら十分に確保されていない．日本国内でも「情報過疎」と表現されているように，本土と離島間及び離島間におけるソフト，ハード両面での情報格差が拡大する傾向にある（長嶋俊介・伴場一昭・安達浩昭，2006 年参照）．

ICT の進展は，島嶼地域発展の救世主になりうる側面と，負の側面である情報格差（デジタルデバイド）を広げる可能性も併せもつ特徴がある（Kakazu, 2012）．情報インフラの整備もさることながら，インフラを活用しうる IT 人材育成も容易ではない．IT 技術者はどこでも引っ張りだこで，島で育成しても外部に流出する可能性が高い．筆者の共同研究者の一人で，太平洋島嶼地域間の情報ネットワーク構築に取り組んでいるハワイ大学のノーマン・オカムラ教授は，①島嶼人材育成に向けた情報の共有とコンテンツの共同開発，②ネットワーク費用を削減するために無線 LAN の活用，③「一島一品」運動の推進，④島嶼観光振興を目的とした ICT の戦略的な活用，⑤教育，訓練，会議などでの既存ネットワークの活用，特に南太平洋大学ネット（USPNet），JICA-Net の活用拡充などの提言を行っている（Higa, 2002）．

(5) 太平洋島嶼国間の学術ネット

太平洋島嶼地域では，古くから衛星回線を通して島嶼間学術交流が行われてきた（Crocombe, 2001, p.259）．特に，ハワイ大学に拠点を置くピースサット（PEACESAT: Pan-Pacific Education and Communication Experiments by Satellite）は，1970 年初期にアメリカ航空宇宙局（NASA）の使用済み応用技術衛星（ATS-1）を無料で譲り受け，アメリカと関係の深いミクロネシア島嶼地域を対象にした遠隔教育を始めていた．現在はアメリカ海洋大気庁（NOAA）の使用済み気象観測衛星（GOES-7）を使い，太平洋島嶼全域をカバーするネットワークを構築している（図 5-5）．筆者も関わったが，2005 年に，ピースサットと国連大学などが共同して，アジアパシフィックイニシアティブ（API）と称する遠隔テレビ共同講座を立ち上げた．参加大学は，ハワイ大学，国連大学，琉球大学，慶應大学，早稲田大学，国立サモア大学，南太平洋大学，アジア工科大学，ガジャマダ大学などで，「国際環境学コース」，「災害管理及び人道援助コース」などの分野で，各大学が得意とする科目を提供し，単位

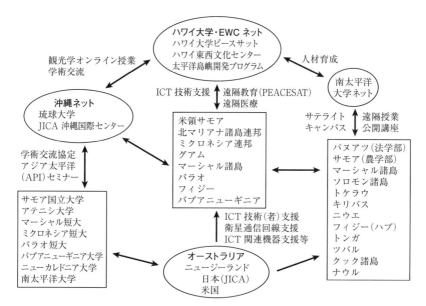

図 5-5　太平洋島嶼間の主な学術ネットワーク，2014 年
資料：嘉数啓作成．

互換も可能になっている．

　南太平洋大学(USP: University of the South Pacific)は，南太平洋英語圏の島嶼国が共同出資して 1968 年に創設した地域大学である．フィジーの首都スバに本キャンパスをもち，医学部を除く 16 の学部と商科大学院，オセアニア芸術・文化・太平洋地域研究センターを擁しているが，農学部はサモア，法学部はバヌアツに設置している．また，加盟 12 か国に地域サテライトキャンパスがあり，2010 年現在，遠隔教育を中心に 1 万人近くの学生がフルタイムで学んでいるが，その約 4 割は遠隔授業を受けている(田中絵麻，2013年)．日本やオーストラリアは，遠隔教育に必要な衛星回線，ICT 機器，専門家派遣，人材育成支援などを行っている．日本は 2005 年から「USPnet 強化プロジェクト」を支援し，受け入れ側の高い評価を得ているが，回線容量，コンテンツ開発，デジタルデバイド(アクセス)，ICT 高度人材育成などの分野で解決すべき課題も多い．

　1994 年に沖縄で最初の国際島嶼学会(ISISA)が開催されて以来，各地で島

嶼教育研究情報ネットワークが構築されてきた．国際島嶼学会設立の発端となったのは，1986年にバンクーバー島(カナダ)で開催された「第1回世界島嶼会議(Islands of the World)」である(詳しくは嘉数啓，1994年参照)．会議はビクトリア大学の太平洋・東洋研究センターが主催し，「島嶼1986ソサエティ」と称する市民グループの参加を得て開催された．会議には15の島嶼国・地域から100名余が参加し，イギリスの島嶼地域における植民地政策の歴史から，島嶼社会の特質，経済自立，漁業問題，国際関係，太平洋における非核地帯設置構想(NFZ)など，幅広いテーマが報告，討議された．パネルディスカッションで特に注目されたのが，当時国際的にも関心が高まっていた南太平洋へのソ連の進出であった．南太平洋の最貧国，キリバスが破格の値段でソ連に漁業権を売り渡し，ソロモン諸島をはじめとする地域の島嶼国がこれに追随する気配があったからである．

　バンクーバー島会議はオーストラリアのタスマニア島(1989年)，バハマ島(1992年)に引き継がれ，「琉球セッション」がもたれると同時に，第4回会議を沖縄島で開催し，国際島嶼学会の創設を決議した．「第4回世界島嶼会議」(Islands '94)は1994年に日本唯一の島嶼県である沖縄で開催され，これが第1回国際島嶼学会(ISISA)となり，同時に学会憲章が採択された(詳しくは，嘉数啓，1994年参照)．その意味では沖縄は島嶼学(nissology)発祥の地と言える．沖縄大会は，ユネスコ傘下のNGOである「島嶼発展に関する国際科学評議会(UNESCO-INSULA)」との共催で，「島：自立への挑戦——島嶼地域の地球的ネットワーク化に向けて」をテーマに世界30か国を含む内外から200名余が参加し，9つのセッションで43本の報告がなされた．島嶼に関するこの種の学術会議としては，参加者，論題の多様さにおいて世界最大規模のものであった．世界島嶼会議と国際島嶼学会は，2016年に開催されたギリシャのレスボス島(Lesvos Island)大会でそれぞれ14回，11回を数えた．

　国際島嶼学会の創設に刺激を受けて，1998年に日本島嶼学会(JSIS)と1999年に韓国島嶼学会(KAI)が発足し，現在台湾島嶼学会設立の準備が進められている．JSISは世界初の国内学会となったが，2000年には日本学術会議によって日本学術団体協議会会員に登録され，島嶼学が独立した学術研究

分野として「市民権」を得ることになった．国際島嶼学会の創設を契機にして，各地で島嶼学の研究が進み，グローバル規模でのネットワーク化も急進展した．世界規模で活動している島嶼教育研究及び情報発信機関は 30 を超している (Kakazu, 2012)．「赤毛のアン」の舞台として有名になったカナダのプリンスエドワード大学では，世界初の島嶼学講座が開設され，現在博士課程まで整備されている．日本でも鹿児島大学島嶼教育研究センター (前多島圏教育センター) で博士レベルの教育研究が行われている．すべての島嶼地域に島嶼研究機関が存在するが，最も多いのは島嶼が集中している太平洋地域である．

特定の研究テーマに特化している研究所もある．例えば，前述の UNESCO-INSULA は環境問題を中心に持続可能な開発 (SD) に特化したユネスコ傘下の NPO 組織で，専門誌も発行している．国際小島嶼文化会議 (SICRI: Small Islands Culture Initiative) は，オーストラリアのサザンクロス大学 (Southern Cross University) に拠点をおき，特に島嶼の文化，芸術，コミュニティについて世界に発信している．SICRI は定期的に国際会議を開催し，『島 Shima』と称する電子版雑誌を発行している．第 12 回の SICRI 会議は 2016 年に沖縄で開催された．

国立台湾大学に本部を置く「国際地理学連合島嶼学術委員会 (IGUCI)」は，地理学的視点から島嶼問題に取り組み，種々の国際会議を開催している．日本でも主に太平洋地域 (国内外) を対象とした 7 つの研究機関を掲げてあるが，北海道大学スラブ・ユーラシア研究センター (SRC) 内のグローバル COE 研究プログラムは国境に位置する紛争島嶼地域の研究を行っている．

国際島嶼学会，日本島嶼学会もそうだが，島嶼に関する学術会議は「距離の暴虐」とよばれている交通の不便な遠隔地で開催されることが多く，参加者の負担が大きい上にスポンサーも少ない．その意味では，大陸以上にインターネットなどによる情報ネットワークの構築と強化は喫緊の課題である．

この課題に応えるべく，2014 年に台湾澎湖諸島で開催された国際島嶼学会で「Green Islands Network」の構想が承認された (http://www.globalislands.net/greenislands)．先述のグローバル・アイランド・ネットワーク (GIN) がイ

ニシアティブをとって，島嶼のグリーン（再生）エネルギー，ゼロエミッション，持続可能観光・農業・技術・教育，生物多様性，気候変動などに関する事例研究論文を相互に利用可能にする試みである．すでに Global Green Growth Institute, Knowledge Platform, Green Economy Coalition, Green Economy International, Green Growth International, Partnership for Action on Green Economy のサイトが参加して，島嶼に関する数千件の論文が利用可能になった．

Reseau d'Excellence des Territoires Insulaires (RETI)は，島嶼教育に関する大学間ネットワークの構築を目指して，2010年にコルシカ大学でスタートした．現在，琉球大学を含む20の島嶼所在大学が加盟している．ISISA会議と連動して，会議やサマースクールを開催し，島嶼教育・研究のプロジェクトや課題に取り組んでいる．近々に琉球大学でRETI会議が開催される予定になっており，島嶼教育研究に関心のある多くの国内大学の参加を期待したい．

3. 沖縄におけるネットワークの実例と構想

(1) ウチナーンチュ・ビジネス・アソシエーション (UBA)

世界の島嶼地域でもユニークなのは海外「ウチナーンチュ・ネットワーク」である．戦前の沖縄は，特に食料需給を調整すべく，限られた土地資源と人口増加のバランスをうまくとっていた．人口規模を経済の持続可能な水準に保つ基本的な仕組みとして，「海外移民」があり，その調整メカニズムによって，戦前の沖縄の人口は50万人程度でほぼ一定規模に維持されていた．ところが戦後は，終戦直後を除いて，海外への「社会移動」によるこうした人口流出がほとんどなくなった．

沖縄からの海外移民は，1900年頃にハワイから始まったが，その後北米，南米，東南アジア及び南太平洋等の地域へと出帆した．沖縄から海外へ移住した人の数は，初めてハワイへの移民が始まった1899年から1993年までに9万2000人を記録しているが，その子孫を含めると推定約30万人にのぼるとされている．特に戦前，戦後を通してのブラジル，ペルー，アルゼンチン，

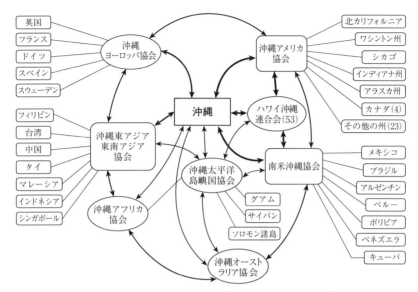

図 5-6　世界ウチナーンチュ・ビジネスネットワーク，2012 年
注：カッコ内は，支部数．
資料：詳しくは Kakazu (2012)，第 5 章参照．

ボリビアなどの南米移民は群を抜いている．

　しかし，そうした海外「ウチナーンチュ」が，互いの国境を越えて「ウチナーンチュ・アイデンティティ」を確立すべく積極的に組織作りを始めたのはごく最近のことである．中でも注目されている組織として，「ウチナーンチュ」による世界的ネットワークを活用することによるグローバルなビジネスを創出する目的で 1990 年代にハワイで結成された「世界ウチナーンチュ・ビジネス・アソシエーション（通称 WUB）がある（図 5-6）．WUB は南太平洋からアフリカに至る 5 大陸をカバーしたグローバルなネットワーク組織に成長した．WUB は毎年，各国持ち回りで大会をもっており，インターネットを活用して，まだ実績は小さいが，県産品の貿易・流通を行うグローバル企業も誕生している．これは特筆すべきことである．何故なら，中国人，インド人，ユダヤ人は，広く認識されている彼らの世界ネットワークを構築するのに数百年もの歳月を要しているからである．この WUB ネットワークモデルは緒についたばかりだが，移民送金が主要な外貨獲得源になっている

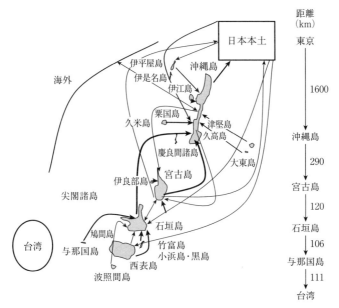

図 5-7　沖縄の島嶼間人口移動概略図
注：矢印の太さは人口流動の大きさを示している．
資料：嘉数啓作成．

多くのアジア太平洋島嶼国にとっても参考になるはずである．
　また，全世界に約 6000 万人存在すると言われている空手愛好家を，空手の「聖地」である沖縄を「ハブ」としてネットワーク化する構想も検討中である．例えば最も権威のある「空手昇段試験」を沖縄で実施することが考えられる．空手は，スポーツとしての側面だけでなく，教育効果，観光効果，空手用具類などの製品効果はむろんのこと，空手の「聖地」としての地球規模での「沖縄ブランド化」につながるはずである．実際に，2013 年に開催された「沖縄伝統空手道世界大会」には，世界 44 か国から 1155 人の空手愛好家が交流と技を競った実績がある．

(2) シマンチュの動態的ネットワーク

　沖縄は島々で成り立つ日本唯一の県だが，現在南北 1000 km，東西 400 km の広大な海域に約 40 の有人島が散在している．大きく分けて沖縄本

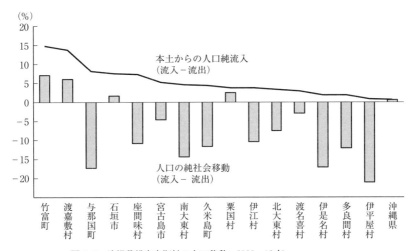

図 5-8 沖縄県離島市町村の人口移動,2000〜12 年
注:人口純流入＝人口流入－人口流出．
資料:総務省「国勢調査」,沖縄県「市町村別人口増減」より作成．

島圏域,宮古島嶼圏域,八重山島嶼圏域に分類できる(図 5-7 参照).伊良部島を含めて,復帰後 16 の有人離島が橋や海中道路など圏域の本島とつながった．

　図 5-7 の矢印は,圏域間の人口移動の方向と大きさを概略示している.予想されることだが,人口は,八重山島嶼圏域周辺の小離島から石垣島に純移動(流出－流入)し,宮古島,石垣島から沖縄本島に純移動する傾向にある.沖縄本島から日本本土への純移動はマイナスから最近はわずかながらプラスに転じている(図 5-8).なお興味深いことは,宮古,八重山島嶼圏域には本土からの人口純流入を記録していることである.特にグリーン,ブルーツーリズムの聖地,竹富町と渡嘉敷村への本土からの純流入は群を抜いて高い.この背景には,おそらく日本本土からの「島フェチ」と定年退職移住者の増加,グリーンツーリムズの隆盛などがある.他方,与那国,伊平屋,伊是名,大東島などは,本土からの純流入人口はかろうじてプラスを記録しているものの,主として沖縄本島への流出が止まらず,人口減少対策が最大の課題となっている.もしこのような人口流動パターンが今後も継続すると,島々の経済社会を担う「シマンチュ」の構成が大きく変化することが予想される.

島嶼間の人口流動の方向，大きさはグラビティモデルである程度説明することが可能である．グラビティモデルは，ニュートンの「万有引力の法則」の応用で，人口移動のみならず，地域間のネットワークの強さ，貿易依存度（結合度），観光客などの予測によく用いられる手法である．万有引力とは「太陽と惑星間にはたらく引力は，太陽の質量と惑星の質量に比例し，太陽と惑星間の距離の２乗に反比例する」というものであり，太陽の質量をM，惑星の質量をm，その間の距離をrとすると，引力Fは，以下の単純な式で表すことができる．Gは，「万有引力定数」である．

$$F = G(Mm/r^2)$$

これを八重山島圏(y)から沖縄本島(o)への人口移動に当てはめると，以下の式で表すことができる．

$$Pyo = G(YyYo/Dyo)$$

すなわち，yからoへの人口移動の大きさ(Pyo)は，yの総所得(Yy)とoの総所得(Yo)の積に比例し，両者間の距離(Dyo)に反比例する（万有引力の法則と異なって距離の２乗にはなっていない）．つまり両者間の経済規模が大きければ大きいほど，両者間の人の移動は活発になると同時に，両者間の距離（または旅行コスト）が大きければ大きいほど，移動は困難になる．グラビティモデルの最も単純化した式を用いて，2000〜05年の「国勢調査」によるクロスセクションデータに基づいて，八重山島圏，宮古島圏と沖縄島間との人口移動を推計した（詳しくはKakazu, 2012）．

八重山島圏から沖縄島への人口移動は，モデルの想定通りで，パラメータも5％水準で有意である．沖縄島と八重山島圏の総生産($YyYo$)が1％成長すると，八重山から沖縄への純人口移動が0.89％増加し，両者間の距離(D)が1％延びるごとに，沖縄島への純移動人口は0.41％減少する．しかし，宮古島圏域から沖縄島への人口移動はより複雑な説明が必要である．所得との関係では八重山と同様，モデルの想定通りだが，距離に関しては全く逆になっている．つまり，宮古島圏域では八重山島圏域と異なって，沖縄との距離が遠ければ遠い離島ほど，宮古本島より沖縄本島への移動志向は強くなっている．これにはおそらく，宮古島圏域の島々から沖縄本島へのアクセスの容易さと，教育，雇用，縁故などの要因がより強く働いていると思われる．八重

山島圏域の小離島は石垣島に移動する傾向が強いのに対して，宮古島圏域の場合は宮古島をスキップしていきなり沖縄本島への移動志向が強いのではないか．その証拠に石垣島は人口増加が続いているが，宮古島は減少傾向にある．

　両先島圏域とも，人口移動は距離よりも所得の変化に敏感に反応するという推定結果になっている．このことはきわめて常識的だが，遠隔離島からの人口流出を防ぐには，まずは島々での職場を増やし，所得を向上させることが何よりも有効であることを示している．

　ここで最も単純な推計方法を紹介したが，説明変数の取り方によってもっと正確に推計することが可能である．例えば物理的な距離に加えて，雇用機会，物価，島嶼間の交通コスト，便数などの利便性，自然環境，文化，歴史的な関係などである．空港の整備，格安航空会社(LCC)の導入などで，同じ距離でも移動に対する抵抗は減少するはずである．

(3) 情報(ICT)ネットワーク

　観光に次ぐ沖縄のリーディング産業として情報通信産業(ICT)が注目されて久しい．1998年にNTTの104コールセンターが設置されて以来，2014年度までに364のICT会社が立地し，約2万5910人余の雇用の場を提供している(図5-9)．

　ICT産業は，量的な成長に加えて，質的にも進化してきた．NTTのいわゆる「ホワイト・ベルト」，つまり低スキルのICT技術から，最近は顧客サービス(CS)，ソフトウェア開発，コンテンツ制作，アウトソーシング事業(BPO)，データサービス，バックオフィス，金融サービス，遠隔教育などと高度化してきた．特にソフトウェア会社は急成長し，進出会社数の3割を占め，コールセンター会社の数を凌ぐようになった．最近は，首都圏の直下型地震対策もあって，データセンターの設置も相次いでいる．沖縄は必ずしも無地震地帯ではないが，日本本土とは遠隔にあるという地の利を活かし，危険分散する狙いがある．すでにキヤノン，NTT，金融機関などがデータバックアップセンターを設置している．

　復帰後沖縄県が行った産業政策で，最も成功したのがこのICT産業育成

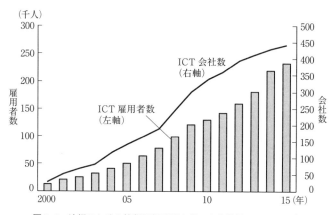

図 5-9　沖縄における情報通信関連企業の立地状況，2000〜15 年
資料：沖縄県情報産業振興課調査資料より作成．

事業であると言える．NTT のコールセンターがスタートした 1998 年に沖縄県は「マルチメディアアイランド構想」を策定し，税制，回線補助を含む企業誘致優遇措置を実施した．その後 24 市町村を「情報通信産業振興地域」に指定，さらに 2002 年には名護市・宜野座村を含む 3 地区が「情報産業特別区」に指定され，税制，施設などで特別自由貿易地域並みの優遇措置が講じられた．2008 年には ICT を活用して，沖縄とアジアを情報ビジネス，人材育成で「津梁＝ブリッジ」する拠点として，うるま市に設置された「沖縄 IT 津梁パーク」も注目されている．

アジアを視野に入れた ICT ビジネスの目玉として，沖縄 GIX（グローバル・インターネット・エクスチェンジ）の活用も検討されている．沖縄には 6 系統の「海底ケーブル」が陸揚げされており，この大容量の回線を活用しない手はない．特に 1999 年に陸揚げされた SEA−ME−WE 3 回線は，アジアのほとんどの国，オセアニア，ヨーロッパをネットワークしており，沖縄が GIX 集積地として重要な役割を果たせる位置にある．GIX の活用は，通信速度のアップだけでなく，通信コストの低減にも貢献する．しかし現状では，沖縄の通信費は香港の 5.8 倍，台湾の 2.2 倍も割高になっている．

沖縄県の小島嶼地域は，地理的不利性と民間事業者の欠落もあって，本島との情報格差が拡大してきた．その解消に向けて沖縄県は国の 8 割補助を得

て，2016年度までに全離島を915 kmの海底ケーブルでネットする超高速通信整備事業に着手した．これによって各離島は大容量，低価格の高速通信が可能になり，その活用によっては「距離の暴虐」を克服して，教育，医療，災害対策，企業創出などではずみがつくことになる．

ICTは既存の産業，制度の活性化にも不可欠である．例えば，『ニューズウィーク日本版』(2012年11月7日号)によると，アメリカではICTをフルに活用した「オンライン講義」で大学の授業の在り方が劇的に変化しつつある．数年前に，マイクロソフトのビル・ゲイツは，5年以内に世界の最高の講義がウェブで，しかも無料で受講できると予言したが，これがすでに現実になりつつある．さまざまな科目の授業を無償で提供する講座「MOOC」が，MITとハーバード大学で提供され，参加希望大学が殺到している．『ニューズウィーク』誌(前掲)によると，「学費の価格破壊が起き，キャンパスごとなくなる大学もあるかもしれない．最も深刻なのは教員だ．1人の人気教授が10万人の学生を集めれば，残りの大半の平凡な教授は商売上がったりになりかねない」(pp.50-51)．

ウエブ(オンライン)教育は，通常の対面教育と併用することによって教育効果が高まることも実証されている．囲碁の世界で前人未踏の7冠を制覇した井山裕太棋士は小学校時代から囲碁のオンライン対戦をしていた．前章で触れた沖縄本島うるま市に属する人口約300人の伊計島では，廃校になった小中学校を拠点にして，全国初のネット活用による「N高等学校」が2016年にスタートした．出版大手のKADOKAWAと地元自治体が連携した島活性化ノウハウで，全国から5000人程度の生徒を募集する計画だ．沖縄県では，県内での教育格差の拡大もあって，全国一の「子供の貧困率」を記録しているが，N高校の開校はその解消にもつながることが期待されている．オンライン教育は目新しいものではないが，動画，双方向，低コスト，ユビキタスのICT技術の飛躍的な進歩により，最も変わりにくい大学教育分野でも「革命」が起りつつある．アメリカでのこのような動きは，社会のニーズに応えきれず，「ムラ社会」を形成して，質的にも劣化を続けている日本の大学にとってもよそ事ではないはずである．

島嶼，遠隔，情報過疎地を逆手にとって，ICTをフルに活用して，沖縄

から日本の教育革命を先導する時代を迎えている．これは丁度，不便でコストのかかる固定電話が普及する前に，モバイル時代を先取りし，「後発の有利性」を活用した中国や発展途上国に類似している．

　島嶼地域は，自然に恵まれ，空き家にも恵まれ，人情も厚く，アクセスも容易である．唯一の課題は，無線LANを含むブロードバンド環境の整備が遅れていることである．徳島県には，前述の「神山モデル」以外に，ICTを活用して高齢者にユニークな働く場を提供している「上勝町モデル（いろどり）」もある．「葉っぱビジネス」として全国の話題をさらった．「ユビキタス時代」とは，どこにいても，アイディアで勝負できる時代の到来を意味している．

　この際，ICT過疎地である沖縄の離島や北部広域圏を「ユビキタスモデル地域」に指定し，すべての施設を光ファイバーでネットする大胆な試みもあってよい．

(4) 物流ネットワーク：位置の悲劇から位置の優位へ

　2009年に，全日空（ANA）が国際貨物基地を那覇空港に開設して以来，沖縄がアジア太平洋をにらんだ貨物ハブとしてにわかに注目を集めている．ANAのグローバルネットワークを活用して成田，羽田，関西国際空港などから積み込まれた貨物を那覇空港で目的地別に仕分けし，香港，ソウル，上海，台北，バンコクなどのアジア主要都市に1日で配送する物流システムが稼働している．これらの都市は那覇から4時間圏内にあり，24時間稼働空港のメリットを活かして，旅客機と競合しない，空港使用料も安い夜中に離着陸が行われている．沖縄と東アジアとは1～2時間の時差があることもメリットになっている．ANAは現在9機の貨物機を使用しているが，将来は30～40機に増やす計画である．

　ANAの貨物基地の稼働により，沖縄からアジアへの航空貨物量は2008年の900tから，2010年には7万t強まで増加した．その後アジア経済の不振もあって若干落ち込んだものの，2014年はヤマト運輸がANAの貨物基地を活用して国際クール宅急便を始めたこともあって，貨物量は9万t強に増加した．那覇空港は成田，関西，羽田に次いで国内第4位の貨物基地とな

った．ANAの計画によると，将来貨物取扱量を現在の6倍の42万tに増やす予定である．貨物のほとんどは「通過(トランジット)」であるが，沖縄発の食材，菊なども出荷され始めた．後述するように，輸送コスト高，マーケット開拓不足で出荷できなかった農畜産物，海産物，食材，工芸品などが沖縄からアジア向けに出荷できるインフラが整ったと言える．

拡大が予想される貨物基地の最大の制約は貨物ターミナルスペースの狭隘さである．那覇空港のキャパシティは，10年後の航空需要に対応できないことが予想されており，現在2018年の運用を目指して，既設滑走路の約1.3 km沖合側に新滑走路の建設が進んでいる．しかし貨物ターミナルの併設計画はない．現在の那覇軍港の早期返還か，那覇空港の背後に広がる自衛隊基地の整理・移転も検討してよい．ANAの貨物事業が黒字転換し，将来にわたって持続可能であるためには，一定規模のボリュームの確保が不可欠である．

ANA貨物基地の稼働と並行して，「ノンフリル」と称されている「格安航空会社(LCC)」の就航も相次いでいる．日本国内にはすでに10を超すLCCが就航している．沖縄には，ANA系列のバニラエア，ピーチアビエーション，JAL系のジェットスター，世界最大級のLCCであるエアアジアなどが就航している．ちなみに那覇－成田間の片道航空運賃は6000円，那覇－台北間は8000円程度である．これで，「太平洋の要石(Keystone)」の地理的優位性を活かしたアジアへのネットワークハブに向かってスタートを切ったことになる．ICTとLCCを主とする交通ネットワークの集積は，沖縄経済の最大のハンディの1つであった，遠隔島嶼地域であるがゆえの高交通コストを克服する重要な手だてを得たことになる．

4. 奄美・沖縄の島々連携軸――「島の道」ネットワークの構築

(1)「道の島」ネットワーク

奄美と沖縄は「兄弟島」とよばれ，地理的にも歴史的にも切っても切れない関係にある．地理的には，沖縄諸島と奄美群島を含めて「琉球列島」とよばれ，約1000万年前は大陸の一部であったが，地盤の沈降に伴って大陸か

ら切り離され，弓状の島々を形成したことが明らかにされている(木崎甲子郎編著，1980年)．

　琉球列島は「東洋のガラパゴス」ともよばれているように，外界から隔絶した島独自の環境に適応した動植物の固有種が数多く見られる．琉球列島の島々は，北緯20〜30度に位置し，熱帯と温帯をつなぐ「亜熱帯」に属している．世界の亜熱帯地域には砂漠や草原がひろがっているが，琉球列島は亜熱帯海洋性気候の影響をうけて，降雨量が多く，海底には世界一美しいと言われているサンゴの森，陸上には「奇跡の森」とよばれている多様な動植物が生息している．

　歴史的にも奄美と沖縄は「兄弟」の関係にあった．初代琉球国王の尚巴志(第一尚氏)が三王国(北山，中山，南山)を統一(1429年)する以前から与論島と沖永良部島は沖縄北部の北山王国の領土であった．琉球王国は沖永良部以北に進軍し，15世紀の中頃には徳之島，奄美大島，喜界島までその統治下に置き，薩摩の琉球侵攻(1609年)に至るまで，琉球は政治・行政的にも奄美の島々を含む概念であった．薩摩藩は琉球王国から奄美群島を割譲させて直轄地とし，トカラ列島から琉球列島の最西端に位置する与那国に至る弧状の島々を「道の島」とよんだ(吉成直樹・福寛美，2007年)．文化的にも，特に沖縄本島に近い与論島，沖永良部島は琉球文化の影響を強く受け，いまだに鹿児島より沖縄に対するアイデンティティが強いと言われている．しかし，旧ソビエト連邦の指導者がその同盟国を「兄弟」と呼びながら仲が悪かったように，沖縄と奄美とは屈折した歴史があり，必ずしも良好な関係を築いてきたとは言い難い(佐野眞一，2008年)．

　奄美群島は戦後ふたたび政治・行政的に「琉球列島(Ryukyu Islands)」の一部として米軍統治下にあったが，米軍基地がなかったこともあって1953年には本土に復帰し，鹿児島県下の大島郡として国の「奄美群島振興開発特別措置法(奄振)」に基づいて，現在第6次振興開発計画(2014〜18年)を実施中である．奄美群島が本土復帰して60年余が経過したが，27年間米軍統治下にあった沖縄とは大きく異なる発展経路をたどった(山田誠編著，2005年)．

　経済発展の基本指標である人口の推移を見ると，過去半世紀間に沖縄県が

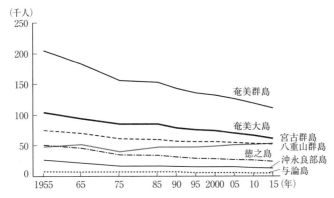

図 5-10 宮古群島，八重山群島と比較した奄美群島の人口の推移，1955〜2015 年
注：奄美群島には，奄美大島，徳之島，沖永良部島，与論島，喜界島，請島，加計呂麻島が含まれる．
資料：「国勢調査」より作成．

75% も増加したのに対して，奄美群島は約半減した．沖縄の八重山群島，宮古群島と比較しても奄美群島の人口減は，面積，人口で約 6 割を占める奄美大島を含めて，深刻である(図 5-10)．特に徳之島，沖永良部島の人口減はこれまで奄振が目指した未来像とは大きく乖離しており，これまでの振興策のあり方が問われている(鹿児島大学編，2004 年)．奄美群島の合計特殊出生率(2010 年で 2.13)は全国一の沖縄県(1.79)を大きく上回ってきたが，自然増加を上回る島からの人口流出にいまだに歯止めがかかっていない．結果として 65 歳以上人口の占める高齢化率は 3 割近くを記録し，沖縄県の約 2 倍の数値である．家計の非自立度を示す「生活保護率」も約 50% と，沖縄県の倍以上を記録している．奄振に当初から書き込まれている経済自立への道のりは，沖縄の島々より厳しいと言わざるを得ない．

　2012 年度の 1 人当たり奄美群島郡民所得は，継続的な人口減もあってほぼ沖縄県の水準に相当し，全国の 7 割強に向上してきた．しかし沖縄県と異なって，島・島間の所得格差は改善されてない．奄美大島の 1 人当たり所得を 100 とすると，徳之島が 90，一番小さい与論島が 78 である．第 2 章で見たように，沖縄県で最も小さい島の 1 つである北大東島の 1 人当たり所得が県内で最も高く，人口や土地面積と 1 人当たり所得はむしろ逆相関関係にあ

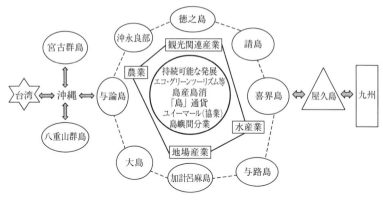

図 5-11　沖縄・奄美「島々」連携軸の概念図

ることを考えると，奄美のケースはもっと立ち入って解明する必要がある．

　奄美群島内の所得格差の背景には，沖縄とは異なる産業構造の変化があることに気づく．奄美の主要地場産業である大島紬の生産額は，過去 20 年で 6 分の 1 に激減し，基幹作物である砂糖キビも同様な傾向にあるが，観光資源は豊富にあるにもかかわらず，後述する交通インフラの未整備もあって，沖縄のような島嶼型観光産業は発達してない．奄美の所得を支えたエンジンは，公共支出であった．沖縄県も県民総生産に占める公共支出の割合(財政依存度)は 2010 年度で 38%(全国 24%)と高いが，奄美群島ではそれが 58% にも達している．従来の奄美振興策の延長線上では，奄振に盛られた自立への道は「見果てぬ夢」に終わる．

　筆者は日本島嶼学会久米島大会会長講演(2009 年 10 月 2 日)で，奄美群島の 8 つの有人島間の分業・補完を推進する 1 つのアイディアとして，「奄美・沖縄島々連携軸－島の道」構想を提案した．「島々ネットワーク」の構築による有機的島・島自然観光ルートの形成，補完的・島々間分業体系の形成，島々間複合連携型経済の創出である(図 5-11)．

　「奄美群島振興開発計画」にも詳述されているように，ここでのキーワードは島内外との「ネットワーク」，「自然との共生」，「島産島消」，「島資源の活用」，「ICT の活用」，「エコツーリズムの促進」などであり，第 3 章で論述した沖縄の島嶼発展戦略と重なっている．奄美群島は沖縄以上に農水産資

源に恵まれており，複合循環型の第6次産業化による発展の可能性は高い．すべての島で栽培されている砂糖キビの高付加価値活用をベースに，奄美大島では大島紬，黒糖焼酎，クロマグロの養殖がブランド化されている．特に大島紬の復活は最大の課題である．

奄美8島の中で耕地面積が最大の徳之島では畜産，野菜などの生産が盛んである．「花の島」とよばれている沖永良部島では「えらぶゆり」はむろんのこと，馬鈴薯などが「かごしまブランド」として市場に出回っている．加計呂麻島や与路島ではソテツ実を活用した産物や真珠の養殖が盛んである．沖縄本島からわずか23 kmに位置する与論島は海洋レクリエーションを中心とした「観光の島」として脚光を浴びつつある．

与論島以外にも観光産業はどの島でもリーディング産業として成長する可能性がある．沖縄のマスツーリズムとは異なる，奄美群島の手づかずの自然と豊かな文化を活かしたエコツーリズム，スポーツツーリズムを柱にした「自然との共生・癒し・健康・食」を売りにした長期滞在型観光ではおそらく沖縄と補完関係にある（須山聡編著，2014年）．

これからの課題は，島々の特性を活かした分業・補完関係をいかに島嶼間でネットワーク化し，ウイン・ウインの関係を構築するかである．その最大のネックが島嶼間交通の問題と，人口減少に伴う若手後継者の不足である．前述の「グラビティモデル」で見た通り，交通量は島嶼間の距離と経済規模（人口，所得），輸送コスト，それに空港，港湾などの交通インフラの整備とその利用率にほぼ依存して決まる（日本の離島交通に関する詳細な分析については，奥野一生，2008～11年及び2002年参照）．

奄美8島と沖縄の島々とでは，交通量において格段の格差がある．例えば県庁所在地の那覇－石垣島間，鹿児島市－奄美大島はほぼ同じ距離に位置しており，人口，面積とも奄美大島の方が石垣島よりはるかに大きいが，2014年12月現在で航空便数では那覇－石垣が1日往復20便運航しているのに対して，鹿児島－奄美大島間は8便でしかも小型のプロペラ機（サーブ機，DHC-8）である．この差はむろん航空需要を反映している．石垣島の観光客数は2014年で100万人を突破したが，奄美大島はその3分の1強程度である．

航空運賃でも格段の格差がある．名瀬－鹿児島が片道2万5000円であるのに対して，那覇－石垣はJTAで片道8000円である．与論島や沖永良部島から大阪，東京への直行便はなく，沖縄経由の方が便利でしかも割安である．島々間航空路でも奄美より沖縄の便数が多く，割安である．沖縄の離島空路運賃が安い背景には，「離島空路維持対策」の名の下に，国，県，地方自治体による奄美よりも手厚い種々の補助事業がある．例えば「生活維持路線」に対する赤字補填，機体購入費補助，航空燃料税の軽減措置，着陸料の軽減措置，固定資産税の軽減措置などである(詳しくは沖縄県『離島関係資料』2014年参照)．奄美でも同様な補助事業を実施しており，「奄美群島交流需要喚起対策特別事業」による新たな路線補助事業がスタートして，低コスト航空会社(LCC)の就航も決定されていることから，沖縄との運賃格差は今後若干縮小するものと思われる．しかし，運賃格差の主要因は路線の「需要規模」である．沖縄の場合，その大半は観光客需要である．奄美における住民の「生活路線」は人口の減少により，今後ますます減少することが予想されることから，魅力ある観光事業や図5-11で示した島々間の交流事業を掘り起し，特に若者をどう島に惹きつけるかが鍵を握っている．

(2) 世界遺産コリドー

屋久島から奄美，沖縄の島々を結ぶ「世界遺産コリドー」は，最近現実味を帯びた議論に発展している．日本政府は2013年に「奄美・琉球」として，ユネスコの世界遺産暫定一覧表に記載することを決定し，同年，環境省，林野庁，鹿児島県及び沖縄県が共同で設置した「奄美・琉球世界自然遺産候補地科学委員会」が，奄美大島，徳之島，沖縄本島北部，西表島を登録候補地として選定し，2018年の実現を目指している．

奄美大島から北上したトカラ列島にはすでの世界自然遺産に選定された屋久島があり，「世界遺産コリドー」としてイメージしやすい．先述した琉球列島の多様で固有性の高い生態系，サンゴ礁を含む海中，陸上の景観や絶滅危惧種の世界規模での生息地であることを考えると，すでに世界自然遺産に登録されている「知床」や「小笠原諸島」と比較しても遜色はない．奄振では以前から，「奄美群島自然共生プラン」の指針を作成し，県や地元市町村

が一体となって取り組んできた．プランの基本理念として，「共生への転換」，「地域多様性への転換」，「地域主体性への転換」を打ち出し，「自然共生ネットワークの形成」，「希少な野生動植物と森林の保全」，「エコツーリズムの推進」などの具体的な施策を盛り込んでいる(「奄美群島振興開発計画(2014 年度～2018 年度)」参照)．

「世界遺産コリドー」構想は，地球規模での環境保全活動と一体をなす．単に観光振興や島々ネットワークだけではこのコリドーを維持・活性化するのは難しい．そこで地球温暖化の元凶である二酸化炭素(CO_2)の削減を目的とした世界規模での「排出権取引」の活用という大胆な提案をすることになる．まず広大な海域を有する琉球列島の実効支配領域(陸地面積＋EEZ 面積)を確定し，「二酸化炭素吸貢献度」を科学的に査定して排出権を獲得し，その権利を市場で売り出すことによって財源を調達することである．

日本政府は，2015 年に開催された第 21 回気候変動枠組み条約締約国会議(COP21)で，温室効果ガス排出量を 2030 年度に 2013 年度比 −26.0％ の水準(CO_2 換算で約 10 億 4200 万 t)とすることを提案した．この目標値には，原子力発電による温室効果ガスの削減効果を含めてないが，京都議定書の基準とされていた 1990 年の排出量比では 18％ 程度の削減になり，国際公約としては後退した．

島々連携軸の課題の１つとして，この地域の広大な海域を含む「地域別 CO_2 吸収アプローチ」を政策課題として議論を深める時期にきている．日本の島嶼地域は，環境保全だけでなく，国境に位置するがゆえに国の安全保障，シーレーン，海洋資源の確保においても極めて重要な役割を果たしている．すでに第 1 章で詳述したように，日本は国土の 12 倍，447 万 km^2 という広大な EEZ 面積を持っているが，海洋政策研究財団の推計(2008 年，p.2)によると，離島がその 6 割強を占めている．沖縄県は面積では，全国 37 位(東京，大阪，香川県より大きい)だが，EEZ では，九州の面積に匹敵(4 万 km^2)している．

5. 台湾 – 沖縄 – 上海 – 香港自由貿易圏構想(TOSH-GT)

(1) 成長の三角地帯(GT)モデルの応用

　関税法上は「外国」のステイタスを活かして，沖縄の自由貿易地域を含む「成長の三角地帯(GT)」構想が議論されて久しい(嘉数啓，1995年参照)．GTは，「政治・経済形態を異にする2か国(地域)以上の隣接地域が，立地を含む生産要素及び市場の補完性を強化しながら，域内及び域外貿易，投資を促進し，地域の政治的安定・経済発展を達成する目的で設置される多国籍経済地域」と定義されており，新しいタイプの「地域経済圏」である．

　GTは，いわゆる「自然発生的な経済圏」(Scalapino, 1992)でもある．なぜなら，経済的に補完関係にある国境を共有する隣接地域が，自然なかたちで相互に交易，浸透，拡大して形成された経済地域だからである．このような柔軟な形態の経済統合は，欧州連合(EU)や北米自由貿易協定(NAFTA)，最近の環太平洋戦略的経済連携協定(TPP)のように，気の遠くなるような長期の交渉を積み上げて出来上がる「固い」経済統合とは異なったものである．GTはゆっくりとした自然なプロセスを経て，コンセンサスを汲み取りながら多様に進展する「アジア型経済統合」と言えるかもしれない．

　「GTプロセス」が導入され，まずはGT単位で交渉が行われるようになれば，経済統合についてもコンセンサスが得やすく，参加地域のニーズによりマッチした取り決めが可能であろう．ここで留意すべきなのは，GTは現在流行りの多角間及び二国間自由貿易協定での「開かれた地域主義」を補完し，サポートするものであるということである．アジアに隣接した沖縄が地域連携をリードしうる唯一のモデルはこのGTプロセスであると言ってよい．

　図5-12のような「台湾 – 沖縄 – 上海 – 香港経済連携圏(TOSH-GT)」が実現できれば，長期化している尖閣諸島問題の早期解決にも威力を発揮する可能性がある(Kakazu, 2015a)．「要するに日中間の歴史対話を，そのスケールと歴史の広がりの違いから，地域にスポットを当てるかたちで組みなおす．尖閣海域と関連島嶼，地域を軸とした日中と台湾・沖縄を交えた歴史を議論する場をつくれば，何が見えるだろうか」(岩下明裕，2013年，p.198)．

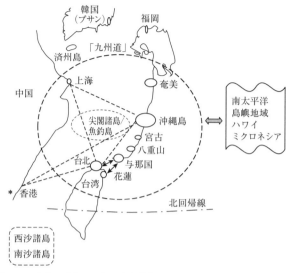

図 5-12 台湾 - 沖縄 - 上海 - 香港「成長のトライアングル(GT)」概念図
資料：Kakazu (2015a).

　沖縄 - 九州間(1000 km)または経済的に強く依存している沖縄 - 東京間(1600 km)の距離に比べれば，沖縄 - 台湾間の距離(630 km)及び沖縄 - 上海間(820 km)の距離ははるかに近く，沖縄 - 香港間(1500 km)も東京より近い．IT 革命によって，距離が意味なさなくなりつつあるとは言え，近距離という条件は旅行，人的交流，物資輸送の分野で低コストの商取引条件を意味すると考えれば，地理的な距離は地域経済の連携のための鍵となる要素であるはずである．すると至極当然ながら，沖縄は東京よりも台湾やその背後にある中国華南地域とより緊密な経済的つながりを持てると言えよう．

　しかし現実は逆になっている．台湾からの輸出物資はいったん横浜や神戸に出荷され，その後に沖縄に入るという実に奇妙な慣習が何年にもわたって続いている．このような状況を正当化する主な理由として，カボタージュ(Cabotage)規制(自国船優先使用)を含む種々の「国境措置」や，台湾 - 沖縄間の積荷貨物が不足していることなどが挙げられている．2010 年に国際物流特区からのカボタージュ規制は緩和されたものの，実績はほとんど上がっていない．積み荷不足が主因で，台湾 - 沖縄間を往復する定期タンカー便は現在

のところ皆無で，2014 年に琉球海運が台湾のハブ港である高雄港にコンテナ船ではなく，車両を自走させて積み込む RO-RO を就航させている．琉球海運はこの高雄港を「中継基地」としてフィリピンに中古車を輸出し始めた．従来の大阪経由より運賃は 4 割，日数も半減した．先述した経済特区間の経済活動が拡大すれば，当然参加地域間の相互貿易量も拡大し，輸送頻度も高まり，結果として輸送コストの低減につながるはずである．

2008 年まで，中国本土と台湾の「直行貿易」が閉ざされていたため，石垣港がいわゆる「クリアランス・シッピング（積荷の出港手続き）」拠点として，台湾‐中国本土貿易を中継していた．その数，ピーク時には 6000 隻にも上った．「クリアランス船」は，沖縄への経済効果は限られていたものの，台湾‐沖縄‐上海を結ぶ海上輸送の実験ルートとしての意義もあった．先述したように，台湾は沖縄の観光，輸出市場として存在感を増しつつある．これまで貿易収支は沖縄側の大幅黒字であったが，最近はほぼ均衡している．沖縄と中国との貿易量は台湾よりはるかに少なく，尖閣諸島問題で一時的な停滞はあるとしても，工夫の仕方ではこれから大幅に伸びることは間違いない．中国運輸大手の申通快逓（しんつうかいてい）が沖縄の物流ハブを活用して，沖縄発で東南アジアだけでなく，ロシアやヨーロッパの国々へ向けての物流ビジネスを開始することが報じられた（『沖縄タイムス』2014 年 12 月 18 日）．これが実現すると追い風になることは間違いない．

TOSH-GT 構想の成功は，参加地域の補完的関係によって決まる．特に沖縄が当該地域でどのような経済的役割を担うかが最も重要である．地域における沖縄の戦略的位置だけでは，GT 参加地域にとってビジネス機会を保証することにはならない．すでに説明したように，沖縄は当該地域の情報ネットワーク及び物流中継地としての「ハブ」機能に加えて，「ヘルシーリゾート」の役割を分担しうる．多くの分析結果は，アジアで一般化している大型製造業における「産業内分業」の網の目に，沖縄が首尾よく収まることはありえない．限られた資源，資金をいかに長期，効率的に配分していくかがここでも問われている．

「地域に根差したグローバル経済化」という時代の要請の中にあって，アジア太平洋地域における戦略的な位置及び歴史的遺産を活用して GT を促進

できることは沖縄にとって千載一隅の機会であることは確かだが，この戦略を実現する前に解決しなければならない多くの障壁及び問題があるのも事実である．

　最も扱いづらい問題は，最近とみに悪化した地域情勢の中における政治・安全保障関係である．「地方分権一括法」が成立し，地方自治に弾みがついたとはいえ，沖縄県が独自の「外交」を展開し，台湾や中国と経済交渉を行うにはかなりの制約がある．むろんその終局的な解決策は，装いも新たに復活した「琉球独立論」(松島泰勝，2014年)だが，「見果てぬ夢(idle dream)」ではないにしても，その実現に向けては「重荷を負うて遠き道を行くが如し」を否めない．

　その前に沖縄独自の単一道州制，あるいはハワイ王国が選択した連邦制(state)の導入などによる「一国二制度」の実現に向けた「オール沖縄」の取り組みが不可欠であろう．地方分権の切り札として，本土でも沖縄でもあれほど熱気をもって議論されてきた道州制がここにきてなぜ萎んでしまったのか不可解である．人とカネ，モノ，情報の流れを東京から沖縄に逆流させる最も現実的で有効な方法は中央発ではない．沖縄独自の設計による道州制を構築し，中央省庁が握る権限や財源をまず沖縄に移すことではないか．

　沖縄をはじめとして多くの島嶼地域は，グローバル化による悪影響を「遮断」するために，経済社会を「閉じた体系」で運営することは不可能に近い．ならば，「国境に位置する」地理的好条件を活かして，島嶼の持続可能な発展を探る試みがあってもよい．2007年の日本島嶼学会与那国大会では，「与那国の国境交流特区構想と国境政策」のテーマで，台湾からの研究者を交えて議論した．以下はその成果の1つである．

(2) 与那国：GT モデルのフロンティア

　上述の「GT 構想」を実現するフロンティアとして注目を浴びているのは与那国島である．ミニ島嶼でありながら，「国」の名前がついている与那国は，日本の最西南端に位置し，石垣市より台湾花蓮市に近い．かつて台湾との国境貿易で栄えた輝かしい歴史がある(奥野修司，2005年)．台湾が日本の統治下にあった太平洋戦争前は，与那国と台湾間に国境の壁はなく，自由貿

易・自由往来圏であった.

　「植民地支配の終わった戦後に台湾との間に国境線が引かれたため，台湾との間の復興貿易は「密貿易」とよばれながらも隆盛し，人口は最大で1万5000人に達した．密貿易という用語は，行政当局の視点からの言葉であり，島人にとっては合理的なボーダレスの経済行為にすぎなかったものの，人為的に国境線が引かれたため，無許可の国境をまたぐ経済活動は違法な密貿易と呼ばれたのである．つまり，与那国と台湾の間には生活圏レベルの草の根交流が先にあり，国境はその後に設定されたにすぎなかった」(大城肇, 2005年，p.2).

　双方の国境障壁の強化もあって，台湾－与那国のネットワークは衰退し，2014年の与那国の人口は1500人を下回り，往時の10%程度まで激減，与那国は日本最西端の辺境の小島へと変貌した．与那国と台湾の花蓮市は，1982年に姉妹都市盟約を締結し，チャーター便が就航するなど，島嶼間交流の再構築に向けた動きが始まっている(Kakazu, 2015b).

　2005年には，経済の再活性化，島の自立に向けた「与那国・自立へのビジョン」構想が策定された．ビジョン実現に向けた戦略として「国境交流特区」構想を策定し，「国境交流を通じた地域活性化と人づくり」戦略を打ち出した．国境交流のパートナーは当然隣の台湾である．戦前，終戦直後に台湾との交流によって繁栄を謳歌した与那国を今一度取り戻そうという発想である．

　特に台湾から低コストで資材や物資が調達できると同時に，与那国産の特産品の輸出，観光客の受入促進は与那国だけでなく，八重山島圏域，沖縄全体にとっても大きな利益につながるはずである．与那国は沖縄のアジアへのフロントランナーとしての役割を果たせる位置にある．

　しかし，「国境交流特区」構想の実現にはいくつかのハードルを乗り越える必要がある．例えば，与那国の祖納港を外国航路の就航も可能にする法制度の改正である．県管理の祖納港は小規模で外国貨物取扱量が少なく，港湾・税関施設も未整備のため，関税法第20条でいう「不開港」の位置づけである．那覇港のベースポート指定要件と同様，貨物取扱量の「実績」が開港への重要な要件だが，与那国のような小規模離島で開港せずして実績を上

げることは不可能に近い．開港については財務省の管轄だが，国際航海の人命安全確保を規定する国際条約(SOLAS)に基づく国内法令(船舶安全法等)があり，これは国土交通省の管轄である．この条約・法令で定める安全基準をクリアしない限り，与那国の小型船舶は近場の花蓮港にも入港できないことになっている．

　与那国が提案している「国境交流特区」構想は，外国がからむことから，国内特区構想よりはるかにハードルは高い．「与那国が国境の島であることから密輸リスクが他の地域に比べて高いという理由から，財務省は外国貿易船が自由に入港可能な開港に指定するのは困難と判断している．しかし，与那国のねらいは領海の保全，国境地域の安全，隣国との平和的交流であり，地震や津波等の災害相互支援協定を締結する計画ももっている．国境に隣接しているという理由で密輸リスクが高いと判断するのは短絡的な見方である」(大城肇，2005年，p.8).

　与那国町の特区構想が国の「岩盤規制」で暗礁に乗り上げている間に，島を二分する論争の中で，陸上自衛隊の沿岸監視部隊の配備が着々と実行されている．自衛隊配備は国の島嶼防衛の一環で，与那国から約150 km離れた尖閣列島(中国名：魚釣島)の中国軍への監視が主目的である．むろん与那国町としては，自衛隊配備をテコに経済の活性化，人口激減への歯止めを狙っているが，尖閣列島の領有権を主張してホットなにらみ合いが続いている中国，台湾との関係悪化は避けられない．

注及び参考文献

岩下明裕『北方領土・竹島・尖閣，これが解決策』朝日新書，2013年．
大城肇「与那国の国境交流の国民的意義」日本島嶼学会対馬大会報告，2005年7月．
沖縄県与那国町『与那国・自立へのビジョン　自立・自治・共生──アジアと結ぶ国境の島 YONAGUNI』2005年3月．
沖縄県与那国町・福山海運合資会社・財団法人都市経済研究所『沖縄県与那国町「国境交流特区」構想について──国境離島型開港による島の再生・活性化と新しい国境都市の形成』2005年6月．

奥野一生「離島の航空交通」『大阪教育大学地理学会会報』第 55〜58 号，2008〜11 年，及び同会報「沖縄の航空交通」第 43 号，2002 年.
奥野修司『ナツコ 沖縄密貿易の女王』文藝春秋，2005 年.
「オンライン講義で大学はどう変わるか」『ニューズウィーク日本版』2012 年 11 月 7 日号，pp.50-51.
海洋政策研究財団『海洋白書 2008 日本の動き 世界の動き』成山堂書店，2008 年.
嘉数啓『島しょ経済論』那覇：ひるぎ社，1986 年.
嘉数啓「国際島嶼学会の創立」『アジア経済』第 35 巻第 12 号，1994 年，pp.55-64.
嘉数啓『国境を越えるアジア 成長の三角地帯』東洋経済新報社，1995 年.
嘉数啓「奄美・沖縄ソフト連携軸」『大島新聞』1999 年 7 月 3 日「奄美・やんばる広域圏交流推進協議会」設立基調講演.
鹿児島大学プロジェクト「島嶼圏開発のグランドデザイン」編『奄美と開発』鹿児島：南方新社，2004 年.
木崎甲子郎編著『琉球の自然史』築地書館，1980 年.
佐野眞一『沖縄 だれにも書かれたくなかった戦後史』集英社インターナショナル，2008 年.
須山聡編著『奄美大島の地域性――大学生が見た島／シマの素顔』大津：海青社，2014 年，特に第 10〜12 章参照.
田中絵麻「太平洋島嶼地域の高等教育機会改善に向けた ICT 利活用の可能性――国際的な環境変化と国際協力の役割視点から」菅谷実編著『太平洋島嶼地域における情報通信政策と国際協力』所収，慶應義塾大学東アジア研究所叢書，2013 年，第 10 章，pp.181-198.
長嶋俊介・伴場一昭・安達浩昭「島嶼における通信環境の条件不利性――行政・情報過疎相乗効果の克服」『島嶼研究』第 6 号，2006 年，pp.83-128.
松島泰勝『琉球独立論』バジリコ，2014 年.
山田誠編著『奄美の多層圏域と離島政策――島嶼市町村分析のフレームワーク』福岡：九州大学出版会，2005 年.
吉成直樹・福寛美『琉球王国誕生――奄美諸島史から』森話社，2007 年.
Asian Development Bank (ADB) (2011) *Key Indicators*. Manila.
Carvalho, A. (2003) "Nikkei Communities in Japan." IN: Roger Goodman, Ceri Peach, Ayumi Takenaka and Paul White (ed.) *Global Japan*. London: Routledge Curzon, pp.195-208.
Crocombe, R. (2001) *The South Pacific*. Suva: University of the South Pacific.
Economides, N. (1994) "The Economics of Network." *International Journal of Industrial Organization*. 14, pp. 651-662.
Higa, C. (2002) "The SCS/PEACESAT Integration Project: Bridging Satellite Networks and Evaluating Shared Program Areas Between Japan and the Pacific Islands." 放送大学『研究報告』pp.1-132.
Hugo, C. (2004) *Circular Migration: Keeping Development Rolling?* Washington,

D.C: Migration Policy Institute, pp. 1-5.

Jayaraman, T. K. (2003) "Is There a Case for a Single Currency for the South Pacific Islands?" *Pacific Economic Bulletin*, No. 18, pp. 41-53.

Kakazu, H. (2012) *Island Sustainability: Challenges and Opportunities for the Pacific Islands in a Globalized World*. U.S.A & Canada: Trafford Publishing, Chapter 3, pp. 71-88.

Kakazu, H. (2015a) "A Growth Triangle (GT) Approach to Asian Regional Economic Integration: A Case Study of Taiwan-Okinawa-Kyushu Growth Triangle." アジア近代化研究所『IAMアジアレポート』第5号, pp. 1-29.

Kakazu, H. (2015b) "Okinawa and Taiwan: Island-To-Island Networking," A Paper presented at the National Development Council (NDC) of the Republic of China, April 16, pp. 1-23.

Norris, P. (2001) *Digital Divide: Civic Engagement, Information Poverty, and the Internet Worldwide*. Cambridge: Cambridge University Press.

PIDO (Pacific Island Digital Opportunity Reseach Committee) (2004) *A Report of Pacific Island Digital Opportunity: Towards Paradigm Shift of Pacific Islands*. Tokyo: Sasakawa Pacific Islands Nations Fund.

Prasad, S. N. (2004) "Escaping Regulation, Escaping Convention: Development Strategies in Small Economies." *World Economics*. 5, pp. 41-65.

Samuelson, P. A. and W. D. Nordhaus (2001) *Economics*. 17th ed., New York: McGraw-Hill.

Scalapino, R. (1992) "The United States and Asia: Future Prospects." *Foreign Affairs*. Winter, pp. 19-40.

第6章　島嶼の政治経済学
――沖縄：経済自立への挑戦

1．グローバリゼーションと島嶼経済

　島嶼経済をマーケットという「神の見えざる手(invisible hand)」を前提にする近代経済学の手法で分析するのは間違いである，とする指摘がときになされている(平恒次, 1982年)．他方，島嶼経済ほど，その貿易依存度の高さ，1, 2の国際市場の変化に晒され易い輸出商品への特化，遠隔地小規模生産・消費ゆえに国際価格変動を受け身の形でもろに受けるとする実証分析も数多くある(Kakazu, 1994)．

　しかし，いずれの見方も部分的には正解である．すでに詳述したように，島嶼経済のありようは，島の位置と成り立ち，歴史・文化，政治形態(ガバナンス)，資源の有無などによってすべて異なると言ってよい．例えば，オフショア・ビジネスの中心地で，世界トップクラスの1人当たり所得を稼いでいるマイクロ島嶼のバミューダやケイマン諸島は，国際金融市場の影響をどこの国・地域よりも受けやすい環境にある．他方，国際金融市場が皆無である多くの島嶼地域では，アジアからラテンアメリカまで広がった1990年代後半の金融バルブの崩壊とは無縁であった．

　金融バルブの直接の影響は受けなかったものの，ナウルやパプアニューギニア，フィジーなどで観察されたように，国際相場に左右される砂糖や鉱物資源などを輸出して外貨を稼いでいる多くの島嶼国経済は，石油輸出機構(OPEC)のように自らカルテルを結んで価格を維持できないことから，これらの価格変動の影響をもろに受けることになる．

　さらに重要な点は，島嶼国は輸出依存以上に輸入依存経済であることである．消費財から生産財に至るおよそありとあらゆる商品を輸入に頼っている．

輸入商品は国際マーケットを通して供給されていることから，輸入に関しては価格操作ができないオープンな小島嶼経済が最も影響を受けることになる．イギリス海軍の主要基地のあったマルタ島のように，第2次世界大戦中，ナチスの海上封鎖によって島への物資補給路が断たれ，全島民が餓死寸前にまで追い込まれた島もある．

　同じことは台風，地震，津波，温暖化による海面上昇などの自然災害でも起こりうる．島嶼地域はこのようなマーケット依存の生存リスクを抱えながらも，輸入依存度は高まってきている．また，島嶼経済を特徴づける移民・出稼ぎ，観光産業にしても世界的な地域間競争に晒されており，世界のマーケット動向に大きく左右されることは言うまでもない．

　しかし，マーケット依存が高いから，島嶼経済分析には成熟したマーケットを前提にした近代経済学の手法が有効であるとは限らない．北欧の知的巨人，グンナー・ミュルダールは，その大著『アジアのドラマ』(Myrdal, 1968)で，先進工業経済でのみ有効性をもちうる理論を条件の全く異なるアジアの発展途上国経済にもあてはまるとした推論の危険性を「誤れる具体化の誤謬」とよんで厳しく批判している．つまり，成熟した競争的市場経済でしか有効でない理論モデルを発展段階の異なる他の経済に応用できるとする思考の誤りである．このことは，市場経済モデルだけでなく，「中心－周辺理論」，「従属理論」，「世界システム理論」，「内発的発展理論」(西川潤，2000年参照)などにも言えることである．

　これはなにも島嶼経済に限ったことではない．チュチェ(主体)思想に基づく国際経済舞台からほぼ遮断された北朝鮮経済の分析には市場経済分析手法はほとんど役立たない．ここで取り上げた多くの島嶼経済は，国際貿易に先進経済以上に依存しており，すでに詳述したように，地域によっては生存経済と市場経済との二重構造が濃厚に観察されるものの，基本的には市場経済を前提にして政策運営がなされている．であれば市場を前提にした分析は有効である．課題はどのような市場分析ツールが有効で，しかも歴史的，科学的な検証に耐えうるかである．

　経済発展におけるマーケット主導(invisible hand)か，政府主導(visible hand)か，はたまたその最適ミックスかの政策論争は政治経済学(political economy)

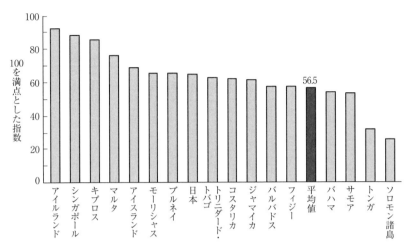

図 6-1 調査対象になった主要島嶼国のグローバリゼーション指数，2011 年
注：グローバリゼーションインデックスは，経済，社会，政治におけるデータを指数化し，191 位までを公表している．
資料：Foreign Policy (January/February 2014) より作成．

と称して，経済学の歴史より古い．近代国際貿易論の基礎を築いたデビッド・リカードの著書名は『政治経済学および課税の原理』(Ricardo, 1817) となっており，当時はマーケット主導より政府主導によって経済発展の方向が決定されていたことを物語っている．

　国際政治経済の有力な調査機関である「フォーリン・ポリシー」は，世界191 の国について，グローバリゼーション総合指標(経済+社会+政治)を作成し，ランク付けしている．この指標は経済社会がどの程度グローバル化，つまり国際スタンダードを満たしているかを知る上で参考になる．最近時(2011 年)の調査結果は図 6-1 の通りである．最もオープンな経済社会はアイルランド，シンガポールなどで，小島嶼国ではキプロスを筆頭にマルタ，モーリシャス，ブルネイなどが開放的で，カリブ海ではトリニダード・トバゴ，ジャマイカ，バルバドスが続き，南太平洋島嶼国ではフィジーが平均値(56.5)に近く，最も市場経済に晒されているが，トンガ，ソロモン諸島は最下位グループである．島嶼地域でも，大陸市場に近い地域ほどグローバリゼーションの進展度合いは大きいと言える．ちなみに日本の経済社会の「開放

度」は59番目で,マレーシア,タイよりも低い.

第2章で詳述した「MIRAB」経済の提唱者であるバートラムも指摘しているように,島嶼経済は内的要因より外的要因の影響を受けやすく,その分,むろん島嶼によって大きく異なるが,政府の経済政策,特に「経済外交」の役割がマーケット以上に重要であることは間違いない.ここに政治経済学的分析手法が要請されるゆえんである.国際関係論の巨匠,ロバート・ギルピン(Gilpin, 1987, p.9)によると,政治経済学的アプローチとは,「政治の決定プロセスが,いかに富の生産,分配活動に影響を与え,また市場及び経済力がいかに政治及び軍事力に影響を与えるかを研究する手法である.政治もマーケットも単独では決定的な影響力にはならず,その循環的な相互作用を解明」することが重要であるとしている.

2. 島嶼地域の脱植民地化と国際関係

大航海時代の幕開けは,島嶼地域にとって悲劇の始まりであると同時に,市場経済への参入による機会の創出でもあった.市場経済といっても,当初はイギリスに始まる重商主義政策に基づく一方的な資源収奪的取引であった.カリブ海では,金・銀などの鉱物資源,砂糖・コーヒーなどの農産物資源がアフリカからの奴隷労働力の導入で開発・輸出された.太平洋でもナウルやツバルの燐鉱石,フィジーの金,砂糖などの収奪的開発が移民労働力の導入で行われ,今日まで続く政治経済・文化の二重構造の基層部分を形成した(熊谷圭知・塩田光喜編,1994年参照).列強による植民地化の時代は島嶼によっては今日まで形を変えて続いており,政治経済構造の形成を超えて,文化・生活様式,教育・思考様式まで劇的に変えた.

二国間政府開発援助(ODA)は,島嶼国とODA供与国(ドナー)との歴史・地理,政治経済関係を読み取るのに役立つ(**表6-1**).ミクロネシア地域は,アメリカの信託統治を経て,「自由連合協定」を締結していることもあって,当然アメリカからの支援がトップを占めている.表にはないグアム,北マリアナ諸島連邦(サイパン,テニアン,ロタ島)など,アメリカの自治領は,社会保障を含むアメリカの支援なしでは現在の生活水準を維持することは不可能

表 6-1 主要島嶼国への ODA 供与実績国別順位, 2010～12 年

	1位	2位	3位	4位	5位
太平洋島嶼国					
ミクロネシア連邦	米国	日本	オーストラリア	ニュージーランド	ドイツ
マーシャル諸島	米国	日本	オーストラリア	カナダ	韓国
パラオ	米国	日本	オーストラリア	ドイツ	韓国
キリバス	オーストラリア	ニュージーランド	日本	カナダ	韓国
ナウル	オーストラリア	日本	ニュージーランド	イタリア	韓国
ツバル	日本	オーストラリア	ニュージーランド	カナダ	韓国
サモア	オーストラリア	日本	ニュージーランド	米国	カナダ
クック諸島	ニュージーランド	オーストラリア	韓国	日本	フランス
トンガ	オーストラリア	日本	ニュージーランド	米国	韓国
ニウエ	ニュージーランド	オーストラリア	韓国	日本	ドイツ
パプアニューギニア	オーストラリア	ニュージーランド	日本	米国	ノルウェー
ソロモン諸島	オーストラリア	日本	ニュージーランド	フランス	カナダ
バヌアツ	オーストラリア	ニュージーランド	日本	米国	フランス
フィジー	オーストラリア	日本	ニュージーランド	米国	ドイツ
カリブ海島嶼国					
セントビンセント	日本	オーストラリア	カナダ	米国	フィンランド
ベリーズ	日本	米国	オーストラリア	カナダ	スペイン
ジャマイカ	ベルギー	カナダ	英国	スペイン	オーストラリア
ハイチ	米国	カナダ	スペイン	フランス	日本
ドミニカ共和国	スペイン	米国	韓国	カナダ	フランス
アンティグア・バーブーダ	日本	オーストラリア	スペイン	米国	ギリシャ
ドミニカ国	日本	フランス	オーストラリア	イタリア	カナダ
セントルシア	日本	オーストラリア	英国	カナダ	ニュージーランド
バルバドス	日本	カナダ	オーストラリア	米国	ドイツ
トリニダード・トバゴ	米国	フランス	オーストラリア	ドイツ	カナダ
インド洋島嶼国					
マダガスカル	フランス	米国	ドイツ	ノルウェー	日本
コモロ	フランス	日本	イタリア	カナダ	米国
モーリシャス	フランス	英国	オーストラリア	ノルウェー	米国
セーシェル	フランス	スペイン	日本	オーストラリア	ドイツ
モルディブ	日本	デンマーク	オーストラリア	米国	ニュージーランド
スリランカ	日本	オーストラリア	フランス	韓国	ノルウェー
東ティモール	オーストラリア	ポルトガル	日本	米国	ドイツ

資料：外務省「国別援助実績」(2014年)等より作成.

である．この地域はドイツの植民地のあと，太平洋戦争前まで「南洋諸島」とよばれて日本の委任統治下にあり，日本からの移民・出稼ぎ労働者が現地人口を上回っていた時期もあった(矢内原忠雄，1935年；三木健，1991年参照)．現在でも日系人を名乗る住民が多いこともあって，日本のODAが第2位を占めている．

日本は歴史的なつながり以外に，ミクロネシアを無期限に同盟国であるアメリカの戦略的支配下におくための「物質的な支援」の役割も果たしている（詳しくは塩田光喜，1994年参照）．むろん日本のODAは，漁場やシーレーンの確保，国際連合などでのマイクロ島嶼国の支援を得たいとする思惑もある．日本の漁業外交に造詣の深いサンドラ・タート（1999年）によると，日本は当初，200海里排他的経済水域に反対する勢力の急先鋒であったが，それが1994年に発効した「国連海洋法条約」で認められると戦略を変更し，漁業協力を条件としたODA供与を積極的に実施し，この地域での漁業関係無償協力資金は無償資金協力全体の7割強に達した．

　ポリネシア，メラネシアは，ツバルを除いて，南太平洋の大国，オーストラリアとニュージーランドからのODAが圧倒している．これは両国が13の太平洋島嶼国とオーストラリア，ニュージーランドで，1971年に創設された「南太平洋フォーラム（South Pacific Forum: SPF），2000年に改称して太平洋諸島フォーラム（Pacific Islands Forum: PIF）」の構成員であるという地政学的な理由だけでなく，イギリスが植民地化した南太平洋地域の負の遺産を払拭し，イギリス流の統治システムをこの地域に定着させたいとする，一貫した外交政策に基づいている（竹田いさみ，1990年）．「多国間植民地」を経て，幾重にも屈折した政治経済構造を形成している南太平洋島嶼国と旧（現）宗主国とのODAを含む経済関係については，ウォーラーステイン流の世界システム論的アプローチを試みた佐藤幸男（1998年）の論考が参考になる．

　最近PIF地域への中国の経済支援攻勢が話題になっているが，中国は以前からこの地で「金銭外交（checkbook diplomacy）」とよばれている援助を台湾と競ってきており，1997年にはキリバスに軍事目的の衛星追跡基地を建設して周辺国を警戒させた（Wallis, 2012）．中国はODAを実施する経済協力開発機構（OECD）の開発援助委員会（DAC）の加盟国（現在EUを含む29か国）ではないため，公式な統計データはなく，中国の発展途上国援助の実態はつかみにくい．

　中国の援助目的は，台湾承認国（PIF諸国では，キリバス，マーシャル諸島，ナウル，パラオ，ソロモン諸島，ツバルの6か国）を離反させる目的があったが，最近はこの海域における軍事的，地政学的優位性の確保と漁業を含む海洋資

源外交の色彩を強めている．中国にとって，「フィジーは「アンザスの湖」に打ちこんだ戦略的楔（くさび）」（塩田光喜・黒崎岳大，2012 年，p. 50）と称されているように，2006 年の軍事クーデターによるフィジーの政変は，中国にこの地域への積極的な関与を与える絶好のチャンスとなった．

同じ年に中国の温家宝首相（当時）がフィジーを訪問し，インフラ整備や水力発電所，娯楽施設に至る支援を約束した．フィジーに続いて，トンガでも中国の援助攻勢が始まっており，中国の海洋進出の拠点になりうる大型桟橋の建設に加えて，宮殿の整備まで支援している．ODA 統計には掲載されてないが，IMF によるとトンガへの中国融資は，同国 GDP のじつに 30% にも達している．パプアニューギニア，バヌアツ，ソロモン諸島，フィジーで構成するメラネシア先鋒グループ（MSG）の事務所建設費までもが中国の支援で完成した．

さらにミクロネシア連邦，バヌアツ，フィジー，クック諸島，トンガ，ニウエなどが中国からの援助で港湾建設を行っている．パプアニューギニアでは，中国漁船が港湾施設を建設し，独占使用する契約まで締結している．アメリカ，日本はこれらの港湾施設が中国の海洋進出の拠点になることを警戒している．中国は，インド洋のスリランカやパキスタンでも港湾整備を行っており，アメリカのシーレーン封鎖に対抗するために，インド洋とつなぐ太平洋側の海域を確保する意図を読み取る専門家もある（Brant, 2013; 嘉数啓, 2016 年）．

アメリカやオーストラリアの「裏庭」に相当する南太平洋への中国の進出に対抗して，2012 年の PIF ラロトンガ会議に国務長官（当時）として初めてアメリカのヒラリー・クリントンが参加し，オーストラリアとともに中国を牽制すると同時に，フィジーに対する制裁の緩和を含むこの地域への関与を強める発言をしている．PIF 島嶼地域に位置する 13 か国のうち，ニウエを含めて 7 か国が中国と外交関係を樹立しており，中国の「金銭外交」が実を結びつつあることも事実である．

フィジーの政変は太平洋島嶼域内だけでなく，この地域における域外大国間の権益争奪戦にも発展しつつある．フィジーの軍事政権が約束した民主化への動きが止まると，PIF のメンバーで最大のドナーでもあるオーストラリ

アとニュージーランドが主導して，2009年にフィジーのイギリス連邦とPIFの加盟資格停止の制裁を下した．これに対抗してフィジーは，両ドナー国を含まない「太平洋関与首脳会議(Engaging with the Pacific Leaders Meeting: EWTP)」を主宰し，PIF加盟島嶼10か国と東ティモールが参加した．この会議の発足によって「太平洋島嶼地域の中核的地域機構としてのPIFの位置づけは大きく揺らぐことになった」(小柏葉子，2013年，p.20).

EWTPの事務局機能を担う「太平洋開発フォーラム(Pacific Islands Development Forum: PIDF)」が2013年に発足し，PIFへの挑戦を鮮明にした．筆者もフルブライト上級研究員として所属したことがあるハワイ東西文化センター内に設置されている「南太平洋開発プログラム(PIDP)」の研究者は，「これまで長い間，太平洋島嶼国の経済開発は旧宗主国の価値観と助言で行われてきたが，地域が目指す成果を生み出せなかった．PIDFはフィジー元首相のカミセセ・マラがその国連加盟(1970年)時に唱えたパシフィック・ウェイ(The Pacific Way)の原点に戻り，島々の多様な伝統文化と共通の価値観，連帯に基づく独自の発展を目指す新たな地域フォーラム」として，PIDFの発足を好意的に見ている(Tarte, 2013).

しかし，PIDF事務局の運営費は中国，ロシア，クウェートが負担することが決まっており，PIDFに参加していない地域の島嶼国との関係も含めて，この組織がパシフィック・ウェイの理念と合致するかどうかは疑わしい．『パプアニューギニア・ポスト』(2014年12月1日)によると，フィジーでの民主的な選挙の実施によって，PIFのフィジーに対する制裁を解除したが，フィジー政府はオーストラリアとニュージーランドがPIFに加盟している限り，PIFへの復帰はないと明言している．むろん大半のPIF加盟国は，両ドナー国をPIFから追放する勇気も資力もない．

カリブ海島嶼地域は，地政学的にはアメリカの支配領域だが，ODA供与では特にミニ島嶼国に対しては日本が首位を占めている．援助額はそれほどでもないので，おそらく同盟国であるアメリカの対外政策をサポートして，国際舞台での日本の存在をアピールし，国際連合などでの支持を得たいとする狙いがある．

ここでも旧植民地宗主国のベルギー，スペイン，フランスなどが国によっ

ては最大のODA供与国だが，この地域の大半を植民地支配したイギリスは，いまだにケイマン諸島，ヴァージン諸島，バミューダ諸島，タークス・カイコス諸島などの自治領を手放してないものの，政治・経済関係での存在感は失っている．この地域へのODA供与国としてまだ上位の位置を占めていないものの，存在感を増しているのは台湾である．ハイチ，ベリーズ，セントルシア，セントビンセント，セントクリストファー・ネービス，ドミニカ共和国が台湾からの援助と引き換えに台湾との国交を樹立している数少ない国であるからだ．

カリブ海地域でも1962年にジャマイカ，トリニダード・トバゴがまずイギリスから独立し，1980年代までに12のイギリス連邦からの独立国が誕生して，2つのイギリス自治領が加わって「カリコム(CARICOM: Caribbean Community)」と称する「カリブ共同市場(Common Market)」を1973年に創設した．加盟国のうち，ガイアナとスリナムはカリブ海に面した南アメリカ大陸の一部である．カリコムは，1968年に設立された「カリブ自由貿易連盟(CARIFTA)」を発展させ，経済統合，外交政策の調整，保健医療・教育等に関する機能的協力の促進を目的としており，2002年に域内の最貧国ハイチが加盟して，現在14の域内独立国で構成されている．「共同市場」の名の通り，カリコム域内では原則関税ゼロ，域外に対して共通関税を課している．

図6-2に見るように，人口はハイチの1000万人超からセントクリストファー・ネービスの5万人まで相当な落差がある．1人当たり所得もハイチの700ドル強からバハマの2万ドルまでの格差があり，産業構造も多様である．石油・ガス資源の豊富なトリニダード・トバゴ以外の国はすべて大幅な貿易赤字を記録し，太平洋島嶼国同様ODA，送金，観光，自由貿易地域からの輸出を含むオフショア・ビジネス等からの収入で赤字を埋め合わせている．

カリコムは，域内貿易の促進も目的としているが，加盟国間の貿易額は輸出で全体の19％，輸入で14％にとどまっており，近接するアメリカへの貿易，投資依存度が高い．今井圭子(1990年)による1980年代の経済構造分析が，太平洋島嶼国との比較も含めて，今日でもほぼ当てはまる．1人当たり所得では，カリコム平均が8831ドル(2012年)で，PIF平均の3139ドルを大

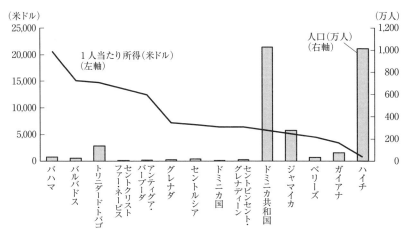

図 6-2　カリコム加盟国の人口と 1 人当たり所得，2012 年
注：スリナムのデータは入手不可.
資料：World Bank Data Base and ECLAC.

きく上回っている．

　カリコムは，アメリカの政治経済動向に大きく左右され，観光や自由貿易地域からのアメリカへの輸出，バハマやバルバドスのようなオフショア・ビジネスの拠点になっていることもあって，2001 年の同時多発テロ，1998 年のリーマンショックによる影響をストレートに受け，1990 年代後半の経済成長率が半減した．むろん域内経済統合では，大国の地政学的思惑に影響されやすい PIF と異なって，地理的近接性もあって域内結束は強く，単一市場を目指して着実に進展していると言える．

　カリブ海の大アンティル諸島に属し，世界の島の中で 23 番目に大きい「イスパニョーラ島」は，歴史のアクシデントで西側の 3 分の 1 をハイチ共和国(旧フランス植民地)，東側 3 分の 2 をドミニカ共和国(旧スペイン植民地)によって統治されているが，後者はカリコムの正式加盟国ではなく，オブザーバー参加である．両国とも人口 1000 万人を超えてカリブ海の「大国」で，ハイチがドミニカを軍事占領した時期もあったが，経済発展ではドミニカがハイチを大きく凌駕している．その差は後者における政情不安と農業依存型の経済構造にある．イスパニョーラ島はコロンブスが最初に上陸した島とさ

れており，その後の島の過酷なまでの激変を描いたチャールズ・マンの著書が最近ベストセラーになった(Mann, 2011).

インド洋地域では，アフリカ大陸に近いマダガスカル，コモロなどの旧宗主国のフランスが主ドナーで，南アジアに位置するモルディブとスリランカ両国はイギリスの旧植民地であるにもかかわらず日本がトップドナーである．これも ODA の地政学的棲み分けである程度説明できよう．最近ポルトガルから独立した東ティモールは隣のオーストラリアがドナーの首位を占め，ポルトガルは 2 位である．オーストラリアが安全保障上最も重視する地域は，東ティモールを含むインドネシア，パプアニューギニア周辺海域である．

3. 相互依存と経済自立への苦闘

相互依存とは，「お互いがお互いを必要とし，一方が倒れると他方も倒れる関係」と定義すると，前述のモデルで，経済大国及び中規模経済国と島嶼国との経済関係は，相互依存関係というより，一方的な依存関係である．むろん島嶼国でも人口と資源に恵まれたパプアニューギニア，ソロモン諸島，フィジーなどは経済的，政治的独立性が他の小島嶼国より高いと言える．すでに詳述したように，依存・相互依存の概念を通り越して，資源枯渇や気候温暖化の影響で国そのものが崩壊の危機に直面してナウルやキリバスのような国もある．

R. クーパー(Cooper, 1968)によると，相互依存関係のメリットは，その関係を実際に断ち切ってみないとわからない．不平等で非対称な関係だからといって，関係を断ち切ることのコストは大国よりもむしろ島嶼側の方が大きいことは間違いない(嘉数啓，1986 年)．かつて新興工業経済地域(NIEs)とよばれた香港，シンガポール，台湾，韓国のように，これら島嶼国が旧宗主国に従属しながらも，いずれは従属関係を脱して，自立経済，あるいは持続可能な経済社会を構築できるかどうかが問われている．

「自立(律)」の意味を『広辞苑』でひくと，①他の力によらず自分の力で身をたてること，②他に属せず自主の地位に立つこと，と定義している．前者が経済的自立の概念に近く，後者が意思決定を重視する政治的・精神的

自律の概念に近いであろう．国際開発論の分野でほぼ「定説」になっている自立経済の状況とは，きわめて常識的でしかも明快である．つまり，「自ら稼いだ所得でもって自らの支出を賄うこと」である．これは，個人，家計，企業のミクロレベルから，セミマクロの地域，マクロの国レベルまで当てはまる．例えば，個人または家計がその収入以上に支出すると「赤字」になるが，それを可能にしたのは，①預金などの「金融資産の取り崩し」，②親戚・友人などからの支援(贈与)，③返済すべき「借金」のいずれか，あるいはその組み合わせである．赤字が持続すると当然，金融資産を食い潰すことになる．贈与経済とは「パラサイト(依存)経済」のことであり，そこから抜け出すのが自立経済の確立である．借金経済はむろん，返済の目途がたたなければ「個人破産」になり，「社会人」として自立していない．同様に，自治体レベルでの財政赤字の累積は，財政破綻につながり，「財政再建団体」に転落すると国や県の管理下に置かれ，北海道の夕張市のように自主的な財政運営は不可能となる．国も対外借金を返済できなければ「デフォルト(債務不履行)」宣言をし，IMFの管理下に置かれて，自立的な経済運営が大きく制約されるのは，過去にデフォルトに陥ったアルゼンチンやEUの金融救済で経済危機に見舞われた最近のギリシャを見れば理解できる．島嶼の自立概念については，沖縄経済自立論の火付け論文になった嘉数啓(1983年)が詳しいが，その後の自立論は思考停止におちいっている．

　島嶼の経済的自立とは，独立した経済が他の経済と接触する過程で発生する相対的概念であるから，市場経済以前の「自給自足的経済(autarky)」，ロビンソン・クルーソーの「孤立・孤島経済」，トマス・モアの「桃源郷(utopia)」的世界では問題にならない．貧しい国と豊かな国とのタテの政治経済関係，いわゆる「南北問題」に造詣の深い森田桐郎(1972年)によると，第2次大戦後，多くの植民地国が宗主国から独立し，自らの運命を自らの意志で決定しうる自決権を獲得したときにはじめて「自立的発展」が課題になった．確かに占領下の日本でも「ドッジ・ライン」と称する「経済運営原則」が実施されたが，その最大の目標が，インフレーションの収束と自由経済の復位をはかり，将来の経済発展と，アメリカの援助依存から脱却して輸出主導によって経済の自立を達成することであった(『経済白書』1950年「はしがき」)．

ここでの自立とは，アメリカの援助で穴埋めされていた貿易収支の赤字を黒字に転換し，外貨を持続的に増やすことであった．戦後の日本植民地から離脱した台湾，韓国，それにマレーシアから分離独立したシンガポールでも日本と同様の自立戦略が採用された．

19世紀の半ばに捕鯨船の補給基地として栄えた，沖縄よりちょっと面積が大きい西サモア(現サモア独立国，同じ民族で構成する米領サモアは現在もアメリカの属領)は，ドイツの植民地，ニュージーランドの国際連盟委任統治を経て，戦後国連信託統治地域になったが，1962年に太平洋島嶼国として真っ先に独立を果たした．太平洋地域では，国連憲章に基づく国連総会での「植民地独立付与宣言」(1960年)の可決と，西サモアの独立に刺激されて，ナウル(1968年)，トンガ，フィジー(1970年)，パプアニューギニア(1975年)，ツバル，ソロモン諸島(1978年)，キリバス，ミクロネシア連邦(1979年)，バヌアツ(1980年)，マーシャル諸島共和国，パラオ共和国(1986年)と次々と独立を果たした．すでに見た通り，ほぼ同じ時期にカリブ海島嶼地域でも次々に独立を獲得した．いずれの独立国でも，独立時の最大の課題は自立経済の確立であった(Crocombe, 2001)．

政治・経済的な従属につながる外国援助からの脱却が，これら新興島嶼独立国の国是となったが，独立後は逆に援助獲得競争が激化し，経済外交が最も重要な「資源」に変質し，外交に長けた政治家，外交官を排出してきた．いや別言すると，これらの島嶼国が置かれている戦略的位置が周辺大国の権謀術数の舞台になり，その中で政治家・官僚が生き延びる「術」として外交感覚を身につけざるを得なかったと言える．アメリカの元フィジー大使ボデー氏によると，「南太平洋で最も必要な人材は優秀な外交官だ．豊富な外交資源さえあれば，大国に囲まれた島嶼国の生き延びる道はいくらでもある」(嘉数啓, 1985年)．ミラブ(MIRAB)経済の提唱者，バートラム(Bertram and Poirine, 2007)によると，小島嶼国は1人当たり所得が低い発展途上国に比べて平均して9倍の1人当たり政府開発援助を獲得している．しかしながら，政治・外交依存型の(外向き)開発政策は当然，政治・経済の自立化の基盤を逆に切り崩してきたと言える．外交資源による開発援助の獲得は，国民の自立化への痛みを伴わない生活水準の「水膨れ」を招き，それが日常生活での

欲求水準を押し上げ，ますます援助依存型の体質を強化してきたと言える．このような非自立的経済体質からの脱却は，ドナー側の地政学的利害とも絡んで困難を極めている．

　ソロモン諸島が独立して5年後，当時の大蔵次官トニー・ヒューズは，「独立売ります(Independence on Sale)」と題した論文で，自国を含むほとんどの南太平洋の島嶼国が，軍事基地の提供，漁業・海底資源開発権，航空権，排他的貿易協定等と引き換えに，長い闘争を経て勝ち取った「独立」を売らなければ生きていけない状況になりつつあると皮肉交じりに吐露している(Hughes, 1983)．メラネシア島嶼国の政治と経済自立を研究しているブルックフィールド(Brookfield, 1972)は，「開発とは依存する」ことであり，借金，援助に頼らない内生的な「自助努力」による自立経済の確立は，これらの弱小島嶼国にとって「見果てぬ夢(idle dream)」であると言い切っている．援助「麻薬論＝依存することの心地よさ」は今や影を潜めているが，自立と依存はどこから見るかによって全く違った解釈が可能であり，バルダチーノ(Baldacchino, 2006)は，このような"自発的"依存経済をプロフィット(PROFIT＝Personal, Resource management, Overseas representation, Finance and Transportation)と称して1つの島嶼発展のモデルとして分析している．

　宗主国の外交政策も島嶼国の自立的発展を阻害しているとする指摘もある．市場経済学的な論理からすると，ODA無償援助は，対価を払う必要のない，機会費用ゼロの交換方式であることから，最も理想的な取引形態と言える．しかし，ハワイ州開発局長を経験し，ハワイ大学で長らく島嶼研究に従事してきたマーク教授によると，アイゼンハワー大統領時代の1954年に，「平和のための食糧支援(Food for Peace)」と称した公法第480号(PL480)に基づくアメリカの余剰農産物の無償援助は，貧困国の食糧危機を救うのに役だった反面，ミクロネシア地域では農業生産意欲の減退につながり，経済の自立基盤を切り崩してドナーへの依存体質を強化した(Mark, 1983)．特にアメリカの属領であるグアム，サイパン，テニアンなどの北マリアナ諸島連邦，アメリカ領サモアなどでは，「フードスタンプ(Food Stamp)」と称する国内版の食糧無償支援が実施されており，島内で自給されてきたココナッツ，タロイモ，パンの木の実などの伝統的な農産物は見向きもされない．さらにこれら

の属領では，アメリカの社会保障制度もストレートに適用されることから，消費が勤労所得を上回って水ぶくれし，貯蓄率がマイナスを記録しているケースもある(嘉数啓, 2013年(a)).

　台湾や韓国，シンガポール経済のような，援助依存から脱却し，経済自立を成し遂げた国は，すべてGDPの3割程度を貯蓄した．この貯蓄が生産的な投資の原資となり，輸出の原動力になったことはよく知られている．サモアの著名な経済学者，フェアバーンがいみじくも指摘しているように，外国援助と経済自立は必ずしもトレード・オフ(負の相関関係)にあるとは限らない．課題は自前で策定した自立計画に沿った支援方式とその活用の仕方である(Fairbairn, 1985)．自立への確実な道は，第3章で詳述した島嶼の地場資源の活用を最大化する制度・技術の構築と人的資源の活用である．

　経済的担保のない独立が「みせかけのもの」であることは南太平洋諸国に限らず，多くの島嶼国・地域で実証されている．南太平洋やカリブ海での独立島嶼国家の経済苦境を目の当たりにして，いまだに宗主国の属領に甘んじている島嶼地域では，独立よりも宗主国への併合を目指す動きが盛んになりつつある．例えばアメリカのコモンウェルス(自治領)であるプエルトリコやアメリカの準州であるグアムでは，ハワイ諸島で実現した州昇格への動きが徐々に広まってきている．

　他方，独立の動きが活発になっている島嶼地域もある．ナポレオン3世時代の1853年に，当初囚人の流刑地としてフランスの海外領土に編入されたニューカレドニアでは，祖先伝来の土地を奪われたカナク族とフランス系住民との熾烈な内紛を経て合意に達した「ヌーメア協定」(1998年)によって，大幅な自治権を獲得し，ここ数年以内に独立を問う住民投票が実施されることになっており，その行方が注目されている(ニューカレドニアの独立＝脱植民地化への背景については，尾立要子，2003年参照)．太平洋戦争の激戦地となったパプアニューギニアの自治州であるブーゲンビル島でも分離独立の動きがあり，近く住民投票が実施されることになっている．ニューカレドニアはニッケル鉱山，ブーゲンビル島は銅鉱山などの資源に恵まれ，フランス，オーストラリア企業によって開発が行われてきた．独立を求める原住民は，資源輸出によって独立後も経済自立が担保されると踏んでいる．2014年にスコ

ットランドの独立を問う住民投票が否決されたが,独立を目指す最大の理由の1つとして,北海油田の利権がイギリス政府に完全に握られていることの不満が挙げられている.北海油田からの収入により,もし独立が達成されたならば1人当たりの所得が年1000ポンド(約17万円)増えるとの主張である(The Scottish Government, *Scotland's Future*, 2013).自立経済の確立が独立への王道であることを物語っている.

4.沖縄：自立経済構築への挑戦

ここで日本における島嶼経済の自立問題を考えてみたい.ここでの島嶼経済とは,離島振興法や特別立法で振興策が実施されている小笠原,奄美,沖縄などの島嶼地域のことである.奄美群島(皆村武一,2003年;山田誠編著,2005年)や北海道(北海道未来総合研究所編,1980年)などでも経済自立論が展開されてきたが,最も華々しく議論されてきた地域は沖縄である(嘉数啓,1985年,2002年;宮里政玄ほか編著,2009年;大田昌秀ほか,2013年参照).それには歴史・文化・地理・人口学的な背景がある.1つは,沖縄は奄美群島や小笠原諸島などと異なり,地理的にも日本唯一の島嶼県で,琉球王国誕生(1429年)以来,独自の経済圏を形成し,復帰後も本土発ではない沖縄独自の「道州制」を目指していることから,自立(律)経済の構築は,その実現性はともかくとして,沖縄の未来を指し示す羅針盤の役割を果たす.

2つは,沖縄経済は日本のどの地域よりも持続可能性の低い基地収入と政府の財政支出に依存しており,「自助努力」による経済基盤を確立する必要がある.3つは,雇用失業問題の解決である.沖縄の本土復帰後の最大の課題の1つが安定した雇用の場を創出し,全国平均のほぼ倍を記録してきた構造的な失業率を解消することであった.特に沖縄の若年層失業者は県内就職志向が強く,全国レベルでの労働力の移動・流動性は低く,失業者が県内に滞留する傾向が持続している.したがって失業解消には,県内での職場創造が最も効果的である.4つは,本土の地方圏が危機的な人口減を経験しているのとは対照的に,沖縄は全国一の人口増加率を誇っており,世界経済を牽引しているアジアに隣接していることもあって,「日本のアジアへのフロン

トランナー」としての優位性を活かして，政策のあり方によっては自立経済の構築は「見果てぬ夢」ではない．

自立経済構築への最大の課題が経済社会を支える一定の人口規模をいかに確保するかである．特に日本本土の地方・島嶼地域は持続的に人口が減少しており，経済社会の自立どころか，その消滅さえ真面目に議論されている．2014年3月に増田寛也元総務大臣が座長を務める有識者会議「日本創生会議」が国立社会保障・人口問題研究所(人口研)の将来推計人口に基づいて試算した全国自治体の2040年の人口減少のインパクトが地方，都市圏を問わず衝撃を与えている．経済社会の自立の目安になる1万人規模の人口を維持できない市町村が，現在の少子高齢化が持続すると仮定すると，全国で523,全体の29％に達し，経済社会の再循環機能を失っていずれ消滅するというショッキングな報告である．

この報告書のアピールポイントは，人口減少は単に過疎地域や離島地域だけの問題ではなく，むしろ人口が集中する大都市の問題であることを明らかにしたことである．特に出生率が全国最低を記録している東京都は，地方からの労働力の流入でひとり勝ちに見えるが，この流入もいずれ途絶え，同時に地方や離島で支えきれなくなった高齢者の流入も加わって一気に超高齢化社会に突入し，結果的に人口減少に見舞われると警告している．人口減による日本崩壊を防ぐ戦略として，報告書は地方中核都市を中心とした雇用の場の創出と，都心部人口の地方への分散政策を提言しているが，従来も多極分散型の国土形成，定住自立圏構想，地方創(再)生，地方と都市のネットワーク形成戦略が打ち出されたにもかかわらず実績が上がっていない．このような中央発の構想が，地方圏や島嶼圏の人々に深く浸透し，創生への新たなエネルギー源になることはもはや期待できない．

図6-3は，沖縄の離島市町村及び奄美群島の2015年国調人口を100とした25年後(2040年)の「封鎖人口(人口研推計)」と社会移動を含む「総人口(沖縄県推計)」の変化を見たものである．封鎖人口(社会増減ゼロ)では，多くの市町村が現在の9割前後の人口水準を維持しているものの，社会移動を含めた総人口では，石垣市を除くすべての市町村が人口減を記録し，久米島，伊江，渡名喜は現在のじつに6割台まで減少すると推計されている．宮古島嶼

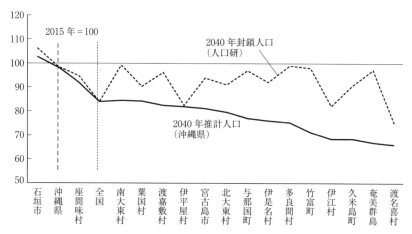

図 6-3 2015 年を 100 とした 25 年後の島嶼人口の変化(推計)
注:「封鎖人口」とは,社会移動(人口流出－流入)がゼロのケース.
資料:総務省「国勢調査」,国立社会保障・人口問題研究所「日本の地域別将来推計人口」,沖縄県「沖縄県人口増加計画」(2014 年 3 月)等より作成.

圏域は自然増加率が八重山島嶼圏域より高いにもかかわらず,継続的な社会減によってピーク時(1950 年)の 8 万人弱から,最近時は 5 万人台に激減し,2040 年には 4 万人台になる.奄美群島の人口も 2040 年には現在の 6 割台まで減少するが,特に与論島と奄美大島の人口減が著しい.

沖縄県による 25 年後の人口推計には疑問が残る.前章で見た通り,2000～12 年間に,すべての離島市町村において日本本土からの人口純流入(本土からの流入－本土への流出)が竹富町の 14.7% を筆頭にプラスを記録しており,島の人口減少に対する一定の歯止めになっている.日本本土からの離島への人口純流入は今後も持続すると考えられる.竹富町は本土からの大幅な人口流入もあって,過去 10 年以上も人口増を記録しているにもかかわらず,県の推計では,渡名喜島,久米島,伊江島に次いで総人口は現在の 7 割程度にまで減少する.これほどの大幅な減少は現時点ではとても考えられない.特に本土からの社会移動人口の推計を再検討する必要があるのではないか.

日本の離島地域の社会移動による人口減少は,一部離島を除いて戦前から継続している構造的なパターンである(宮内久光,2010 年).特に粟国島,渡名喜島,座間味島,渡嘉敷島,伊平屋島からの人口流出が激しく,1935 年

時点での粟国島出身者の35%が本土，台湾・南洋の旧日本植民地，南米などで暮らしている．

　日本の離島地域は，高い自然増加率(出生率−死亡率)を維持してきた．厚生労働省の人口動態調査(2008〜12年)によると，1人の女性が生涯に産む子供の平均数を示す合計特殊出生率は，徳之島の伊仙町が全国一(2.81)で，久米島(2.31)，宮古島市(2.27)，津島市(2.18)，石垣市(2.14)，壱岐市(2.14)と続いている．ちなみに全国平均は1.39で，沖縄県は1.86である．これからしても，小離島地域は本島への人口移動を通して，特に都市部への人口供給の役割を果たしてきたが，近い将来においてもこの傾向は続くと想定される．

　1980年代に沖縄の自立可能離島として，人口が概ね1万人規模かそれ以上の島であった石垣島，宮古島，久米島，伊良部島と，人口約2000人の与那国が候補になった(若井康彦，1983年)．しかし，ここ30年で人口が増えたのは石垣島のみで，久米島，伊良部島は復帰後それぞれ16%，39%減少し，高校の存続さえ危ぶまれている．伊良部島では，人口を島に逆流させる方策として，2015年に395億円かけて宮古島との間に総延長4310mの沖縄最長の伊良部大橋が完成したが，過去の経験からして，伊良部島への波及効果というより，宮古島への人口流出の加速，つまり「ストロー効果」が懸念される．波及効果実現には，伊良部町下地島のパイロット訓練飛行場とその周辺整備が鍵を握ると思われる．どの遠隔小島でも架橋は「島ちゃび＝離島苦」を解消する「夢のアーチ」である．便利になり，観光客，釣り客，ジョガーなどの交流人口が増加することはほぼ間違いない．しかし時が立つにつれて，小島嶼の生活体系は島民の期待に反して変容し，定住人口の減少につながることが観察されている(前畑明美，2014年)．

　人口規模の維持，あるいは増加は自立(律)の必要条件であっても絶対条件ではない．自給自足経済時代の多くの島嶼地域では，限られた食糧資源を確保するために過酷なまでの人口抑制策を実施した．中でも日本の最西端に位置する29 km^{2}の与那国では，人口増と尚豊琉球王府時代の1637年に始まる人頭税の重圧で，妊婦を「クブラ・バリ」と称する海岸に突き出た幅約3 m，深さ約7 mの岩石の割れ目にジャンプさせ，非力な妊婦と未来の子供の間引きを行った酷烈な歴史がある(詳しくは池間栄三，1959年参照)．産めや増や

せの人口増加政策を打ち出している現在の国や地方自治体のありようとは隔世の感がある．与那国の人口は，台湾との貿易で栄えた時代に一時1万人余に膨れ上がったが，1955年には5000人に減り，2015年には約1500人にまで激減した．人口消滅を食い止める「苦渋の選択」として，町は自衛隊基地の誘致を決意した．国は，特に中国の脅威に対処するため，「島嶼防衛」と称して奄美大島や沖縄の先島への部隊配備を急いでいる．

ここで沖縄経済の千古不易の課題ともいうべき自立について考察する．沖縄が「独立経済圏」であったと想定すると，これまで沖縄経済を支えてきた日本政府からの財政支援や基地収入への依存度を下げることが自立への道であるとする考え方が沖縄県の基本的なスタンスである．2012年に策定された「沖縄21世紀ビジョン基本計画(2012年度〜2021年度)」の「基本的指針」の冒頭に「自立」が謳われ，「人や地域社会の自立とは，他人や他地域に依存せずに孤立的・自給自足的に歩んでいく姿ではなく，基本的には，自然と共生し，多様な他主体と補完しあい，支え合う関係の中で，ともに未来に向かって歩みながら，自らの意思と力で成長，発展し，生活の質を高めていく姿を指します」(沖縄県，2012年，p.9)としている．「基本的指針」には，共生社会の構築と言いながらも，グローバル経済の進展の中での経済自立を構築するには，地方分権を確立して自立的な政策決定に基づく移輸出型の競争的産業の育成が不可欠であるとも書き込まれている．しかし，「共生＝共同体」と「グローバル化＝国際市場でのメガ競争」とをどう折り合いをつけるかは全く不明である．

本計画には過去40年の振興計画以上に「自立」という言葉が頻繁に使われているが，自立政策の目安となる明確な定義はない．そのため，過去40年間も自立経済構築を唱えながら，一体どの程度自立が達成されるかの数値目標が全く示されてなく，振興予算を引き出すための「呪文」に終わっているとしか思えない．「沖縄21世紀ビジョン基本計画」の文面から推測するに，過疎，高失業率の改善，過度の移輸入依存，財政依存，基地依存型の経済体質を是正することが自立への道であると示唆していると思われる．もしそうであるならば，これまで議論してきた多くの島嶼経済と沖縄経済は共通の課題を抱えていることになる．

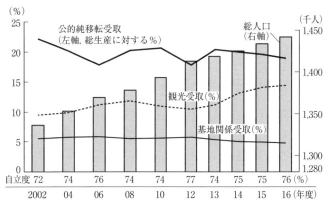

図 6-4 沖縄経済の主要エンジンと経済自立度, 2002〜16 年度
注:「公的純移転受取」は「国庫受取−国庫支払＋財政以外の公的資金流入」
で, 対県民総生産(%).「自立度」は,「1−(公的純移転受取＋基地関係受
取)/県民総生産(%)」. 人口, 観光以外の 2014〜15 年度は実績見込, 2016
年度は筆者推計値.
資料:沖縄県「県民経済計算」などより作成.

筆者はこれまで種々の経済自立指標を作成してきたが，ここでは沖縄の対外収支に着目し，特に中長期的な視点からの自立を考えてみる(詳しくは嘉数啓, 1983 年参照). 図 6-4 は，時系列が利用可能な過去 14 年間の沖縄経済のエンジンとなった主要県外受取を示している．県民の労働の対価ではない財政移転受取(表の注参照)と持続可能ではない基地関係受取への依存度を低め，県産品消費の持続的拡大や持続的観光収入などの「自助努力」による内発的な経済活動に基づく収入源を増やすことが島嶼経済自立への道であることはすでに詳述した．沖縄から国庫への財政移転(国税)を差し引き，財政以外の公的資金の流入を加えた「公的純移転受取」及び「基地関係受取」の県民総生産に対する比率はそれぞれ 20%, 5% 程度で，ここ数年大きな変化はない．内閣府沖縄担当部局で一括計上される「沖縄関係予算」は年間 3000 億円強だが，それ以外に政府関係機関からの公的資金が沖縄に流れており，その総額は年間 1 兆円を超す．この総額から沖縄から国庫へ納付する種々の税金，保険料などを差し引いた「純額＝バランス」が図 6-4 で示した「公的純移転受取」である．この額は県民の努力によらない国庫及び公的機関からの「純移転資金」の流入に相当する．

経済自立度の最も単純な指標は，「1－(公的純移転受取＋基地関係受取)／県民総生産(%)」で表すことができる．図6-4で見るように，沖縄経済の自立度は過去14年間で若干の乱高下はあるものの，概ね75%程度であり，傾向的に向上しているとは言い難い．むろんここで定義した「自立度」の100%達成は理想であり，現実には独立国家でも達成は困難である．日本でこの定義での完全自立度を達成しているのは東京都のみである．

　ただ沖縄21世紀ビジョン基本計画が目指す自立経済達成の目標指標としては役立つはずである．何よりも1人当たり所得の高低とは関係なく，「自前の生活を自前の収入で賄う」とする自立(律)への挑戦は続けるべきで，これが沖縄の自治意識の高揚につながり，100%の自立度達成に成功したとすれば沖縄が世界の島嶼地域のモデルケースになることは間違いない．わかりやすく表現すると，県民の稼ぎと支出がバランスする「身の丈に合った経済構造」の確立である．

　すでに見た通り，沖縄の人口は復帰後45万人増加し，2015年の国勢調査では141万人を記録した．本土地方圏が人口減，高齢化で経済社会基盤の維持すら危ぶまれる状況下で，ここしばらく「人口ボーナス」を活用しうる沖縄が日本の「フロントランナー」になって本土地方及び島嶼地域のモデルになりうる新しい時代を迎えているのだ．

　経済自立を推進する最大のエンジンは観光産業である．図6-4の通り，県内総生産に占める観光受取の割合はこれまでの10%前後から脱し，最近は特にインバウンド観光客の急増で県民総生産の14%まで上昇している．観光客数はここ20年で倍増し，2016年にはハワイ並の800万人台に達する勢いである．ただ，ハワイと比較して経済全体への相対的なインパクトは小さく，また観光需要が小離島を含む県内各地及び貧困層にまで浸透し，低所得層の貧困脱出にどの程度貢献しているかの検証も必要である．中国系観光客による主に移輸入品を扱う免税店での「爆買」による一時的な観光バブルであれば税収増は期待できず，観光産業とは縁のない県内中小企業への波及効果も期待できない．観光需要の増大が最近顕著に観察される所得の地域格差，貧富の格差を広げてないか，新たな視点と分析手法による解明が待たれる．

　沖縄の財政依存度だけを見ると，1人当たり所得水準で最下位を競ってい

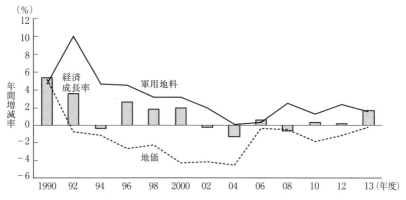

図6-5 経済成長率，軍用地料，地価増減率の推移，1990～2013年度
注：名目増減率，地価は宅地，商業用地の単純平均増減率．
資料：沖縄県「地価調査」，「基地資料」，『沖縄統計年鑑』各版より作成．

る高知県などと大差ないが，沖縄の場合は基地維持と密接にリンクしていて，高知県ほど単純ではない．基地関係受取は県内総生産の5%程度で推移しており，復帰時の3分の1程度に低下してきたものの，その財源の6割強は日本政府負担になっている．特に軍用地料は，デフレによる継続的な地価の下落にもかかわらず，復帰後ほぼ一貫してプラス上昇してきており，経済自立への重要な先導役となる土地価格が基地維持のために政策的に歪められ，返還軍用地の民間転用を妨げている（図6-5）．

よく言われている「アメ」と「ムチ」政策で，政府には軍用地主の機嫌を損なうと基地が維持できないとする基本認識があり，先述したアメリカ統治下の多くの島嶼地域と共通した島嶼政策のパターンがある．ただ，北谷町のアメリカンビレッジや那覇市の新都心のように，軍用地の民間転用は基地の数倍の所得を生む「金の卵」に変貌した．例えば1987年に最終返還された牧港住宅地区（現在の那覇新都心地区，193 ha）は約19年かけて跡地利用事業が終了し，現在は商業・住宅施設を中心に人口2万人余の那覇新都心に発展したが，野村総合研究所の経済波及効果分析によると，1999～2013年における経済効果（直接＋間接）は年間874億円と推計され，基地として利用されていた効果の約10倍にも達している（野村総合研究所，2007年）．

米軍基地は地理的には沖縄と不離一体だが，県民所得統計及び国際収支統

計からすると「非居住者」，つまり「外国」であり，基地内でいくら投資しても，その波及効果はきわめて限定されたものになることを理解すべきである．基地の民間利用は軍用地主にとってもメリットがあることから，最近は地権者自ら基地返還要求の先頭に立つケースも増えてきた．沖縄県が目指す自立経済構築の理念と，基地の安定的維持を前提にした財政操作は，経済合理性から見ても整合的ではなく，沖縄県と日本政府との予算配分のあり方をめぐる攻防が今後一層激化する可能性がある．

「軍関係受取」の数値で不可解なことがある．「軍用地料」や「軍雇用者所得」は全額日本政府負担で信頼しうる数値だが，軍関係収入の3割強を占める「米軍等への財・サービスの提供」，つまり「軍人・軍属を対象にしたモノ・サービスの売上」は，軍人・軍属の数が5万人台から4万人台に減少しているにもかかわらず，1995〜2012年間に3割強も増加しているのだ．しかも大幅な円高・ドル安局面でも増加しているのだ．県は統計の精度を高めるべく，独自の調査を実施すべきである．

沖縄経済の自立達成に向けた切り札として，「全国初」を売り物にした「国際物流拠点産業集積地域(国際物流基地)」，「金融特区」，「情報特区」などが設置された．国際物流基地は，旧那覇及び特別自由貿易地域(中城湾)を統合・拡充して，2013年度よりスタートした「新沖縄振興特別措置法」に基づいた制度で，ANAの国際貨物ハブ事業の開始に伴って活発化した国際物流と貿易振興とを一体化した，より「使い勝手のよい」制度設計になった．ただこの新制度を活かし，雇用，所得の創出につなげるには，沖縄側の種々の戦略と革新的なアクションが要請される．

1つは，「沖縄発(made-in-Okinawa)」の貨物をいかに安定・持続的に国際物流に乗せ，特にアジア市場に売り込むかである．2014年の那覇空港の国際線貨物取扱量は18万tで，成田，羽田，関西に次いで国内第4位に急成長した．しかし，この国際貨物の9割以上は「通過(トランジット)」で，沖縄県内での雇用，所得を含む付加価値創造には必ずしも直結していない．また，旧特別自由貿易地域(中城湾FTZ)内の企業立地数と出荷額は最近増加傾向にあるとはいえ，これまでの沖縄振興策の目玉事業にしてはインパクトが小さすぎる．

FTZのパフォーマンスが期待をはるかに下回っている背景には，制度の趣旨が十分に活かされていないことがある．沖縄のFTZは，主に輸出による外貨獲得を目的とした制度設計になっているにもかかわらず，実態は国内向けになっているからだ．FTZからの出荷額80億円(2012年)のうち，輸出割合は3割以下で，5割は本土向け，残りは県内出荷になっている．つまり「内向」の制度活用になっている．これを「外向」に転換する必要がある．原材料・中間財などを海外から調達し，沖縄で付加価値をつけて海外に売り込むという「外‐外」取引こそがこの制度を活かす王道である．沖縄でどの程度の付加価値をつけるかは「イノベーション」の問題になる．どこにでもあるような汎用技術では，沖縄FTZの比較優位は出てこないし，立地企業はただ雇用，税制などの「優遇措置」を求めて進出するという目的と手段とが逆転する結果を招くことになる．

FTZの本来の目的である「外‐外」取引を推進するには，海外の投資家とも連携して，沖縄が比較優位をもつ独自の技術と製品(原材料・中間財・最終財)などを開発し，海外マーケットに乗せていく戦略が求められる．現状の「加工輸出型」よりもむしろ，食糧備蓄，航空機などの修理・部品供給ネットワークサービス，国際商談会，国際花マーケットの創設などが沖縄の立地を活かせる可能性があり，今後の検討課題である．貨物取扱量が一定量(年30万〜40万t)以上に達しない限り，香港，シンガポール，釜山，高雄などの毎年進化・拡大する国際物流基地に勝てる見込みはない．何故なら物流コストほど，「規模・ネットワーク経済」に左右される事業はないからだ．

沖縄県全体では，本土の地方圏と異なって人口が大幅に増加し，未来志向型の観光，情報，物流産業が順調に伸びてきて，経済自立への足固めができつつある．しかし沖縄県内の離島はどうであろうか．幾つかの「自立指標」を使って，沖縄離島市町村の自立度を見たのが図6-6である．すでに見たように，島嶼経済は独立国，地域に限らず公的財政に大きく依存し，自主財源の割合は小さい．沖縄の離島もその例外ではない．

「実質公債費比率」は，地方自治体の借金に相当する公債費をどの程度自治体の収入で賄っているかを示す財政健全化判断指標の1つで，この比率が18％以上になると，「早期健全化団体」に指定され，国や県の指導を受ける

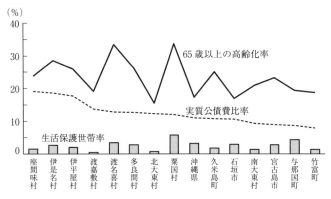

図 6-6 沖縄離島市町村の自立指標，2012 年度
注:「実質公債費比率」の定義については，内閣府『沖縄県経済概況』2013
年 9 月, p. 78 参照.
資料：内閣府『沖縄経済概況』, 沖縄県『市町村行財政概況』,『市町村決算概
要』,『沖縄統計年鑑』より作成.

ことになる．2012 年度で見ると，座間味村，伊是名村がそれに該当し，伊平屋村も危険水準にある．久米島，石垣，宮古島，与那国，竹富は沖縄県より健全である．100 世帯当たりの「生活保護率」もミクロ的な視点から島の自立を知る上で役に立つ．生活保護制度の目的は「一日も早く自立できるよう手助けすること」と明記されているからだ．しかし図 6-6 を見る限り，財政難と生活保護世帯率とはむしろ逆の関係にある自治体が多く見られる．生活保護世帯率の最も高い自治体は粟国で，与那国，渡名喜，石垣などの順に高い．財政難に陥っている渡嘉敷，座間味などは最も低いクラスである．

『2014 年版高齢社会白書』(内閣府)によると，全国の 65 歳以上人口に占める生活保護受給者の割合は 2.63％ で，全人口に占める生活保護受給者の割合 (1.58％) より高くなっている．沖縄でも図 6-6 で観察されるように，生活保護率は公債比率よりもむしろ高齢化率 (65 歳以上人口の割合) と連動しているふしがある．粟国村の生活保護率は最も高いが，高齢化率も 3 割を超えてダントツである．北大東村の高齢化率は最も低いが，生活保護率も最も低い．そのことは，高齢化率の高い島ほど，生活苦の世帯が多く，生活保護率も高いと言える．粟国，渡名喜の高齢化率は県平均の約倍に達しており，県平均を下回っているのは南大東と石垣のみである．今後少子高齢化は急ピッチで進

行することが予想されることから，生活保護率は一層高まり，結果として島の財政を一層圧迫することが予想される．であれば島の自立的発展はますます遠のくことになる．

上記の指標を総合的に考慮すると，竹富島，南北大東島，久米島，石垣，宮古などが相対的に自立度は高いと言える．竹富島，南北大東島は人口規模でも小離島だが，1人当たり所得でも県内トップクラスを維持している．このことから，島の自立(律)は，その規模(人口，面積)とはあまり関係ないと言える．

5. 啓発された楽観主義(Enlightenment Optimism)

アメリカの施政権下にあった沖縄が1972年5月に，日本へ返還されてからすでに40年余の歳月が流れ，現在5期目(2013～22年度)の振興計画が実施されている．その間，経済発展の重要な物差しとなる沖縄県の人口は，復帰時の97万人から142万人へと，実に45万人も増加し，全国の総人口が2008年をピークに減少に転じた中で，2025年までは増加が続くと推計されている．最近の注目すべき傾向は，県外からの人口流入が流出を上回り，人口の社会増に転じていることである．沖縄のもつ魅力が日本本土の人々を惹きつけているものと解釈される．

復帰後(1972～2012年)の沖縄の実質県内総生産(GIP)は年平均4.8%で成長した．1970年代は「復帰需要」に支えられて年率10%の高度成長を実現したが，その後は大幅に鈍化し，「失われた20年」とよばれている過去20年間の年平均成長率1.4%，過去10年間は1%以下であった．これまで経済成長を支えてきた主なエンジンは，GIPの40%近くを占めてきた公的支出，観光収入(同11%)及び基地間連収入(同5%)であった．復帰後の沖縄の経済成長率は全国を上回り，1人当たり県民所得(PCI)は全国平均の58%(42万円)から2013年度には約5倍の全国平均の74%(210万円)に向上し，ほぼ高知県，宮崎県並の水準に達した．

全国最下位クラスの1人当たり所得といえども，世界水準で見た沖縄の1人当たり所得は，先進工業国クラブとよばれている経済協力開発機構

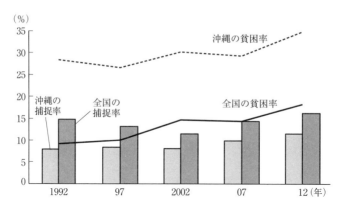

図 6-7　全国と比較した沖縄の貧困率，1992～2012 年
注：貧困率＝最低生活費以下の世帯数/総世帯数(%)
　　捕捉率(生活保護受給率)
　　　　＝生活保護を受けている世帯数/最低生活費以下の総世帯数(%)
資料：戸室健作(2013 年，2016 年)より作成．

(OECD)加盟 34 か国の平均水準に匹敵している．人口 140 万人程度の小島嶼地域で，これだけの生活水準を維持している独立国はない．それだけではない．生活の「質」の高さを示す重要な指標の 1 つとして沖縄が世界に誇る「健康長寿」がある．食生活，ライフスタイルの変化もあって，沖縄の「長寿ブランド」に危険信号が出て久しいが，沖縄県女性の平均寿命はいまだに世界トップクラスである．「健康長寿」は，沖縄のグローバル・ブランドであり，なんとしてでも「長寿世界一」を奪回したい．

沖縄の 1 人当たり所得は全国の最下位から脱しつつあるものの，家計の貯蓄額は全国平均の 3 割程度で，金融ストック面では格段の格差がある．復帰後 7～8% を記録した高失業率は，労働需給の引き締まりに伴って最近は 5% 程度まで改善してきている．しかし改善の大半は賃金の安い非正規雇用の増加によるものである．総務省の『2012 年就業構造基本調査』によると，全就業者に占めるアルバイトやパートなどの非正規就業者の割合は 44.5% で，沖縄が全国一高い．

このような経済格差を反映して，総世帯数に占める最低生活費以下の世帯数の割合，つまり「貧困率」は 2012 年で沖縄が 34.8% を記録して全国一高く，全国平均(18.3%)の約倍を記録している(図 6-7)．しかも沖縄の貧困率は，

ここ数年で全国以上に悪化しており，3世帯に1世帯以上が貧困家庭である．もっと深刻なのは「捕捉率」，つまり最低生活費以下の困窮世帯のうち，実際に生活保護を受けている世帯の割合は1割強で，全国と比較してもかなり低いことである．生活保護率の上昇は人口の高齢化と連動しているが，沖縄の18歳未満の「子供の貧困化率」は世帯の貧困化率より高く，2012年で全国の2.7倍の37.5%に達し，最悪の状況下にある．子供の貧困化は沖縄の未来を暗くする．

　全国との格差に加えて，沖縄県内の所得，資産格差も全国平均を上回っており，しかも拡大する傾向にある．例えば，所得の不平等度を示す「ジニ係数」(2004年)は，沖縄県内が所得，資産でそれぞれ0.344, 0.632で全国(0.308, 0.573)を上回っており，人口の高齢化に伴って，沖縄，全国とも格差が拡大傾向にある(Kakazu, 2012a;『厚生労働白書』2012年)．「ユイマール」を是とする沖縄でなぜ世帯間の貧富の格差が広がっているのか，詳細に解明する必要がある．所得及び資産の格差を実証的に論じて世界的に話題になっているトマ・ピケティの『21世紀の資本』(Piketty, 2013)によると，格差の要因はさまざまで，地域によって大きく異なる．本土と比較して沖縄における子供の貧困率の高さは，高失業率，高離職率，低所得，離婚率，母子家庭率，不安定な雇用環境と密接に関係していると思われるが，県内での貧困格差の拡大も今後大きな社会問題に発展する可能性がある．

　貧富の格差は当然「借金格差」につながる．金融庁の『貸金業関係資料』(2014年11月)によると，沖縄県の1000世帯当たりの貸金業者は11.5件で，全国(3.9件)の約3倍を記録し，ほぼ同じ1人当たり所得水準の高知県や宮崎県の2倍にも達している．このことは基地問題と並んで，沖縄ではどの県よりも相対的な貧困問題が政治選択に大きな影響力をもっていることを意味する．

　1人当たり所得，インフラ整備，セーフティネットの整備という視点から見る限り，復帰後における沖縄の生活水準は著しく改善されたことは間違いない．しかしながら，振興計画が当初から意図した「外部依存型」経済構造から「自立型」経済構造への転換，すなわち「過度の財政依存，基地依存から脱却し，自助努力による成長と所得でもって増大する失業者と貿易赤字を

解消する」という意味での経済の「転換能力」の達成は道半ばであると言ってよい．具体的には，復帰後，全国をやや上回る経済成長率の達成は，間断なく沖縄に流入した公的支出に負うところが大きい．しかし，こうした公的支出が，労働生産性や資本の効率を高めたという証拠はなく，競争力の基本指標である単位労働コスト（賃金等/労働生産性）の上昇を引き起こし，自立経済の構築をますます困難にしたのは否めない（嘉数啓，2013年(b)）．

　総体的に見て，経済発展に大きく寄与した公的投資は，同時にサービス貿易を含む貿易収支の赤字幅を拡大し，「負の貿易乗数」をもたらした主因でもあった．すなわち，公的投資1につき，0.046の移輸出と同時に0.459の移輸入を誘発し，結果的には0.413（0.459－0.046）の貿易赤字をもたらしたという計算になる（Kakazu, 2012b, p.283）．このような移輸入超過型経済が持続可能でないことは，他の島嶼経済の経験からしても歴然としている．沖縄が本気で自立経済の構築を目指すのであれば，世界に類を見ない日本の公的債務の累増の中で，いま一度公的部門と民間部門との経済活動のバランスを冷静に分析し，成長のエンジンを「公」から「民」へとバトンタッチする，壮大な「システム転換」を断行する必要がある．そのためにはむろん，中長期の展望を踏まえた政治的な決断と同時に，「沖縄21世紀ビジョン基本計画」で繰り返し言及している民間，あるいは地域主導による「循環型経済」構築に向けた自助努力精神の発揚が不可欠である．身近な生鮮野菜ひとつとっても，遊休農地が拡大しているにもかかわらず，県内需要の半分も満たしてなく，県外移輸入が拡大している現状をどう改善するかだ．

　2012年にスタートした「新沖縄振興特別措置法」では，県が要求した自主的経済運営が拡大され，一括交付金の創設，経済特区や軍用地跡地利用などでは使い勝手のよい制度設計になった．このような公的サポートシステムも民間セクターが自発的に活用し，収益向上につなげる覚悟と意欲がない限り，生きてこない．自立的経済の構築に向けた復帰40年余からの教訓は，他所で成功している制度の導入で経済的自立が達成できるはずだとする「誤れる具体化の誤謬」である．多くの場合，制度活用の仕方に課題があったにもかかわらず，使い勝手が悪いと制度そのもののせいにする風潮があった．すでに指摘したように，「全国唯一」を売り物にしている沖縄特別自由貿易

地域制度はその最たる例である．復帰特別措置による長期にわたる惰性的，温情的保護措置からも，多くの教訓を読み取ることができたはずだ．

　復帰後40年余も基地維持を目的とした「政治的配慮」によって，税金などの優遇措置を受けてきた民間企業などが今後自立的発展を遂げるとはとても思えない．過重な基地負担では確かに「沖縄差別」だが，経済制度では沖縄側の要請による「沖縄優遇措置」が半世紀近くも継続されており，「本土差別」と言われても返す言葉がない．2001年の中央省庁再編で，北海道開発庁は国土交通省の北海道開発局に縮小・再編されたが，復帰時に設置された沖縄開発庁は内閣府の部局として再編され，機能的にはほとんど変わってなく，県に代わって国による予算の「一括計上」方式が踏襲され，他府県の首長には苦労なく予算がつく沖縄県が厚遇されていると勘違いされる．米軍基地の「本土並み負担」を主張するなら，「沖縄特別措置法」を廃止し，制度の本土並みも同時に主張しない限り，双方からの「構造的差別感」は解消しないであろう．

　新規企業創出において，複雑多岐にわたる種々の「制度的支援」よりも，イノベーションを鼓舞する「社会・経済的インセンティブ」を醸成する環境整備の方がはるかに効果的であることが分かっている(Kanter, 1995)．たとえて言うと，マイクロソフトのビル・ゲイツ，アップルのスティーブ・ジョブズ，ソフトバンクの孫正義，楽天の三木谷浩史などは，新規性，創造性，自発性を最も重んじ，しかもこのようなフロンティア精神の発揚が社会的にも尊敬の的になる，という「社会的価値観」を背景に誕生した．

　沖縄は本土と比較して「ヨコ」のつながりの強固な社会である，とする見方が一般的である．つまり本土と比較して，新規企業を育む社会組織が醸成されているとも言える．このことが事実であるとすれば，ここでも沖縄は日本の未来型社会システムを先取りしていることになる．短絡的だが，グローバル化に立ち向かうフロンティア精神の「土壌」はすでに存在していると見てよい．問題はいつ，どのような形で，それが開花するかだ．

　沖縄で将来にわたって開花すると思われる経済活動分野は，沖縄の資源と立地・技術・文化を最も効果的に活かせる観光，情報通信(ICT)，物流，第6次産業分野である(詳しくは嘉数啓，2013年(b)参照)．公的サポートもあって，

これらの分野における民間セクターの動きが活発化してきた．むろん，すべてが一直線に進展するとは思われない．特にインターネットに代表されるデジタル・ネットワーク型時代の到来は，スピードと情報の海から「混沌」を読み取る「感性と機敏」さが勝敗を分ける．沖縄では本土以上に所得・資産格差が広がっているのに，情報ネットワークの有無が「デジタル・デバイド」という新種の格差につながる危険性についても，遠隔離島県であるがゆえに，情報通信過疎地域での無線 LAN の整備，クラウドの活用，人材育成などにより，十分に対策を講じておく必要がある．

　地域に根づいたグローバル経済活動の担い手は，繰り返すようだが，柔軟性に富んだ高度の労働力である．沖縄の労働市場は，急速な経済構造の変化に人材供給が追いつけない需給のミスマッチが顕在化して久しい．復帰後，最大の経済問題となった若年失業者及び非正規雇用の増大は，単に労働力が十分に活用されていないという資源配分の是非を超えて，人間の尊厳，自尊心を著しく損ない，果ては社会からの疎外感，自立心，精神的・肉体的苦痛，犯罪，自殺をも伴う「社会病理現象」の指標にもなりうる．他方，失業率の悪化にもかかわらず，県内に参入してきた種々の ICT 企業は，資格ある労働力の確保に難渋している状況である．

　拡大しつつある労働需給のミスマッチは，とりわけ第 6 次産業，観光及び情報関連産業にターゲットを絞った人材育成で解決の糸口がつかめよう．人材育成機関の本体をなしている沖縄の大学は，質，量において時代の要請に応えているとは思われない．沖縄の大学は教育研究，実務両分野で「地域貢献」を主テーマにしてその特色を発揮すべきではないか．地域を深く掘り下げることこそが，地に足が着いた経済社会の自立化と国際化につながるはずだ．

　1 人当たり所得やインフラ整備の分野での本土との格差は確実に縮小してきたものの，大学進学率格差は一向に改善されていないという驚くべき事実もある．『学校基本調査』(2014 年)によると，沖縄の大学等進学率は 2015 年で 37.3% で全国(51.5%)より 14.2 ポイントも低く，復帰時の 2.7 ポイントの格差から大幅に拡大しているのだ．東京の進学率が 70% を超えていることを考えると，東京一極集中を是正し，地方創生を確かなものにするには地方，特

に多くの教育過疎離島を抱える地域の教育環境の整備が不可欠である．沖縄が付加価値の高い産業へ脱皮するためには，人的資源への投資が最優先課題であるだけでなく，こうした投資こそが，グローバルビジネスへの挑戦に必要なパワーを沖縄の将来を担う若者たちに獲得させる有効な手だてとなる．

最近のデータによると，全就業者に占める大学卒の割合は，全国(22.7%)に対して，沖縄は17.7%である．高等教育のユニバーサル化が進み，大学の「全員入学」が達成しているにもかかわらず，職場での大卒はいまだに「エリートクラス」である．離職率の「7・5・3現象」で見るように，大卒新規就職者の3年以内の離職率は3割で，高卒の5割，中卒の7割をはるかに下回っている．このことは，大学進学率の向上と同時に，社会のニーズにマッチした人材育成によって，沖縄の雇用環境が大きく改善することを意味する．

「沖縄21世紀ビジョン基本計画」にも明記されている沖縄県民が求める真に価値のある生活体系を確立するための選択と，その実現可能性を確実に担保するためには，「箱モノ」インフラ整備が人材育成，研究・技術開発，情報通信ネットワーク，文化などの「ソフトインフラ」の質的，量的向上につながる公的投資のあり方が求められている．持続的，あるいは自立的経済発展と完全雇用の確保は，こうした目標達成の手段にすぎないことを明記しておこう．

本書で沖縄を中心に，島嶼の経済自立構築に向けたやや楽観的なシナリオと戦略を描いてきた．しかしその実現にむけては，沖縄県民が社会の規範，合理性に沿って，自らの行為を律する「自律性」も同時に求められている．筆者が議長を務めた沖縄振興審議会専門部会でも話題になったが，1人当たり県民所得がほぼ同水準の島根県と比較した沖縄県の「自律指標」には大きな開きがある．例えば，国民年金保険料納付率を見ると，沖縄38%(2010年度)で最下位であるのに対して，島根は71%(全国1位)，NHK受信料支払率で沖縄42%(最下位)，島根92%(全国2位)，大学進学率(沖縄37%，島根50%)，全国学力テスト正答率(沖縄56%，島根63%)となっており，復帰後40年を経ても，最近大幅に改善した小学校における学力向上を例外に，この差は縮小しているとは思えない．

これらの指標以外に沖縄には離婚率，母子家庭率，少年犯罪率，肥満率，

酒気帯び運転検挙率，生活習慣病率などでも全国一を記録しており，1人当たり所得水準，県民性，制度の後進性，軍用基地の集積だけでは説明できない．これらの格差指標はよくよく考えると，対本土というより，県内での格差を反映しているとも言える．基地を押しつける県外勢力に対しては断固立ち向かうべきだが，沖縄県民の自助努力でもって解決される課題も山積しているのではないか．

　自立的経済構築への社会倫理的側面を強調したのは，マックス・ウェーバー(Weber, 1905)だが，沖縄が共生と科学技術の発展に根差した社会合理的な生活環境を構築できるかどうかも今後問われることになる．

　すべての課題は，啓発された熟考によって解決策が見つかるはずだとする，ビル・エモット(Emmot, 1999)の「啓発的楽観主義」にわれわれが立ち返るとき，悲観は無用である．ほとんどの島嶼地域で一般的に見られる現象は，拡大・悪化する貿易赤字を政府開発援助(ODA)や移民・出稼ぎ送金などによって埋め合わせする外部依存の深化である．このような非自立型経済をバートラム教授は移民・送金・外国援助・公的部門の頭文字をとって，「MIRAB経済」と名付けた．外部資金に過度に依存する開発プロセスが，経済自立戦略と両立しないことは，良心的な政策立案者なら誰でも認めざるを得ない．沖縄がこのような開発プロセスの「悪循環」に陥らないためにも，われわれは，バイキングの末裔で，イギリスのマン島(The Isle of Man)に居住するゲーリック人の教えに謙虚に耳を傾ける必要があるのではないか．すなわち，「どこに放り出されても，私は自活できる("Whatever I am thrown, I stand on my own feet.")」．

注及び参考文献

池間栄三『与那国の歴史』1959年初版，池間苗自費出版．
今井圭子「ミニ・ステートにおける集団的自立の模索――域内経済協力に関する南太平洋地域とカリブ地域の比較」西野照太郎・三輪公忠編『オセアニア島嶼国と大国』所収，彩流社，1990年，pp. 273-304．
大田昌秀・新川明・稲嶺惠一・新崎盛暉『沖縄の自立と日本――「復帰」40年の問

いかけ』岩波書店，2013 年．
小柏葉子「太平洋島嶼地域における国際秩序の変容」菅谷実編著『太平洋島嶼地域における情報通信政策と国際協力』所収，慶應義塾大学東アジア研究所叢書，2013 年，第 2 章，pp. 13-34.
沖縄県「沖縄 21 世紀ビジョン基本計画（2012 年度～2021 年度）」2012 年．
尾立要子「カナク人民の誕生：ニューカレドニア脱植民地化過程にみる共和主義の変容」『島嶼研究』第 4 号，2003 年 12 月，pp. 77-97.
嘉数啓「沖縄経済自立への道」『新沖縄文学』第 56 号，1983 年，pp. 2-53.
嘉数啓「島しょ国際経済会議に出席して」『沖縄タイムス』1985 年 7 月 29～31 日．
嘉数啓「南太平洋島しょ地域の経済の自立化と国際協力」アジア経済学会『アジア研究』別冊，1986 年 10 月，pp. 1-20.
嘉数啓「相互依存と自立化──島しょ経済の自立を求めて」島袋邦・比嘉良光編『地域からの国際交流──アジア太平洋時代と沖縄』所収，研文出版，1989 年，pp. 65-86.
嘉数啓「位置の悲劇から位置の優位へ──復帰 20 年，そしてこれから」『世界』1992 年 6 月号，pp. 217-225.
嘉数啓『島嶼経済の自立をめぐる諸問題』『島嶼研究』第 3 号別冊，2002 年，pp. 1-16.
嘉数啓「ミクロネシア概要──グアム島の近況レポート」アジア近代化研究所『IAM アジア・レポート』第 1 号，2013 年 7 月（a），pp. 63-71.
嘉数啓「沖縄：新たな挑戦──経済のグローバル化と地域の繁栄」『公庫レポート』第 128 号，那覇：沖縄振興開発金融公庫，那覇：2013 年（b），pp. 1-120.
嘉数啓「南シナ海における領有権紛争をめぐる常設仲裁裁判　判決の波紋」アジア近代化研究所『IAM アジア・レポート』第 8 号，2016 年 7 月，pp. 40-45.
熊谷圭知・塩田光喜編『マタンギ・パシフィカ』研究双書 No. 444，アジア経済研究所，1994 年．
佐藤幸男「近代世界システムと太平洋──島嶼国家の世界政治学序説」佐藤幸男編『世界史の中の太平洋』所収，国際書院，1998 年，pp. 13-68.
塩田光喜「ミクロネシア連邦の自立の過程」熊谷圭知・塩田光喜編『マタンギ・パシフィカ』所収，研究双書 No. 444，アジア経済研究所，1994 年，pp. 311-342.
塩田光喜・黒崎岳大「浮上せよ！　太平洋島嶼国──海洋の「陸地化」と太平洋諸島フォーラムの 21 世紀」『アジ研ワールド・トレンド』第 198 号，2012 年 3 月．
タート，サンドラ「太平洋島嶼国と日本の漁業外交」小柏葉子編『太平洋島嶼と環境・資源』所収，国際書院，1999 年，pp. 39-64.
平恒次「沖縄経済の基本的不均衡と自立の困難」『新沖縄文学』第 56 号，1982 年，pp. 56-65.
竹田いさみ「オーストラリアの南太平洋関与と地域政策の展開」西野照太郎・三輪公忠編『オセアニア島嶼国と大国』所収，彩流社，1990 年，pp. 205-233.
戸室健作「近年における都道府県別貧困率の推移について──ワーキングプアを中

心に」『山形大学紀要（社会科学）』第 43 巻第 2 号，2013 年，pp. 35-92.
戸室健作「資料紹介：都道府県別の貧困率，ワーキングプア率，子どもの貧困率，補足率の検討」『山形大学人文学部研究年報』第 13 号，2016 年 3 月，pp. 33-53.
長嶋俊介・伴場一昭・安達浩昭「島嶼における通信環境の条件不利性──行政・情報過疎相乗効果の克服」『島嶼研究』第 6 号，2006 年，pp. 83-128.
西川潤『人間のための経済学──開発と貧困を考える』岩波書店，2000 年.
野村総合研究所『駐留軍用地跡地利用に伴う経済波及効果等検討調査報告書』沖縄県，2007 年.
北海道未来総合研究所編『北海道開発の新視点──自立経済への挑戦』日本経済新聞社，1980 年.
前畑明美『沖縄島嶼の架橋化と社会変容──島嶼コミュニティの現代的変質』御茶の水書房，2014 年.
三木健『原郷の島々──沖縄南洋移民紀行』那覇：ひるぎ社，1991 年.
皆村武一『戦後奄美経済社会論──開発と自立のジレンマ』日本経済評論社，2003 年.
宮内久光「近代期における南西諸島の離島地域の人口変動」平岡昭利編著『離島研究 IV』所収，大津：海青社，2010 年，pp. 9-29.
宮里政玄・新崎盛暉・我部政明編著『沖縄「自立」への道を求めて──基地・経済・自治の視点から』高文研，2009 年.
森田桐郎『南北問題』日本評論社，1972 年.
矢内原忠雄『南洋群島の研究』岩波書店，1935 年.
山田誠編著『奄美の多層圏域と離島政策──島嶼市町村分析のフレームワーク』福岡：九州大学出版会，2005 年.
『琉球新報』「子の貧困率沖縄 37％」2016 年 1 月 5 日.
若井康彦『島の未来史』那覇：ひるぎ社，1983 年.
Baldacchino, G.（2006）"Managing the Hinterland beyond: Two, Ideal-type Stratgies of Economic Development for Small Islaned Territories." *Pacific Viewpoint*. Vol. 47, pp. 45-60.
Bertram, G. and R. Watters（1985）"The MIRAB Economy in South Pacific Microstates." *Pacific Viewpoint*. Vol. 26, pp. 214-222.
Bertram, G. and B. Poirine（2007）"Island Political Economy." IN: Godfrey Baldacchino（ed.）*A World of Islands*. Canada: Institute of Island Studies, University of Prince Edward Island Press, pp. 325-427.
Brant, P.（2013）"Chinese Aid in the South Pacific: Linked to Resources?" *Asian Studies Review*. Published online, May 31.
Brookfield, H. C.（1972）*Colonialism, Development and Indpendence: The Case of the Melanesian Isalnds in the South Pacific*. Cambridge University Press.
Cooper, R. N.（1968）*The Economics of Independence*. New York: Columbia University Press.

Crocombe, R. (1981) "Power, Politics and Rural People." IN: *The Road Out: Rural Development in Solomon Islands*. Suva: University of South Pacific.
Crocombe, R. (2001) *The South Pacific*. Suva: University of the South Pacific.
Emmot, Bill (1999) "Survey: The 20th Century." *The Economist*. September, pp. 1-62.
Fairbairn, T. I. J. (1985) *Island Economies: Studies from the South Pacific*. Suva: University of South Pacific.
Gilpin, R. (1987) *The Policital Economy of International Relations*. Princeton, New Jerseuy: Princeton University Press.
Hughes, T. (1983) "Independecne on Sale". IN: *Foreign Forces in Pacific Politics*. Suba: University of South Pacific.
Kakazu, H. (1994) *Sustainable Development of Small Island Economies*. Boulder: Westview Press.
Kakazu, H. (2000) *The Challenge for Okinawa: Thriving Locally in a Globalized Economy*. Naha: Okinawa Development Finance Corporation.
Kakazu, H. (2012a) *Okinawa in the Asia Pacific*. Naha: The Okinawa Times.
Kakazu, H. (2012b) *Island Sustainability: Challenges and Opportunities for the Pacific Islands in a Globalized World*. U.S.A & Canada: Trafford Publishing.
Kanter, R. Moss (1995) "Thriving Locally in the Global Economy." *Harvard Business Review*. September-October, pp. 151-160.
Mann, Charles C. (2011) *1493: Uncovering the New World Columbus Created*. Toronto: Random House of Canada.
Mark, S. M. (1983) *Agricultural Development of Small, Islolated Tropical Economies: The American-Affiliated Pacific Islands. Hawaii Institute of Tropical Agricultural and Human Resources*. Honolulu: University of Hawaii.
Myrdal, G. (1968) *Asian Drama: An Inquiry into the Poverty of Nations*. New York: Pantheon.
Piketty, T. (2013) *Le Capital au XXIe siècle*. Seuil. 山形浩生ほか訳『21世紀の資本』みみず書房, 2014年.
Ricardo, David (1817) *Principles of Political Economy and Taxation*. 小泉信三訳『政治経済学および課税の原理』岩波文庫, 1928年.
Tarte, Sandra (2013) "A New Regional Pacific Voice?" *Pacific Island Brief*. August. Honolulu, East-West Center, PIDP, pp. 1-6.
Wallis, Joanne (2012) "China's South Pacific Diplomacy." *The Diplomat*. August 30.
Weber, Max (1905) *The Protestant Ethic and "The Spirit of Capitalism."* 中山元訳『プロテスタンティズムの倫理と資本主義の精神』日経BP社, 2010年.

索　引

あ

アイスランド　　10, 14
アウティ, R. M.　　69, 70
アウトソーシング事業　　139
悪石島　　2
浅瀬礁　　11
アジア開発銀行（ADB）　　39
アジア型経済統合　　150
『アジアのドラマ』　　160
アジアパシフィックイニシアティブ（API）　　130
アジェンダ21　　48, 72
アゾレス諸島　　20
安達浩昭　　130, 156, 194
アマミキヨ　　21, 95
奄美群島　　11, 144-148, 174, 176
アメリカ海洋大気庁（NOAA）　　130
アメリカ航空宇宙局（NASA）　　130
新川明　　34, 58, 192
アロアエ島　　17
アンザスの湖　　165
暗礁　　11
アンティグア・バーブーダ　　56

い

イースター島　　19
硫黄鳥島　　69, 80
池澤夏樹　　34, 58
池間栄三　　177, 192
池間島　　22
池間民族　　22
石垣島　　6, 17, 21, 95, 105, 112, 137, 139, 147, 177
イスパニョーラ島　　168
イスロマニア　　1, 34
一国二制度　　153
一島一品運動　　130

一般特恵関税制度　　51
伊藤嘉昭　　89, 120
今井圭子　　167, 192
今福龍太　　21, 28
移民　　2, 41, 42, 45, 49, 51, 80, 117, 124, 127, 128, 134, 160, 162, 192, 194
移輸入品置換型　　75, 87
伊良波盛男　　22, 28
岩下明裕　　150, 155
インターネット普及率　　129

う

ヴァージン諸島　　25, 55, 167
ヴァンダイク, ジョン　　8
ウェーバー, マックス　　33
ウォレス, A. R.　　20
ウコン　　92
ウベア島　　33
海の旅人　　34
梅村哲夫　　43, 58
ウリミバエ駆除　　89, 90, 121
ウレタン樹脂　　97, 100

え

衛星回線　　130
エコ・エナジー研究所　　107
エタノール製造　　97, 114
エモット, ビル　　192
遠隔教育　　88, 119, 130, 131, 139
遠隔性　　2
遠隔島嶼地域　　119, 128, 143

お

オアフ島　　17, 111, 117
奥武島（おうじま）　　21
欧州連合（EU）　　150
応用技術衛星　　130
大型装置技術　　86

大神島　22
大城肇　154, 155
小笠原諸島　8, 10, 14, 17, 20, 105, 148
小柏葉子　166, 193
岡本恵徳　33, 58
岡谷公二　34, 58
沖縄振興開発金融公庫　193
沖縄伝統空手道世界大会　136
沖縄21世紀ビジョン基本計画　116, 178, 191, 193
沖ノ鳥島（ラサ島）　7, 8, 11, 69
奥野一生　147, 155
奥野修司　153, 156
オノゴロ島　21
オフショア・ビジネス　35, 56, 167, 168
オランダ病　70
オランダ領アンティル　25
尾立要子　173, 193

か

『海上の道』　3, 34, 58
海底火山　2
海底資源　6, 53, 54, 90, 172
海底の「陸地化」　53
海底油田開発　52
海洋温度差発電（OTEC）　102, 104, 105, 118
海洋深層水　88, 95, 101-105, 120, 121
海洋政策研究財団　8, 28, 120, 149, 156
核実験の島　20
核の平和利用　89
格安航空会社（LCC）　139, 143
可耕地面積拡大効果　66
火山島　17, 20
加藤庸二　9, 29
貨幣経済化　63
カボタージュ規制　151
上勝町モデル　142
神島　21, 22
神の見えざる手　159
ガラス瓶のリサイクル　106, 120
ガラパゴス諸島　19

カリコム（CARICOM）　167, 168
カリブ自由貿易連盟（CARIFTA）　167
カリマンタン島　17
環境財　72
観光浸透度　44
岩礁　6-8, 10, 11
環太平洋戦略的経済連携協定（TPP）　150

き

ギアツ, C.　67
機会費用　64, 172
気候変動　27, 28, 48, 50
期待増大革命　68
北マリアナ諸島　24, 172
キプロス　14, 161
規模の不経済性　37, 38
規模の経済性　39, 42
木村政昭　21, 29
旧宗主国　28, 46, 47, 51, 126, 127, 166, 169
境界のゆらぎ　51
協業（ワークコラボレーション）　77
狭小性　2, 35, 36, 47, 86
裾礁　17
距離の暴虐　95, 128, 141
キリバス　28, 41, 46, 49, 164, 169
ギルピン, ロバート　162
金銭外交　164, 165
キンドルバーガー, C. P.　35
金融特区　182

く

グアム　17, 24, 25, 28, 41, 43, 123, 127, 162, 172, 193
久高島　21, 95
クック諸島　23, 43, 51, 127, 165
熊谷圭知　162, 193
久米島　69, 88, 89, 95, 101-105, 120, 121, 128, 146, 175, 177, 184, 185
クラスター分析　22
クリアランス・シッピング　152
クリスマス島　17, 19

索 引

クレタ島　19, 52
黒崎岳大　53, 59, 165, 193
黒沼善博　109, 120

け

経済協力開発機構（OECD）　55, 185
経済自立度　10, 180
啓発された楽観主義　185
ケイマン諸島　36, 55, 125, 159, 167
健康食品産業　90
原初的豊かさ　61, 66

こ

交易条件　65, 67, 70
コーヒー関連産業　100
ゴーヤ（ニガウリ）　88, 89, 92, 94, 108
枯渇型開発　72, 73
国際物流拠点産業集積地域（国際物流基地）　182
『国富論』　36
国連海洋法条約　5
国連環境計画　15
国連訓練調査研究所　11
国連信託統治地域　23, 171
国連貿易開発会議　15
ココ島　19
ココナッツ製品　76, 107, 172
弧状列島　17
コスト・エスカレーション　101
小玉正任　20, 29, 34, 58
国境交流特区　153-155
国境措置　151
ゴットランド島　86
『孤島文化論』　34, 58
コトヌー協定　51
ゴフ島　20
コモド島　19
コモンウェルス　24, 25, 173

さ

サービス貿易　39, 125
再生可能エネルギー　86, 104, 110, 112, 118, 119
再生可能財　73
斎藤潤　33, 58
サイパン　17, 24, 41, 162, 172
砂糖キビのガス化　118
佐藤幸男　164, 193
里山資本主義　80
サムエルソン, P. A.　65
サンゴ礁の保全技術　88
サンタ・マリーア　21

し

シークヮーサー　92, 94
塩田光喜　53, 58, 162, 164, 165, 193
自家消費　62, 64
自家生産　62
資源の呪い，資源のパラドックス　70
自然発生的な経済圏　150
ジニ係数　187
島尾敏雄　33, 58
島産島消　23, 78, 87, 101, 115, 120, 146
島チャビ（痛み）　57, 94
『島の精神誌』　34, 58
島の比較優位性　57, 77
島の道　143, 146
島留学　96
シマンチュ　34, 96, 136, 137
従属理論　160
シューマッハ, E. F.　54, 75, 86, 96
自由連合盟約　23
ショアライン・インデックス　14
小孤島　14
小島嶼国連合　27
情報特区　182
所得格差　44, 45, 117, 145, 146
シリアシィ＝ウワントラップ, S. V.　71, 73
シルバーストン曲線　38
新エネルギー・産業技術総合開発機構（NEDO）　104, 121
真正海洋島　14
『新南島風土記』　34, 58

199

『人類共通の未来』　71

す
スーパーソル　106, 107
スカボロー礁　11
鈴木勇次　10, 29
スティーヴンソン, ロバート・ルイス　33
スプラトリー(南沙諸島)　2, 52
スミス, アダム　36
須山聡　29, 147, 156

せ
生活保護率　145, 184, 187
政策支援価格　96
生産波及効果　44
『政治経済学および課税の原理』　161, 195
成長の三角地帯(GT)　58, 150, 156
生物多様性　2, 18, 19, 48, 116, 133
世界遺産の島　19, 20
世界ウチナーンチュ・ビジネス・アソシエーション(WUB)　135
世界環境保全モニタリングセンター　15
世界システム理論　160
ゼロエミッション　77, 97
尖閣諸島(釣魚島)　6, 7, 53, 150, 152

そ
早期健全化団体　183
相互依存関係　169
造礁サンゴ　17
ソフトイノベーション　114
ソロモン諸島　20, 39, 50, 62, 76, 126, 132, 161, 164, 169, 171, 172

た
大アンティル諸島　168
大航海時代　50, 162
大孤島　14
代替技術　86
太平洋・島サミット(PALM)　116
太平洋開発フォーラム(PIDF)　166
太平洋関与首脳会議(EWTP)　166
太平洋諸島フォーラム(PIF)　53
太平洋島嶼国間の学術ネット　130
太陽光発電　105, 110, 113
平恒次　159, 193
大陸島　14, 17
台湾-沖縄-上海-香港自由貿易圏　150
宝島　2
竹内啓一　2, 29
竹島(独島)　2, 53, 155
竹田いさみ　164, 193
多国間植民地　164
脱規模　39
脱植民地化　25, 162, 173, 193
田中絵麻　131, 156
谷川健一　34, 58
ダマンスキー島(珍宝島)　52
多良間島　21, 94, 109, 120

ち
地域経済圏　150
地域浸透度　44
地域に支えられた農業(CSA)　78
地域別 CO_2 吸収アプローチ　115, 149
小さいことはよいことだ　54
済州(チェジュ)島　17, 20
地下ダム技術　108, 109
地球温暖化　48, 49, 70, 86, 112, 115, 149
地球環境サミット　48
千島列島　11, 18
地中海　11, 19, 52
地方分権一括法　153
チャンプルー　2
中心-周辺理論　160
長距離ネットワーク　123
鳥糞石(グアノ)　68
長命草　93, 94
珍宝島(ダマンスキー島)　52

つ
辻村太郎　18, 29
ツバル　11, 39, 41, 46, 49, 51, 69, 126,

索　引

162, 164

て

低地島　17
出稼ぎ　41, 45, 50, 127, 128, 160, 163, 192
適地適作　115
デジタル・ネットワーク技術　128
デジタルデバイド　130, 131
デフォー，ダニエル　33
伝統的食料品　63

と

等価交換　64
統合配電網　119
島嶼型グリーンテクノロジー　88
島嶼間貿易　126
島嶼シンドローム　34
島嶼地域別発電コスト　38
統治形態　10, 23, 25, 51
渡嘉敷島　105, 176
トカラ列島　144, 148
渡名喜島　3, 29, 108, 176
トリニダード・トバゴ　14, 161
トリム社　106, 107
奴隷労働力　162
トロピカル・テクノ・センター（TTC）　97
トンガ　41, 112, 126, 161, 165, 171

な

内閣府沖縄総合事務局農林水産部　121
内政自治　25
ナウル　10, 14, 17, 46, 49, 56, 68, 70, 73, 79, 80, 159, 162, 164
長嶋俊介　2, 29, 69, 80, 130, 156, 194
仲地宗俊　120
中西進　21, 29
中俣均　3, 10, 29
『ナツコ　沖縄密貿易の女王』　156
南沙諸島（スプラトリー）　2, 52
南西諸島　11, 120, 194
南北大東島　56, 57, 95, 185

に

ニールセン北村朋子　86, 121
ニウエ　23, 51, 127, 165
西川潤　160, 193
西野照太郎　192
二重構造　50, 63, 160, 162
日本離島センター　9, 29
ニューカレドニア　51, 65, 173, 193
ニューギニア　61

ね

ネットワーク型ビジネス　88
ネットワーク集積度　124
ネットワークモデル　123, 124
ネポティズム　46

は

バイオエタノール　112, 114, 121
バイオエタノール・アイランド構想　113
バイオエネルギー技術　88
バイキング　192
排出権取引　115, 149
廃食油燃料化技術　107
排他的経済水域（EEZ）　6, 8, 53, 164
ハイチ　167, 168
パシフィック・ウェイ　166
端島（軍艦島）　69
長谷川秀樹　25, 29
バックオフィス　139
波照間島　34, 112
バナバ島　69
パプアニューギニア　126, 129
バルバドス　125, 128, 161, 168
バルバドス行動計画　48
ハロン湾　20
ハワイ型技術　119
ハワイ大学　88, 118, 119, 130, 172
ハワイ東西文化センター　88, 116, 118
範囲の経済性　42, 55
バンクーバー島会議　132
伴場一昭　130, 156, 194

201

ひ

ピースサット(PEACESAT) 130
ピトケアン 14
ヒューズ, トニー 172
開かれた地域主義 150
平山輝男 20, 29
貧困率 141, 186, 187, 193, 194

ふ

フィスク, E.K. 61
ブータン王国 35
フードスタンプ 172
風力発電 104, 105, 110, 112, 118
プエルトリコ 24, 28, 127, 173
フォークランド島 52
不開港 154
付加価値土地生産性 65
複合連携型 76, 146
部族社会 51, 68
復帰需要 185
物資の安定供給 46
物々交換制度 64
物流コスト 46
物流ネットワーク 142
不妊虫放飼技術 89
負の世界遺産 20
フランス領ポリネシア 11, 25, 53
プランテーション農場 50
プリンスエドワード大学 133
ブルントラント委員会 71
プロテスタンティズム 33, 60, 195
文化遺産 19
分業論 76
紛争島嶼地域 133
分断性 2

へ

平和のための食糧支援 172
ベースポート 47, 154
ベッドフォード, R. 63
辺境の逆転論 33

ほ

貿易依存度 37, 126, 138, 159
貿易収支 39, 40, 78, 152, 171, 188
貿易は成長のエンジン 65
防空識別圏(ADIZ) 53
ボーダー価格原則 101
補完関係 147, 150
北米自由貿易協定(NAFTA) 150
ホクレア号 35
北海道大学スラブ・ユーラシア研究センター(SRC) 133
北方四島 2
ホロ島 17
ホワイト・ベルト 139

ま

マーケット主導 160, 161
マーシャル, A. 37
マーシャル諸島 11, 17, 20, 23, 41, 51, 53, 107, 108, 164, 171
埋蔵資源 73
前畑明美 177, 194
マダガスカル 10, 19, 169
松島泰勝 153, 156
マラ, カミセセ(フィジー首相) 166
マリエレガオイ(サモア首相) 48
マルタ島 17, 19, 160
マルチメディアアイランド構想 140
マン島 192

み

三木健 34, 58, 163, 194
三島由紀夫 22, 29
密貿易 154
南シナ海 11, 29, 52, 193
南太平洋開発プログラム(PIDP) 166
南太平洋大学(USP) 130, 131
南太平洋フォーラム(SPF) 164
皆村武一 174, 194
ミニ国家 35
ミノア文明 19, 52

索　引

ミバエ類防除技術　88
見果てぬ夢　146, 153, 172, 175
宮内久光　10, 29, 176, 194
宮古島のバイオエタノールプロジェクト　114
宮古マイクロ・グリッドシステム　112
宮古マンゴー　95
宮古列島　11
宮本常一　3, 29, 34, 47, 58
ミュルダール, グンナー　3, 160
ミラブ (MIRAB) 経済　162, 192
ミント, H.　66

む・め・も

無人島　2, 6, 9, 10, 20, 33, 50, 69, 80
村井章介　51, 58

メタンハイドレート　53
メラネシア・スピアヘッド・グループ (MSG) 協定　126

モア, トマス　33, 58, 170
模合（相互金融）　114
モアイ像　19
モーリシャス　10, 48
モズク　91, 92, 94
藻谷浩介　78, 80
モノカルチュア　47, 51
モルディブ　11, 14, 39, 169
モンサンミシェル島　4

や・ゆ・よ

矢内原忠雄　163, 194
柳田国男　3, 29, 34, 58
山口貞夫　18, 29
山田誠　144, 156, 174, 194

ユイマール（相互扶助）　77, 78, 114
ユートピア　33, 58, 68
輸入置換えアプローチ　64

余剰生産物　64
余剰はけ口の理論　66
与那国島　21, 94, 153
延坪島（ヨンピョンド）　52

ら・り・ろ・わ

楽園的イメージ　33, 61
ラサ島（沖ノ鳥島）　7, 8, 11, 69
ラム酒　94, 95, 97

リカード, デビッド　161
立地の不利性　128
離島市町村　175, 176, 183
離島振興法　9, 10, 174
離島統計年報　9, 29
離島の航空交通　155
離島フェア　95
略最高高潮面　7
隆起サンゴ礁　17
琉球王国　20, 58, 95, 144, 156, 174
琉球語　20
琉球石灰岩　108, 109
琉球列島　18, 88-90, 144, 149
両義性　2, 33, 34
量産効果　39
領有権　6, 11, 29, 50, 52, 155, 193
燐鉱石　56, 65, 68-71, 73, 162

ロバートソン, D. H.　65
『ロビンソン漂流記』　33, 58
ロメ協定　51
ロラン島　86, 121

若井康彦　177, 194
ワントック　125

203

著者経歴

1942年沖縄県生まれ．
　台湾澎湖県アドバイザー，
　NPO法人アジア近代化研究所副代表，
　琉球大学名誉教授．
　国際島嶼学会創設理事(1994年第1回大会実行委員長)，
　島嶼発展に関する国際科学評議会(UNESCO-INSULA)東アジア代表，
　日本島嶼学会名誉会長，
　内閣府沖縄振興審議会会長代理・総合部会長等を歴任．

ネブラスカ大学大学院経済学博士号(Ph. D.)取得後，
　アジア開発銀行エコノミスト，
　国際大学大学院教授・アジア発展研究所所長，
　名古屋大学大学院国際開発研究科教授，
　沖縄振興開発金融公庫副理事長，
　日本大学教授，
　琉球大学理事・副学長等を経て現職．

その間，
　ロンドン大学政治経済大学院(LSE)，
　ハワイ東西文化センター・フルブライト上級研究員，
　ハワイ大学，グアム大学，済州大学校，マルタ大学，コロンボ大学，台湾国立澎湖科技大学，台湾国立金門大学，フィリピン大学国際交流基金，以上客員教授等を歴任．

主要英文著作として，
Sustainable Development of Small Island Economies (Westview Press, 1994)，
Growth Triangles in Asia: A New Approach to Regional Economic Cooperation (ed., Oxford University Press, 1994)，
Island Sustainability Challenges and Opportunities for Okinawa and Other Pacific Islands in a Globalized World (Trafford Publishing, 2009)，
Okinawa in the Asia Pacific (The Okinawa Times, 2012)．

主要和文著作として，
『島しょ経済論』(ひるぎ社，1986年)，
『国境を越えるアジア　成長の三角地帯』(東洋経済新報社，1995年)，
「沖縄：新たな挑戦——経済のグローバル化と地域の繁栄」(日・英文，『公庫レポート』第128号，沖縄振興開発金融公庫，2013年)．

編著に，
『アジアの選択——競争より協調を，敵意よりも信頼を』(サイマル出版会，1995年)，
『アジア型開発の課題と展望——アジア開発銀行30年の経験と教訓』(吉田恒昭と共編，名古屋大学出版会，1997年，第10回アジア太平洋賞受賞)，
『数量観光産業分析——観光学の新たな地平』(琉球書房，2014年)．

嘉数　啓

1942年沖縄県生まれ．台湾澎湖県アドバイザー，NPO法人アジア近代化研究所副代表，琉球大学名誉教授．国際島嶼学会創設理事(1994年第1回大会実行委員長)，島嶼発展に関する国際科学評議会(UNESCO-INSULA)東アジア代表，日本島嶼学会名誉会長，内閣府沖縄振興審議会会長代理・総合部会長等を歴任．

島嶼学への誘い——沖縄からみる「島」の社会経済学

2017年2月7日　第1刷発行

著　者　嘉数　啓(かかず　ひろし)

発行者　岡本　厚

発行所　株式会社　岩波書店
　　　　〒101-8002　東京都千代田区一ツ橋2-5-5
　　　　電話案内　03-5210-4000
　　　　http://www.iwanami.co.jp/

印刷・三秀舎　カバー・半七印刷　製本・三水舎

© Hiroshi Kakazu 2017
ISBN 978-4-00-061171-8　　Printed in Japan

R〈日本複製権センター委託出版物〉　本書を無断で複写複製（コピー）することは，著作権法上の例外を除き，禁じられています．本書をコピーされる場合は，事前に日本複製権センター（JRRC）の許諾を受けてください．
JRRC　Tel 03-3401-2382　http://www.jrrc.or.jp/　E-mail jrrc_info@jrrc.or.jp

環(めぐ)りの海　竹島と尖閣　国境地域からの問い	琉球新報・山陰中央新報 著	四六判 218頁　本体 1800円
石垣島　海人のしごと	西野嘉憲 著	A5判 175頁　本体 2800円
ビジュアルブック　水辺の生活誌　軍艦島　海上産業都市に住む	伊藤千行 写真／阿久井喜孝 文	B5判 94頁　本体 2300円
アーキペラゴ ―群島としての世界へ―	吉増剛造・今福龍太 著	四六判 256頁　本体 2600円
海上の道	柳田国男 著	岩波文庫　本体 900円

——岩波書店刊——

定価は表示価格に消費税が加算されます
2017年2月現在